SPANISH  P9-EKC-849

Tengan un nuevo adolescente para el viernes

CARSON CITY LIBRARY
900 North Roop Street
Carson City, NV 89701
775-887-2244

JUL 0 6 2012

¿Conoces a esta persona?

- Se come el cereal regándolo por fuera del bol.
- Un día de estos, su alcoba va a parecer un basurero.
- Se cambia de ropa tres veces antes del desayuno.
- Si existiera un premio por torcer los ojos, él se lo ganaría.
- Su deporte favorito es contestar mal.
- Sus audífonos siempre están pegados a sus oídos.
- Puede textear como un pájaro loco mientras ve su programa favorito, escucha su música preferida y hace su tarea.
- A veces cree que tú, su padre, eres la criatura más tonta que jamás haya pisado la tierra.

¡Felicitaciones! Tienes un adolescente en tu casa.

La vida no volverá a ser igual (claro, ahora ya lo sabes). Pero puede ser *mejor de lo que hayas podido soñar.*

Garantizado.

Tengan un nuevo adolescente para el *viernes*

De respondón y malhumorado a
respetuoso y responsable en solo
5 días

Dr. Kevin Leman

Revell
a division of Baker Publishing Group
www.RevellBooks.com

EDITORIAL
UNILIT

© 2011 por el doctor Kevin Leman
Traducción en español © 2011 by Baker Publishing Group

Publicado por Revell,
una división de Baker Publishing Group
P.O. Box 6287, Grand Rapids, MI 49516-6287
www.revellbooks.com

Impreso en los Estados Unidos de América
Originalmente publicado en inglés con el título
Have a New Teenager by Friday

Todos los derechos reservados. Ninguna parte de esta publicación puede
ser reproducida, almacenada en un sistema de recuperación o transmitida
en cualquier forma o por cualquier medio —por ejemplo, electrónico,
fotocopia, grabación— sin el permiso previo por escrito de la editorial.
La única excepción son citas breves en revistas impresas.

ISBN 978-0-8007-2140-4

Versículo bíblicos han sido sacados de *The Living Bible*, ©1971.
Usado con permiso por Tyndale House Publishers, Inc.,
Wheaton, Illinois 60189. Todos los derechos reservados.

Para proteger la privacidad de aquellas personas que han compartido sus
historias con el autor, algunos detalles y nombres han sido cambiados.

11 12 13 14 15 16 17   7 6 5 4 3 2 1

A mi pequeño tesoro,
mejor conocida como Lauren, LB, Lorney, Lorney Beth,
la última hija Leman en dejar el nido.

Que tus mejores sueños se hagan realidad. Realmente no aguanto las ganas de ver lo que vas a lograr en la vida.

Tu compasión por los demás, tu ética de trabajo y tu naturaleza extrovertida y amistosa, sin mencionar tu franco encanto, te llevarán a grandes alturas. Así que, ¡vuela, mi dulce ángel, vuela!

Te amo,

Papá (y mamá también)

Índice

Reconocimientos

A mi editora, Ramona Cramer Tucker, cuya pasión por desarrollar una relación sana entre padres y adolescentes es tan profunda como la mía; excelente madre de mi jovencita favorita, Kayla.

A mi editora de Revell, Lonnie Hull DuPont, que siempre acoge las ideas creativas de este autor principiante. Su gran labor es hacer que me «comporte».

Y a Jessica Miles, mi editora perfeccionadora del proyecto, a quien no se le pasa ningún error.

Introducción

Te lo estoy diciendo, son rarísimos

Acabas de entrar a la «Gran Metamorfosis».

Hace poco estaba en el aeropuerto, quitándome los zapatos, la correa y casi todo, excepto mi ropa interior, para colocarlos en uno de esos envases plásticos y pasar el control de seguridad. Llevaba una copia de mis libros *Ten un nuevo hijo para el viernes* y *Ten un nuevo esposo para el viernes* —atados con una goma— y los coloqué también en el envase. Después de que me sometieron al detector de metales y pasé el punto de seguridad, estaba recogiendo mis posesiones terrenales, aún sin zapatos, cuando una mujer detrás de mí exclamó:

—¡Ah, doctor Kevin Leman! ¡Me encanta!

Me volteé para mirarla. Ella señaló el libro *Ten un nuevo niño para el viernes* que estaba en mi envase plástico.

—Es tan útil —dijo con entusiasmo—. Me ha ayudado a criar a mis hijos.

Le sonreí y dije:

—Bueno, a mí también me gusta.

Iba a dejarlo así... pero ella frunció un poco el ceño y agregó:

—Ya tiene mucho tiempo por ahí. Es más, me pregunto si estará vivo todavía.

Pensé entonces que sería mejor que me identificara. Señalé el libro y afirmé:

—Bueno, «ese» soy yo.

Su rostro se transformó conmocionado.

—Usted está bromeando.

—No.

—¡Ah, Dios mío!

—Y todavía tengo un adolescente en casa —le dije—. Uno en el último año de secundaria. Es más, tuvimos un niño cuando mi esposa tenía 42 y yo 44, y otro a sus 48 y mis 50.

—Ahhh —asintió sensatamente con la cabeza—. Errores.

—No —dije—. Son dos chicos estupendos.

Y era muy sincero.

Es más, *tengo* mucho tiempo por ahí, y la buena noticia es que sí, ¡todavía estoy vivo! ¡Aun después de pasar cinco veces los años adolescentes de mis hijos!

> **Los cinco requisitos más importantes para criar adolescentes**
> - Un sano sentido del humor
> - Una perspectiva a largo plazo
> - El sentido común que Dios te dio
> - La capacidad para decir las cosas una vez, alejarte y dejar que las fichas caigan donde van
> - Algunas pastillas de Excedrin... y una siesta larga

Si elegiste este libro, acabas de entrar a la «Gran Metamorfosis», esos años críticos, rarísimos, cuando tu hijo está entre las edades de 11 y 19 años. Lo que llamo los *años críticos* porque lo que hace tu hijo en ese tiempo puede afectar el resto de su vida y tú, mamá o papá, no siempre estarás presente para ver por encima del hombro de tu hijo.

No es que *quieras*, probablemente, saber todas las cosas que tu adolescente hace. Si no crees que esto es cierto, reflexiona un momento. ¿Qué cosas, de las locuras que hiciste cuando adolescente, les cuentas a tus amigos ahora? ¿Acaso las tontas travesuras que le hacías a tu mamá y que la enloquecían o las que le sacaban más canas a tu papá? ¿Cosas que tus padres ni siquiera imaginaban que hacías, hasta años más tarde —cuando la crisis pasaba—, que todos se reían de ello?

Nadie, sin embargo, tiene que decirte que esos son los años de los grandes cambios, ¿verdad? Tienes la prueba ante tus ojos. Tus preciosos bebés están creciendo más rápido de lo que podrías haberte imaginado. De repente, los pantalones son demasiado cortos, los apetitos insaciables, los zapatos demasiado pequeños y las bocas exageradamente grandes. Algunos de tus hijos te permitirán que los abraces hasta que se casen; otros, que solían ser niños cariñosos y tiernos, te darán un brazo estirado como el de un jugador de fútbol americano si siquiera intentas darle un abrazo delante de sus amigos. Y no te olvides de «esa mirada» que te recuerda que es tu turno de andar tres metros detrás de tu hijo adolescente, si acaso tienes que caminar en la misma acera. Y Dios te guarde si tienes que dejarla en la entrada de la escuela, donde todos sus compañeros pueden ver tu vieja camioneta deportiva.

> *En el mundo del adolescente, cada espinilla es del tamaño del Monte Vesubio.*

Cada adolescente es diferente, eso viene con la marca. Una noche odia el pollo, la siguiente los tacos. Date cuenta de que, para el adolescente, ninguna cena va a ser perfecta... aunque sea exactamente la misma que pidió hace una hora. Eso se debe a que sus gustos y disgustos cambian tan rápido como el rumbo del viento.

Piensa en tus propios años de adolescencia, en la ropa que solías usar, los peinados, las cosas que decías. Puedo imaginarme cómo fui en mi adolescencia: cabello negro engominado, una actitud con *A* mayúscula y un cigarrillo colgando de mi boca. Sí, yo era el más chévere, y lo sabía. Al menos eso es lo que me decía a mí mismo.

Imaginarte cuando tenías entre once y diecinueve años te dará cierta perspectiva y sentido del humor con ese hijo que lleva los pantalones casi a medio muslo. En caso de que use esta moda, asegúrate de que tenga unos calzoncillos bonitos ya que, sin duda, van a estar a la vista de todos.

Algún día tu adolescente se reirá de ella misma en las fotografías, del mismo modo que te ríes de ti mismo viéndote «en aquel entonces». Ella les mostrará a sus propios hijos los tontos estilos e ideas de los que cayó presa. Pero en la actualidad, se toma muy en serio todo lo relativo a su mundo. Para los adolescentes, la vida no es asunto de risa. Así que cuando necesites reírte de sus dificultades, te sugiero que lo hagas en privado o, por lo menos, en un rincón de la cocina. En el mundo del adolescente, cada espinilla es del tamaño del Monte Vesubio. Cada comentario vergonzoso es doblemente, incluso triplemente, vergonzoso. Cada mirada de reojo o volteada de ojos de un compañero quiere decir «te odio» o «eres un perdedor», y puede arruinar hasta el mejor de los días. Los mínimos son más bajos que lo ínfimo y las emociones son tan altas como las hormonas. Es por eso que la mayoría de los adolescentes viven una existencia tipo montaña rusa.

> *Este tiempo va a desaparecer más rápido que la arena de un reloj, así que, ¿por qué no aprovecharlo?*

Lo mejor que puedes hacer por ti mismo y por tus hijos adolescentes es tener un saludable sentido del humor porque, en estos años, su desarrollo se asemejará al registro de ondas sísmicas de un sismógrafo durante un terremoto: todas las líneas onduladas y entrecruzadas. Tienes que ser la línea semirrecta —nota que no dije recta *perfecta*— que sabe a dónde se dirigen como familia. Tú eres esa guía constante que los mantiene andando por el sendero; no el progenitor tipo helicóptero, que está encima de cada uno de sus movimientos. De hecho, cuanto más encima estés en estos años de hormonas alborotadas, más probable es que empujes a tus adolescentes a rebelarse contra ti y contra todo lo que representas.

Tengan un nuevo adolescente para el viernes te ayudará a apoyar a tus hijos y a levantarte con ellos, y a llenar sus valijas de lo que necesitan para vivir (cosas como integridad, hacer lo correcto y respetar a las personas) en el hogar, en la escuela y en el mundo de los adultos. Tu hija puede tener once años. Si es así, tienes unos seis años o un poco más antes de que estés de pie frente a su dormitorio en la universidad llorando y diciéndole adiós. Si tu hijo tiene catorce años, tienes unos años menos. Este tiempo va a desaparecer más rápido que la arena de un reloj, así que, ¿por qué no aprovecharlo? Estos son los grandes años, los mejores con tus hijos, y los más divertidos... si entiendes la misión en la que estás y mantienes el equilibrio en el camino.

Y, ah, ¡la diversión que tendrás! Créeme. No solo he sobrevivido, he disfrutado muchísimo de la adolescencia de *mis cinco hijos* y con Lauren, la última en el nido, todavía estoy en medio de esos años emocionantes. De hecho, estaba sentado a la mesa de la cocina hace unos minutos, trabajando en este libro, cuando ella entró.

—¿Qué estás haciendo, papá? —me preguntó.

—Ah, reflexionando en mi nuevo libro, *Tengan un nuevo adolescente para el viernes.*

Lauren me miró y dijo con calma:

—Oye, quiero hacerme una perforación en la nariz y que me la conecten a la boca.

—Ah, bueno, querida —le dije—. Esta noche vamos a tener espaguetis.

Lauren se volvió hacia mí con un brillo en sus ojos.

—Ah, papá, está *bien.*

El punto es —padre, madre—, que no tienes que reaccionar a todo. Mantén tu sentido del humor. No hagas una montaña de un grano de arena. Así también podrás disfrutar de esos años y generar recuerdos para reflexionar y reírte con la familia en el futuro.

Si crees que una vez que tus hijos se hagan adolescentes, no tienes más influencia sobre ellos, estás totalmente equivocado. Todavía estás en el juego. Aun más, eres el entrenador que da la última palabra. Sí, el tiempo corre y el juego podría ponerse intenso, pero no ha terminado todavía. Solo estás en el tercer cuarto de vida con tus hijos y el final del juego tiene que ver contigo. Si sigues los principios de este libro, establecerás la autoridad, ganarás su respeto, les darás dirección, y sabrás qué hacer y cuándo hacerlo.

> El secreto está en cómo juegas tus cartas de progenitor.

También te garantizo que tendrás un nuevo adolescente en cinco días (o incluso menos). Las actitudes cambiarán, las conductas cambiarán y se forjará un carácter que realmente te va a agradar y que durará toda la vida. Tu adolescente tendrá integridad, hará lo correcto y será un miembro respetuoso y colaborador de tu hogar.

El secreto está en cómo juegas tus cartas de progenitor. Tú conservas los ases, porque cuentas para la vida de tu adolescente más de lo que crees o de lo que él quiera reconocer (al menos hasta que está en la universidad y quiere saber cómo lavar la ropa).

Como un estímulo adicional para mantenerte firme —¡las recompensas valen la pena!—, incluyo algunas historias tipo «A mí me resultó» que he ido recopilando de los padres que han estado atrincherados y que han probado estos principios durante el tiempo que he enseñado en seminarios, en radio, televisión, en mi serie de videos y ahora en este libro. Esos padres ahora andan sonrientes por todas partes y, pronto, tú también.

Si el lunes tienes un muchacho que es temperamental y respondón, en menos de cinco días ese mismo chico va a venir a la sala de tu casa a decirte: «Mamá, ¿qué puedo hacer para ayudar?».

Sujétate bien.

Procura sentarte en un mueble cómodo.

Lunes

Él era normal. ¿Qué pasó?

Esta criatura extraterrestre no se volvió así de la noche a la mañana. Cómo hacer ajustes para una nueva vida juntos.

¿Has visto esas camisetas que usan las mujeres cuando están embarazadas? ¿Esas que dicen «Bebé en construcción»? Siempre me hacen reír porque están en lo cierto. Después de todo, ese bebé está siendo construido y está creciendo aun cuando tú no hayas podido ver todavía su carita de querubín. Luego, ese bebé viene al mundo y te pasas los primeros diez años interactuando con él, enseñándolo, amándolo y disciplinándolo.

Luego llegan, lo que llamo los *años de las hormonas* —de 11 a 19— y eres sorprendido por la metamorfosis de niño a adolescente.

¿Qué le pasó a ese dulce niño que lo transformó en la criatura extraterrestre con la que estás interactuando hoy? ¿Al hijo cuyas habilidades lingüísticas se han reducido a gruñidos ocasionales? ¿A la hija ingenua cuya tez era tan perfecta que hubiera podido ser modelo del mejor comercial de jabones de belleza —¡Sí, la que también me encanta!—, pero que ahora está mejor para un comercial de Pizza Hut? ¿Al hijo que ya no quiere más besos y abrazos tuyos delante de sus compañeros y quiere que camines a una cuadra de distancia de él? ¿A la hija que llama desde la cárcel porque la arrestaron por robar cosas en las tiendas? ¿Al hijo que te manda al infierno cuando le dices que no puede usar el auto? ¿A la hija que es experta en eso de enviar textos, tirar las puertas y pelear con su hermana? ¿Al hijo que se rehúsa a continuar ayudando en la casa y se vuelve respondón cuando se lo recuerdas o, peor aun, te ignora? ¿A la hija que solía ser extrovertida, pero ahora se ve triste, llora mucho y quiere estar sola? ¿Al hijo que recibió una notificación de infracción por conducir bajo la influencia del alcohol cuando tú ni siquiera sabías que lo bebía? ¿A la hija que duerme hasta las tres de la tarde cada sábado y luego sale con sus amigas por la noche?

Es fácil reaccionar. Solo requiere que abras la boca y dejes salir algo antes de pensar. Cosas como:

- «No volverás a conducir... nunca». Pero, ¿puedes cumplir esa promesa? ¿Qué va a pasar la próxima vez que estés atado y necesites que tu hijo vaya a recoger a su hermanito a la práctica de fútbol?

- «¡Háblame!» Esa demanda que casi garantiza que la boca del adolescente se cierre con candado.

- «Jovencito, ¡tú no me vuelves a hablar así! ¡Estás castigado por el resto de tu vida!» Pero, ¿estás listo para cumplir eso... toda la vida? ¿Qué va a suceder cuando él tenga cuarenta años y todavía esté en casa, eructando y dejando pedazos de pizza en tu sofá?

- «Ya era hora de que te levantaras. Ni pienses que vas a salir con tus amigas. Tienes una lista más grande que una montaña de tareas que hacer en la casa primero». Pero, ¿quién va a tener que lidiar con esa personalidad malhumorada, tirapuertas y de miradas asesinas por el resto de la tarde y la noche? Tú, lo tienes que hacer. Así que, después de todo, ¿ganaste?

- «Así que, tienes unas cuantas espinillas. No es gran cosa. Yo también las tuve y sobreviví». Piensa un momento —padre, madre— cuando tu progenitor te dijo lo mismo a ti. ¿Acaso el primer pensamiento que vino a tu cabeza fue: *Bueno, en verdad, fue útil. No puedo esperar la hora de poner en práctica ese consejo?* O tal vez lo que pensaste fue algo así como: *Ah, realmente no entienden, ¿verdad? ¡Son de un planeta totalmente diferente!*

No es el mundo de tu abuela

Los niños de hoy crecen más rápido que nunca. Su mundo no es el mismo en el que creciste y, ciertamente, tampoco es el de tu abuela. Tu adolescente enfrenta asuntos como autolesión, drogas, depresión, suicidio, amenazas terroristas, un futuro económico incierto y anorexia, además de todas las cosas que han enfrentado tradicionalmente por generaciones: presión de grupo, cambios hormonales, excesivas tareas escolares, estrés, capacitación para el trabajo, preocupación por ser aceptado en la universidad o por el servicio militar, etc. El creciente índice de muertes entre los 11 y 19 años —por suicidio, conducir embriagado y sobredosis de drogas— es un sobrio recordatorio de que muchos del grupo hormonal actual están simplemente abrumados y no saben a dónde ir.

Es fácil reaccionar. Solo requiere que abras la boca.

He aquí un pensamiento aterrador: una muchacha de diecisiete años puede hacer lo que quiera. Puede conducir legalmente un auto. Eso significa que puede ir a montones de lugares que quizás tú no quieres que vaya. Puede estar saliendo con chicos que tú no conoces. ¿Puede beber alcohol? Por supuesto. Todo lo que necesita es una identificación falsa que diga que es mayor de veintiún años y la puede conseguir fácilmente en internet. ¿Puede usar drogas? Obviamente. Pero mi pregunta es, si los adolescentes *pueden* hacer todas esas cosas entonces, ¿por qué hay tantos chicos que *no* las hacen?

¿Por qué hay tantos adolescentes que no beben, no usan drogas, no duermen con cualquiera ni llegan tarde a casa?

La respuesta a esta pregunta es precisamente lo que trata este libro. Como ves, las actitudes no surgen de la noche a la mañana; se forjan con el tiempo.

¿Qué tipo de trabajo de construcción necesitas?

Padre, madre, ya sabes que tienes un trabajo que hacer en estos años de hormonas activas o no habrías tomado este libro. Evidentemente, quieres ver que algunas cosas cambien en tu casa. Pero la primera que necesitas evaluar es el trabajo que hay que hacer.

> **Señales de que hay un adolescente en casa**
>
> - Tu TiVo (dispositivo para grabar directo de la televisión) está repleto de programas en vivo.
> - Tu factura de alimentos aumentó un treinta por ciento este mes.
> - Cualquier sábado, a las 2:30 de la tarde, ya has escuchado las frase *me da igual* 59 veces.
> - Un vocabulario especialmente abreviado.
> - Todo es muy fácil de cambiar.
> - La palabra gustar se emplea como conjunción, preposición, nombre, verbo, adverbio, adjetivo, etc.

Cada vez que un constructor te da un estimado para hacer algún trabajo en tu casa, primero necesitará conocer la naturaleza de la obra. ¿Va a reconstruir la casa por completo? ¿Cambiar una habitación? ¿Reparar una grieta en el cimiento? ¿Pintar una pared o reemplazar la cerámica del baño?

Digamos que quieres convertir una habitación del sótano en un salón de entretenimiento. El constructor viene, está haciéndote un estimado de lo que crees que será un trabajo relativamente sencillo, pero entonces notan que hay una grieta en el cimiento de la casa. De repente, el trabajo sencillo se ve mucho más grande de lo que imaginaste. ¿Por qué? Por el cimiento —la base de tu casa— tiene problemas. Y antes de hacer algo, tienes que repararla.

Algunos leen este libro porque saben que está bien fundamentado. Su adolescente se encamina a, o ya está en, verdaderos problemas. Otros necesitan reacomodar una o dos habitaciones o tumbar algunas paredes. Aun otros necesitan solo un leve retoque, como una capa de pintura para refrescar las cosas.

¿Qué es lo que quieres lograr en los próximos cinco días? ¿Estás haciendo una reconstrucción total, un reemplazo parcial o un simple trabajo

> *¿Estás haciendo una reconstrucción total, un reemplazo parcial o un simple un trabajo de pintura?*

de pintura? Si tu adolescente te está diciendo a dónde puede ir y está usando palabras obscenas para comunicarse contigo, tienes que hacer una reconstrucción total porque su actitud lo está diciendo todo, y a gritos. Si tu muchacho se ha vuelto perezoso y no quiere hacer sus deberes o se le «olvida» hacerlos, una renovación parcial podría ser la solución. O quizás tu hija esté apenas entrando a sus años de adolescencia, comenzando a volverse respondona y «Señorita Sabelotodo», lo que no te gusta. Un buen trabajo de pintura —en esta etapa— probablemente hará el trabajo y durará por años, si lo haces bien.

Para tener un nuevo adolescente el viernes, primero necesitas saber qué es lo que tienes para comenzar. Luego necesitas saber a dónde quieres que llegue. Como dice el respetado líder internacional Stephen Covey: «Empieza pensando en el final»[1]. ¿Qué quieres que sea tu hijo o hija dentro de cinco días? ¿Quieres un muchacho de carácter que no sea un ogro? ¿Quieres que sea respetuosa y obediente? ¿Quieres que elija sus amigos de manera sabia? ¿Necesitas sacarlo de las drogas? ¿Quieres motivarla para que haga su tarea escolar a tiempo?

Si sabes lo que quieres lograr, es más probable que lo logres. Además, si solo tienes que hacer un pequeño trabajo de pintura, pudieras tener un nuevo adolescente para el miércoles si te apegas a los principios de este libro. Pero, si estás haciendo una reconstrucción total, definitivamente necesitarás hasta el viernes; y quizás un poco más, sobre todo si tu adolescente ha estado involucrado en autolesión, anorexia, bulimia, una secta, alcohol o drogas, y necesita ayuda profesional.

Algunos de ustedes también necesitan llamar a un exterminador. A veces llegan a tu casa esas pequeñas criaturas llamadas insectos. El hecho de que los tengas no es para castigarte por no mantener limpia la casa; ellos pueden meterse en la casa de cualquiera, lo que hacen con frecuencia. Mientras más rápido te deshagas de ellos, más feliz serás.

He hecho trece comerciales para una compañía de control de plagas en Tucson llamada Control de termitas y plagas 5 estrellas. Cuando ruedan esos comerciales, la gente que los ve ríe histéricamente.

> «Empieza pensando en el final». ¿Qué quieres que sea tu hijo o hija dentro de cinco días?

«Soy el doctor Kevin Leman», digo, «y tengo una esposa, cinco hijos y muchas cucarachas. Ayer estaba en el garaje y vi una cayendo de espalda, por cierto, exactamente como me gusta verla. Y cuando iba a estirar la pata, me miró y dijo: «¡El tipo de las 5 estrellas me eliminó!».

Pero la verdad es que, para aquellos que tienen cucarachas indeseables infestando sus casas (las amistades con los que tu hijo o hija están pasando el tiempo que no son buenos amigos para él o ella), eso está muy lejos de ser un asunto de risa. Tú, padre, madre, necesitas deshacerte del problema de inmediato. No significa eso que no tendrás problemas más adelante, pero los indeseables tienen que irse. Y ya. Algunas veces eso significa tener que llevar a tu hijo o hija de la casa a la escuela y de la escuela a la casa, sentarte en las actividades de la escuela para observar lo que está sucediendo, decir no a las salidas con un grupo de amigos, guardar las llaves del auto donde no puedan ser encontradas, o hasta cambiar a tu hijo o hija a una escuela diferente. Sí, todas esas cosas son emocionalmente difíciles y consumen mucho tiempo, pero la alternativa es aterradora. Hay mucho en riesgo para que no actúes ahora mismo.

Así que, ¿qué tipo de ayuda necesitas? ¿Una pequeña guía en el trabajo de pintura? ¿Un constructor para remodelar una habitación?

¿Todo un grupo de obreros de construcción? ¿O que te refieran a la compañía de control de termitas y plagas 5 estrellas o al hombre de Orkin?

A mí me resultó

Ana siempre ha sido una seguidora, lo que la ha metido en un gran problema. Cuando tenía trece años, cayó en un grupo de muchachas mayores que ella que usaban drogas. Las chicas venían a nuestra casa todas aceleradas y se quedaban por horas, haciendo un desastre. Me sentía impotente porque no podía hacer que dejara de usarlas (yo también fumé marihuana cuando era adolescente, por lo que pensaba: *¿Quién soy yo para decirle que no puede?*), pero no quería que se recuperara del «aturdimiento» en otra parte que no fuera en casa. Entonces escuché su consejo en un programa en una radio local y decidí probarlo.

Al siguiente día, cuando Ana vino a la casa con sus amigas, yo estaba preparada. Le había pedido a mi vecino Kenny —un tipo grande que puede lucir aterrador si no lo conoces— que me ayudara, ya que soy madre soltera. Después que Ana entró por la puerta de la cocina, él la bloqueó para que las otras muchachas no pudieran entrar, luego cerró la puerta con llave y se paró allí. Ana enfureció y comenzó a gritar.

Con mucha calma, le dije: «Tus amigas ya no son bienvenidas aquí». Entonces giré y caminé hacia otra habitación. Ella me siguió, gritando y diciendo palabrotas, pero me fui a mi habitación y cerré la puerta. Podía escucharla tratando de persuadir a Kenny para que dejara entrar a las amigas. Pero él se había puesto de acuerdo conmigo para mantenerse firme.

El siguiente día después de la escuela, Ana llegó a casa sola, muy malhumorada. Cuatro horas más tarde, vociferó: «¡Me has arruinado la vida! Ahora no me van a hablar más».

No respondí, pero sonreí en mi interior. Me deshice de la plaga indeseable en mi hogar.

Un mes más tarde, Ana llegó a casa sola y se metió en su cama por dos horas. Tuvo noticias muy fuertes. Una de las muchachas de su antiguo grupo acababa de recibir su permiso de conducir restringido y estaba paseando con las otras tres muchachas. Estimulada por la marihuana, embistió la isla de concreto de la carretera a toda velocidad. Las cuatro muchachas fueron hospitalizadas con lesiones múltiples; una de ellas estaba paralizada.

No tuve que decir nada. Simplemente abracé a Ana mientras ella lloraba.

Ana acaba de cumplir quince años la semana pasada. No ha fumado droga desde el día en que sus antiguas amigas quedaron heridas. Ayer, cuando mencionó de nuevo el hecho, por fin le conté algunas de las cosas horribles que me pasaron cuando fumaba droga en mi juventud. «No quiero que eso te pase a ti también», le dije.

Entonces mi hija hizo algo que nunca imaginé. Me abrazó. Gracias, doctor Leman, por animarme a ser perseverante. No fue nada fácil, pero ah, ¡qué resultados!

Ángela, New Jersey

Desarrollo natural

La manera en que reaccione tu adolescente tiene que ver con el respeto, el de tu hijo hacia ti y el tuyo hacia tu hijo. El respeto comienza desde las etapas más tempranas y se forja con años de relación juntos.

Las batallas entre las voluntades —lo que yo llamo *desarrollo natural*— casi siempre empieza cuando tu hijo tiene unos dieciocho meses de edad, descubre que tiene una voluntad por sí mismo y se da cuenta de que puede ejercitarla. Lo que sucede a partir de ese punto tiene que ver contigo, padre, madre, porque la actitud y la conducta de tu hijo fueron creadas en el espacio de tu hogar.

Desde esa etapa temprana, es crucial que ustedes —padres— elijan cuidadosamente sus batallas y que, a medida que se presenten las situaciones, no *reaccionen* sino que *actúen*. *Reaccionar* te saca del puesto de conductor y te arroja a la montaña rusa emocional del momento a momento con tu hijo. *Actuar* te permite sentarte, relajarte, decir cosas una vez y mantenerte firme, y permanecer con calma en control, dejando que las cosas encajen donde deben.

> La actitud y la conducta de tu hijo fueron creadas en el espacio de tu hogar.

Así que cuando tu niño de dos años te contestó, ¿cómo reaccionaste?

- Dijiste: «Ah, Johnny, no deberías hablar de esa manera. Eso no es bueno. Te daré otra oportunidad para que seas amable».

- Dijiste: «Jovencito, te acabas de ganar un tiempo para que reflexiones. Quédate en esa esquina por el resto de la mañana».

- Te volteaste, te fuiste a otra habitación y lo ignoraste. Luego, cuando él quiso jugar con su juguete favorito, dijiste: «No, no puedes jugar con ese juguete hoy. A mami no le gustó la manera en que le hablaste». Ningunos ojitos suplicantes te hicieron cambiar de opinión.

¿Cuál escena se repitió una y otra vez en tu casa? Tu hijo no se convirtió de la noche a la mañana en esa extraterrestre criatura adolescente. ¿Adivinas de quién recibió ayuda? La forma en que hayas actuado como progenitor y en que hayas llevado tu hogar tiene que ver con la persona que tu adolescente es ahora.

Ten, por ejemplo, a la primogénita Shannon de tres años de edad. Cuando era terca e irrespetuosa a la hora de comerse su almuerzo, su mamá le impuso un tiempo de reflexión o receso. Calmadamente levantó la sillita infantil —con Shannon aun sujetada con el cinturón de la silla— y la movió por la esquina de la cocina hacia el pasillo, donde Shannon no pudiera ver a su mamá. Esos cinco minutos le parecieron una eternidad a la niña, a quien no le gustaba estar separada de su madre. Cuando esta al fin apareció, Shannon dijo rápidamente: «Listo, mami, listo». Hasta el día de hoy, Shannon, de doce años, recuerda ese suceso y se ríe. «Me imagino que pensé: "Oye, eso como que no dio buen resultado". Yo era una niña inteligente, así que nunca más intenté hacerlo. Esa fue la primera y última vez que mi mamá tuvo que imponerme un receso. Yo sabía que ella no se andaba con cuentos y que no tenía intenciones de ceder». Hoy Shannon y su mamá tienen una relación muy íntima edificada sobre el respeto; y ya han superado dos de los primeros e intensos años de agitación hormonal.

> La conducta intencional sirve a una persona, responde a una necesidad.

Contrasta eso con Jarrod, que tiene quince años y trata a su mamá como si fuera el perro de la familia. «¿Dónde están mis pantalones cortos de gimnasia?», grita un minuto antes de salir para la escuela y mamá sale disparada a buscarlos. Y, ¿cuándo comenzó ese comportamiento? Cuando Jarrod tenía 3 años. Mamá, para agradarlo, le permitía hacer sus pataletas para luego darle lo que pidiera. Esos dos ejemplos muestran claramente lo que llamo «conducta intencional».

¿Cuántos de ustedes han usado hoy la palabra *intencional*? Estoy buscando manos levantadas por aquí... No veo ninguna.

Bueno, ¿qué tal esta semana? Ah, ahí hay una mano.

Y, ¿qué tal este mes? Un par de manos más.

¿Este año? Un poco más.

Intencional no es una de esas palabras que se escucha a menudo, pero es importante que como padre o madre comprendas qué es la *conducta intencional*. La conducta intencional sirve a una persona, responde a una necesidad. Todos participamos en ella.

¿Cuál es la conducta intencional de una niña con una rabieta en una tienda de juguetes? Una buena conjetura sería que mamá o papá le han dado una pequeña dosis de vitamina N y le dijeron no a la niña de tres años que dice «yo quiero, yo necesito». La manera en que los chiquillos de tres años dicen: «Vas a hacer exactamente lo que yo te diga», es una rabieta lo suficientemente extensa como para que la gente —a seis pasillos más allá— la oigan y se asomen para ver qué pasa.

Por tanto, ¿qué es lo que debe hacer ese padre o madre para acortar el bochorno de la conducta de esta niña? «Está bien, está bien, te voy a dar el juguete esta vez. Pero es la *última vez* que te compro uno».

Esa pequeñita acaba de ser recompensada por su conducta. Se salió con la suya. No es de extrañar que esté sonriendo enormemente mientras hacen la línea para pagar sosteniendo el juguete. Impreso en su mente está la siguiente idea: *Oye, esto resulta. Me pregunto, ¿qué otra cosa puedo conseguir si uso este método?*

Así que, ¿adivina qué va a tratar de hacer ella la próxima vez? Su pataleta le sirvió para sus fines. Ya sabe que si hace pucheros, llora, patalea o hasta se decide por un silencio sepulcral (lo que es control pasivo), ha de conseguir lo que quiera.

> *Cada persona desarrolla un «tema de vida», un mantra o una manera de pensar que da a conocer el modo en que él o ella responden a los hechos.*

Cada persona desarrolla un «tema de vida», un mantra o una manera de pensar que da a conocer el modo en que él o ella responden a los hechos. Es más, si conoces el tema de vida de una persona puedes, con mucha regularidad, predecir cómo se comportará en una situación dada.

Los niños de voluntad fuerte aprenden temprano su tema de vida: «Yo solo cuento en la vida cuando domino o controlo». Y son muy buenos en eso de demandar y atormentar. Ellos tienden a ser orientados al objetivo, sin pensar ni considerar a los que permanecen entre ellos y el objetivo.

Otros temas de vida comunes son: «Solo valgo cuando me notan». O, «Yo solo cuento cuando otras personas me sirven». O, «Solo cuento cuando gano».

Pero no todos los temas de vida son negativos. Hay algunos positivos: «Solo valgo cuando ayudo a otros y agrado a Dios». Y, «Solo cuento cuando pongo a otros y sus necesidades antes que las mías».

El punto es que, cuando tu hijo sea adolescente, ya tendrá un tema de vida bien desarrollado. ¿Se ve él a sí mismo positiva o negativamente? ¿Es muy bueno culpando a otros, o asume y acepta su responsabilidad?

> *No te dejes pillar en eso. Tú eres más inteligente.*

Así que, déjame preguntarte ahora: ¿cuál es la naturaleza intencional de la conducta de tu hijo o hija?

La respuesta podría conducirte a la cruda realidad de que estás siendo manipulado, timado, engañado o utilizado. Y Dios no te puso en esta tierra para nada de eso. Las intenciones de los niños no siempre son buenas. Hay momentos en que, como padre, tendrás que meter tu mano en el bolsillo trasero, sacar la tarjeta amarilla y decir: «Eso es una falta. Una violación. Un *penalti*». Y eso tiene consecuencias.

Ahora volvamos a Shannon y Jarrod.

¿Por qué Shannon tenía pataletas cuando almorzaba? Porque quería ver quién era el mandamás en la casa y si había algún margen de maniobra. Ese tipo de pruebas es resultado de la naturaleza humana. Pero cuando supo que su prueba no le resultó, ¿lo intentó de nuevo? No, porque su comportamiento no tuvo fruto. Ahora, por supuesto, hay una gran diferencia entre un niño de 3 años de edad y un joven de 15 años. Si al de quince años se le ha permitido mostrar ese comportamiento durante doce años, estará más arraigado y requerirá más trabajo por parte de los padres deshacerse de tal comportamiento.

¿Por qué Jarrod piensa que puede tratar a su madre como a un perro? Porque en todos sus años de crecimiento, dulce mami lo puso a la cabeza, al volante de su propio barco. Las necesidades y los deseos *de Jarrod* siempre han superado los suyos o los de cualquier otra persona. En lo que concierne a Jarrod, es el gallo principal del gallinero, entonces, ¿por qué no sentarse en la cerca más alta, cantar un poco y dar órdenes a todo el mundo? Ya aprendió cómo hacerlo, y adivinen,

¿quién le enseñó? Su querida mamá, que se dejó corretear y acosar por un niño más corto que una vara de medir y que ahora ha crecido para blandir esa vara sobre ella como un palo de golf.

Hay una razón por la cual tu hijo adolescente está actuando de cierta manera. Toda conducta que él muestra tiene un propósito. Si no le diera resultado, no la estuviera utilizando. No te dejes pillar en eso. Tú eres más inteligente.

Tres tipos de progenitores

Me crié en Buffalo, Nueva York, que aún es una ciudad de clase obrera. En 1950, era una de las ciudades más grandes de Estados Unidos, conocida por sus molinos de acero y su grano. Tengo recuerdos vívidos de los enormes silos de General Mills a lo largo de la costa. Recientemente, conduje a través de esa zona y aún podía oler el aroma del cereal que la empresa estaba haciendo.

Algo esencial al crecer en el oeste del estado de Nueva York en esa década era que, como niño, te amenazaban francamente si te portabas mal. La amenaza principal era: «Voy a enviarte con el padre Baker». El padre Baker era un sacerdote, un hombre extraordinario, que estableció un hogar para niños rebeldes y huérfanos, antes de su muerte, al principio de la década de 1900.

Un día mi primo, de siete años de edad, le contestó a su madre. Entonces ella puso algo de ropa en una caja de cartón, se la entregó a él, y le dijo que se sentara en la acera. «El Padre Baker viene a recogerte», dijo. Luego regresó a la casa y cerró la puerta.

Varias horas después, mi tío, que era lechero, llegó a casa del trabajo y vio a su hijo sentado en la acera, llorando.

—Le contestaste a tu madre, ¿no? —le preguntó mi tío.

—Sí —dijo mi primo entre lágrimas—. Estoy esperando al Padre Baker, que viene a recogerme.

Mi tío, entrenado con su sensibilidad, le dijo a su joven hijo:

—Bueno, no se te va a pasar. Él conduce un camión negro grande.

—Entró a la casa y cerró la puerta.

¡Cómo han cambiado los tiempos! Compara ese escenario autoritario con muchos de los progenitores permisivos de hoy: «Henry, ¿podrías, por favor, bajar el volumen de la televisión para poder concentrarte en tu tarea?, o «¿Todavía no has decidido irte a la cama?». Los extremos nunca son buenos para nadie, y eso incluye a los adolescentes.

Si deseas tener un nuevo adolescente para el viernes, las reglas deben cambiar, y sin previo aviso. Y todo comienza identificando el tipo de padre que eres y cómo has elegido relacionarte con tu hijo en el pasado.

Lo que tú quieras, cariño

Todo lo que Maureen quería era que su casa fuera feliz. Había crecido en un hogar infeliz con sus hermanos peleando constantemente y sus padres divorciados cuando ella tenía trece años. Así que cuando tuvo sus propios hijos, el lema de su vida vino a ser: «¿Podemos todos llevarnos bien, por favor?» y «No te preocupes, sé feliz». El problema es que Maureen se estaba agotando debido a que era la mártir de la familia, tratando de hacer todo por sus hijos.

Los padres tipo «Lo que tú quieras, cariño» son aquellos para los que todo vale. Tienen muy pocas normas y límites en el hogar, y nadie se siente seguro puesto que las reglas del juego siempre están cambiando. El padre permisivo puede decir: «No, hoy no vamos a pasar por la ventanilla de Starbucks para comprar café», pero después del ruego y la súplica de los pasajeros, ¿qué pasa? El vehículo se dirige solito y directo a Starbucks, ¡y ordena cafés grandes de mocha con chocolate blanco! Umm, es curioso ver cómo los vehículos a veces hacen eso sin la ayuda de sus dueños.

Los padres tipo «Lo que tú quieras, cariño» quieren que sus hijos sean felices. Pero, como digo a menudo, «un adolescente infeliz es un adolescente sano». ¿Cuándo fue la última vez en tu vida que estuviste feliz las 24 horas del día? La vida lanza bolas curvas y, mientras más rápido se acostumbren tus hijos a ellas, mejor. Proteger a tu hijo de golpes y allanarle su camino en la vida no va a hacer que ninguno de ustedes gane algo. Eso solo le mostrará a tu hijo algo así como: «Oye, mamá hará cualquier cosa por mí. Le voy a tirar un hueso y me voy a sentar a verla ir a buscarlo». Esa, ciertamente, no es una relación basada en el respeto. Ello hace que tu posición como padre o madre sea risible para tu hijo adolescente. La percepción de tu valor sufre una caída.

A mí me resultó

Siempre pensé que yo era una gran madre. Pasaba los días haciendo cosas sin parar para mis hijos. Bastó que mi papá se enfermara, y que yo pasara los fines de semana cuidándolo en otro estado, para darme cuenta de que estaba criando a dos niños malcriados (de quince y diecisiete años), que querían que todo se hiciera a su manera, ¡y yo dejaba que se salieran con la suya!

Llegué a casa para encontrar pilas de ropa y exigencias: «¿Dónde está esto?» y «¿Dónde está aquello?». No fue sino hasta que me sentí agobiada que me di cuenta de que estaba haciendo un montón de cosas que ellos debían estar haciendo por sí mismos. Pero me colmó cuando mi hijo me dijo: «Mamá, tú dijiste que me ayudarías con mi informe de ciencias, y ni siquiera estabas aquí». Lo que él quería decir era: «Mamá, contaba contigo para que me hicieras mi informe de ciencias para sentarme cómodo y jugar videojuegos todo el fin de semana».

Así que decidí practicar la palabra «no», su consejo. La dije continuamente por los siguientes tres días. Al principio, mis hijos estaban sorprendidos, luego enojados, después confundidos. Mi hijo obtuvo una F en su informe de ciencias y tuvo que asistir a dos sesiones después de clases como consecuencia. Caminó las ocho cuadras a casa porque le dije que tendría que encontrar su propia ruta. Ni siquiera contesté mi teléfono celular cuando llamó para tratar de hacerme cambiar de opinión. Mi hija, por su parte, llevó una camisa que odiaba a la escuela, ya que era la única que estaba limpia. Después de eso, lavaba una carga de ropa ella sola.

Mis hijos son de carácter fuerte, por eso sé que las batallas están lejos de terminar. Pero también sé que yo soy la que les permitió volverse egoístas, ya que soy la que aguantó su comportamiento (mi marido trabaja en el extranjero, parte de cada mes). No más. Por fin estoy de pie por mí misma, y ¡me siento bien!

Karissa, Michigan

Los padres permisivos también trabajan duro para ser amigos de sus hijos adolescentes. Permíteme que sea franco. En verdad, ¿crees que tu adolescente quiere que estés en la onda, usando la última moda, enviándole mensajes de texto continuamente, parloteando sobre el chico más guapo y andando con todos sus amigos a la hora del almuerzo? Tu hija adolescente tiene potencial para tener un montón de amigos, pero solo tiene una mamá y un solo papá. Tu papel es único. No trates de ser algo que no eres.

Cuando yo era decano de estudiantes en la Universidad de Arizona, estaba encargado de la orientación para los padres de los estudiantes de primer año. Era lo suficientemente tonto como para darles el número de teléfono de mi casa y, como resultado, recibía llamadas frecuentes de los padres que estaban preocupados por sus hijos.

«Doctor Leman», decía un padre: «Estoy muy preocupado por Mikey. Acabo de recibir una llamada terrible de él. Está deprimido, odia la escuela, y no tiene ningún amigo. ¿Podría hablar con él?».

Así que llamé a mi oficina a Mikey.

—Michael, ¿cómo van las cosas en la escuela? —le pregunté.

—Bien —me decía.

—¿Te gusta el dormitorio?

—¿Has hecho algunos amigos?

—Oh, sí, muy buenos amigos.

¿Qué estaba haciendo Mikey? Estaba haciendo uso de su poderosa personalidad para manipular a sus padres. Aunque parezca miserable, estaba controlando las respuestas de sus padres. Y sus padres permisivos —tipo «Yo quiero que mi hijo sea siempre feliz»— estaban picando el anzuelo.

Ser un buen padre no significa ceder a las exigencias de tus jóvenes, o caer ante frases como: «¡Ay de mí!», y tratar de hacer mejorar todas las cosas para ellos. Si fuiste un padre permisivo, es el momento de hacer un cambio. Haz que tu no sea no, no un «Bueno, tal vez, si te portas bien, te llevaré a la sala de videojuegos». Si dices que no vas a hacer algo, no lo hagas. No te rindas, no importa lo mucho que tus hijos rueguen.

Recuerda la naturaleza intencional de la conducta de tu hijo: él va a hacer lo que está haciendo, porque ya le ha dado resultado. Si no cedes más, su comportamiento molesto no actuará más, ¿verdad? Si deseas tener un nuevo adolescente para el viernes, no puedes retroceder. Cambiar de opinión solo fomenta una conducta más molesta y desagradable. Pero apegarse al plan garantiza resultados.

Si siempre has sido un padre permisivo, decir no solo una vez probablemente no vaya a lograr nada. Tu hija es inteligente. Ella piensa: *Bien, mamá tiene este libro nuevo para padres. Eso es bueno por un par de días, hasta que desaparezca. Así que tengo que aguantarme un poco y las cosas volverán a la normalidad.* Sin embargo, padre, madre, las cosas nunca deben volver a la normalidad en tu casa si quieres un nuevo y mejor hijo. Si tu no sigue siendo no, tu inteligente hija lo notará en un par de días.

> *¿Qué estaba haciendo Mikey? Estaba haciendo uso de su poderosa personalidad para manipular a sus padres.*

Ceder ante tus hijos es muy fácil, pero nunca te servirá a largo plazo, ni a ti ni a tu adolescente. Permitir que tu adolescente hable como no se debe solo promueve la rebelión, porque tu hijo piensa que eres una presa fácil que puede manipular como se le antoje. Y créeme, lo va a intentar. Es por eso que tú, padre permisivo, debes endurecerte.

Solo di no. Sé que puedes hacerlo.

A mi manera

Mitch dirigía su casa como si fuera un campo de entrenamiento militar, pese a que nunca estuvo en el ejército. Esperaba que sus hijos se plegaran a sus deseos y rara vez les permitía tener sus propias opiniones. Tan pronto llegaba a casa de su trabajo, como supervisor de una planta, Mitch comenzaba a ladrar órdenes de lo que se debía hacer. Si sus tres hijos no saltaban a hacer el trabajo de inmediato, las consecuencias eran duras. El no poder salir de la casa era un castigo típico; al menos uno de los dos adolescentes era castigado cada fin de semana.

¿Qué estaba diciendo Mitch con su comportamiento? «Soy mejor que tú, más grande que tú, y mayor que tú, además tengo todo el poder». Los padres en particular, pueden caer en este estilo de crianza. (Las madres tienden a caer en el estilo de crianza permisiva, especialmente si están tratando de sustituir al padre en el hogar o se sienten culpables porque no hay uno).

Los padres autoritarios como Mitch creen que los niños deben estar en silencio y que sus opiniones no importan hasta que sean adultos. Esos padres tienen necesidad de controlar para ejercer su autoridad. Por lo general, hay una división entre el padre autoritario y el resto de la familia (casi siempre incluida la mamá), ya que uno da todas las órdenes y los demás no tienen voz en cuanto a lo que sucede en el hogar.

Pero los métodos autoritarios —tipo «Haz lo que digo, porque tienes que hacerlo y no lo voy a aceptar de otra manera»—, solo se encontrarán con una franca rebelión. Es un pensamiento escalofriante para los padres reflexionar sobre cómo una chica de catorce o dieciséis años pudiera rebelarse si quisiera. Si descargas tus deseos sobre tu hija tratándola «a tu manera», no te sorprendas si se va de casa tan pronto como pueda legalmente... o incluso antes.

La llamada de atención de Mitch surgió cuando su hija de quince años, Justine, se fugó de casa con un joven que ella pensaba que la amaba. Tres meses más tarde fue ubicada por la policía, con sus brazos llenos de marcas de agujas y su cuerpo herido por el trato brutal de su novio de dieciocho años de edad. Todos lo que ella hizo fue cambiar una figura autoritaria por otra.

Hoy Mitch es un hombre transformado que está trabajando duro para ser el padre que sus hijos merecen. Sin embargo, nunca podrá reparar lo ocurrido a su hija, por lo que va a vivir con ese dolor y esa culpa por el resto de su vida.

A menudo, los padres tipo «A mi manera» provienen de raíces estrictas y tradicionales, es decir, no se les permitió opinar en sus propias casas cuando eran niños. Otras veces son personas dañadas que necesitan controlar a los demás para sentirse bien consigo mismas. Y, aun otras, son personas de fe que malinterpretan las palabras de la Biblia acerca de la sumisión; ven la sumisión aplicable solo a las mujeres y los niños, mientras los hombres solo tienen la responsabilidad de enseñorearse de sus familias. Muchas veces los padres autoritarios luchan con problemas de ira. Sus familias tienden a caminar por la cuerda floja, para no molestar a papá.

> *Mitch dirigía su casa como si fuera un campo de entrenamiento militar.*

Si tu hijo adolescente está enojado, mira a tu alrededor. ¿Dónde aprendió ese comportamiento? ¿Hay un padre autoritario en el hogar? Si es así, ese padre necesita controlar su rabia antes que esperar cambiar la rabia de su hijo.

Piénsalo así. Defecar es algo natural. Defecar en un centro comercial delante de la gente te hará aterrizar en la cárcel. Del mismo modo, el problema es el uso inapropiado de la emoción natural de la ira. Algunos padres y ciertos niños se golpean entre sí con enojo, como las personas que golpean a los perros callejeros. Si eso es lo que ocurre en tu casa, tiene que parar ya.

El hogar debe ser un lugar donde cada miembro de la familia reciba estímulo y se le haga responsable, donde los temas sean discutidos y resueltos en la mesa de comer o en un consejo de familia, y donde la opinión de todos sea respetada.

Si has sido una madre o un padre autoritario, no solo tienes que pintar la sala de la casa; necesitas hacer un trabajo en los cimientos, y todo comienza contigo. Debes modificar totalmente la manera de pensar y actuar con tus hijos adolescentes. En vez de ladrar órdenes, di simplemente: «Apuesto a que tu mamá agradecería muchísimo si pudiéramos lavar los platos esta noche. Si tú lavas, yo seco». Luego, ve cómo queda tu hija con la boca abierta. Tal vez corra a buscar el termómetro para ver si tienes fiebre. Eso ocurre porque los padres autoritarios son muy buenos para conseguir que otros hagan el trabajo en casa... mientras ellos lo toman con calma.

> *La idea de ser padre no es controlar a tus hijos, es animarlos y colaborar con ellos.*

Cuando los hijos son pequeños, es probable que puedas salirte con la tuya con el estilo de crianza autoritario. Después de todo, eres más grande y más fuerte; puedes hacer que se comporten. Pero ahora que tus hijos se están deslizando físicamente hacia la edad adulta, los mismos métodos coercitivos no resultan. Tu hijo de un metro ochenta y ocho puede ser, de hecho, más alto que tú.

Los padres autoritarios totalitarios no saben cómo reaccionar cuando el adolescente empieza a tener sus propias ideas y opiniones, cuando su hijo quiere vivir de otra manera. Así que los padres responden tratando de apagar al chico. Tratando de suprimirlo y mantenerlo bajo control.

Pero, la idea de ser padre no es controlar a tus hijos; es alentarlos y colaborar con ellos, observando la visión a largo plazo y el panorama general. Mientras más edad tengan tus adolescentes, más van a tener sus propias ideas y opiniones. Si las tomas en serio, en lugar de asumir que tus ideas son siempre las mejores y las únicas, comenzarás a desarrollar una relación que se extenderá más allá de los años de agitación hormonal.

Cualquier extremo —permisivo o autoritario— es peligroso. Mantener el equilibrio recompensa en grande. Tu papel como padre o madre es entrenar a tu hijo adolescente para que sea un miembro activo y efectivo de la sociedad. Si el respeto no ha sido un ingrediente importante en tu vida hogareña, es el momento de empezar a incorporarlo.

Si eres un padre tipo «Lo que tú quieras, cariño», comienza por respetarte a ti mismo lo suficiente como para levantarte por ti mismo. Di que no... y mantente firme. Tu juego se llama congruencia. Sé padre, no el amigo de tu hijo. Respeta a tu hija lo suficiente como para no dejarla ser una niña malcriada que cree que puede conseguir todo lo que quiera.

Si eres un padre autoritario, debes estar consciente de que no eres mejor que tu hijo. Los dos son iguales ante los ojos de Dios todopoderoso. Simplemente juegan diferentes roles en la familia. Tú tendrás que esforzarte en pensar antes de hablar. *Lo que voy a decir, ¿es alentador y enriquecedor para mi hijo? Y cuando tengo que hablar de cosas difíciles, ¿hablo la verdad en amor?* También tendrás que ver los pensamientos e ideas de tu hijo adolescente como importantes, tanto como los tuyos. El respeto es una calle de dos vías.

> *El respeto es una calle de dos vías.*

Debido a que los patrones de permisividad y autoritarismo han estado arraigados desde hace muchos años, tendrás que trabajar duro para luchar contra ellos. Pero considera esto también: tu hijo se moverá como lo hagas tú. Y en la misma medida en que tú te muevas. El cambio empieza contigo y con tu propia voluntad de cambiar las cosas. Sí, es verdad, tú has vivido más tiempo y eres más grande, pero este libro tiene que ver con relaciones. Solo irás tan lejos como tu relación con tu hijo adolescente te lo permita.

Igual pero diferentes roles

Acabamos de hablar acerca de los extremos en la crianza de los hijos: el progenitor *permisivo* y el *autoritario*. Pero el mejor tipo de estrategia de crianza de los hijos es el equilibrado, ese en el que los padres tienen una sana autoridad sobre sus hijos. Los padres *autoritarios equilibrados o receptivos* creen que ellos y sus hijos adolescentes son iguales. Todos son miembros de la familia; ganan juntos, pierden juntos. Ningún miembro de la familia es más importante que otro. Los padres autoritarios receptivos también saben que son responsables de establecer la válvula de la temperatura en el hogar. Eso significa establecer las directrices y los límites para que todos en el hogar estén seguros tanto emocional como físicamente.

El progenitor autoritario receptivo reflexiona en el pasado y pregunta: «¿De qué tipo de ambiente provengo? ¿Cómo va a afectar ese ambiente la manera en que yo responda ahora en mi propia casa?». Echar un vistazo a tu pasado es beneficioso para reaccionar frente a esta nueva criatura extraterrestre que mora en tu hogar.

¿Cómo te trataron tus padres cuando eras niño? Los progenitores que provienen de hogares autoritarios, casi nunca opinaban en el hogar; por lo tanto, cuando se convierten en padres, se deleitan con el papel de llegar a ser el que controla toda la acción del juego familiar. Pero al hacerlo, a menudo se convierten en el único jugador, mientras el resto de la familia se sienta en las bancas, sin entrar realmente en el juego por el miedo o la frustración a las consecuencias.

Aquellos que provienen de hogares permisivos con frecuencia son los que crecieron en medio de padres y hermanos en guerra. Ellos quieren que su casa sea completamente diferente a la de sus años de crecimiento. Pero ceder en todo termina saliendo mal y crea un

---

Sé un progenitor inteligente

- El autocontrol es un gran atributo. Para que tus hijos lo consigan, tú debes tenerlo.

- Minimiza las expectativas negativas. Enfócate en las positivas.

- Actitud, actitud, actitud. Es el as en la manga cuando practicas el juego de la vida con tu adolescente.

- Reconoce que tu hijo adolescente no es el doble tuyo.

- Habla solo después de haber escuchado, pensado y orado por algo.

---

ambiente de estrés similar a aquel en el cual crecieron, debido a la falta de límites.

El padre autoritario receptivo, dice: «Yo soy el padre, tú eres el niño. Esos son nuestros roles. A veces voy a tener que jugar la carta de padre, y cuando tenga que hacerlo, no hay duda de que lo haré. Pero siempre quiero saber lo que piensas y por qué te sientes de cierta manera, y mantener un diálogo franco, sincero y respetuoso entre nosotros. Puedo estar equivocado, y tú también. Pero cuando uno de nosotros actúe inadecuadamente, tenemos que pedir y recibir perdón».

Ningún miembro de la familia es más importante que otro.

El padre autoritario receptivo mantiene las emociones en el hogar equilibradas en la medida de lo posible. Claro, habrá momentos cuando la temperatura se eleve. Pero el padre autoritario receptivo no permite que se mantenga alta por mucho tiempo. Los padres astutos tratan con la situación de frente, dando a todas las partes la oportunidad de contar su versión, siempre y cuando lo hagan con respeto. Luego se toma una decisión sabia que beneficie a la familia completa.

Los padres autoritarios receptivos tampoco le evitan, a sus hijos, las consecuencias. Dejan que las fichas caigan donde deben ir. Si tu hija adolescente hace un movimiento insensato, debe sufrir las consecuencias del mismo. Ciertas acciones siempre tendrán consecuencias. Así es la vida en el mundo real de la vida adulta, asimismo debe serlo en el grupo de la agitación hormonal.

Hace algunos años, mi hija Holly fue detenida por un policía motorizado. Tan pronto como ella se estacionó al lado de la carretera, se acercó al automóvil. Lo primero que ella vio fue una figurita dorada del pescado cristiano en la solapa. «Ah», dijo ella, «usted es cristiano. Yo también».

El policía la miró. «Pues, sí, señorita, lo soy. Y puesto que usted también lo es, seguramente se dará cuenta por qué es importante para mí darle esta sanción».

Los padres autoritarios receptivos permiten que sus adolescentes experimenten las consecuencias de sus acciones; no les allanan ni les limpian el camino. Pero los animan: «Creo en ti y sé que vas a hacer lo correcto». Proporcionan sabiduría, equilibrio y un lugar seguro para hablar de cualquier tema. Ellos esperan lo mejor, por lo que bastante a menudo lo reciben.

Si intentas materializar los principios de este libro y sigues siendo un padre del tipo «lo que tú quieras, cariño» o del «a mi manera», nada de lo que digo aquí va a trabajar. No tendrás un nuevo adolescente para el viernes. Eso se debe a que tu adolescente es inteligente y sabrá que estás simplemente echando una cortina de humo. Pero, si admites las áreas en las que necesitas cambiar particularmente, y te preparas para atacar esas áreas de frente, ganarás la atención y el respeto de tu hijo o hija.

Comienza el juego

La tormenta de las hormonas ha llegado. Debes tener un plan. De repente, tu hijo cooperador y tranquilo, se ha convertido en un tigre al que tienes que agarrar por la cola. Responde mal o de plano te desobedece. Cuando eso sucede por primera vez, tú, como la mayoría de los padres, probablemente quedes conmocionado. Sientes que estás en crisis.

Bueno, déjame decirte, no es así. Simplemente, acabas de iniciar la batalla de un buen y equilibrado padre de un adolescente. Sin embargo, a medida que avancemos a través de este libro, encontrarás que el plan de juego no es complejo. En efecto, es bastante simple.

Sin embargo, los resultados dependen de tener un plan de juego que sea sencillo, razonable y alcanzable. Como dice el viejo refrán: «Elemental». Si ese mantra opera para la puesta en marcha de empresas que se convierten en empresas de millones de dólares, va a dar resultados para tu familia.

Es hora de cambiar

Si deseas tener un nuevo adolescente para el viernes, ¿qué necesitas ajustar en cuanto a tus propias acciones y a tu vida familiar? ¿Cómo vas a lidiar con la hija que desafía tu autoridad, parece no motivarla nada y va en sentido totalmente contrario al que quieres que vaya?

Si te pide las llaves del auto, ¿se las das y le dices: «Bueno, diviértete. Ah, y si fueras tan amable, tal vez, este… ¿me podrías llamar? Si no te molesta… para saber que estás bien ya que sé que vas a pasarte de la hora de regreso acordada?». Padre permisivo, ¡Detente ahí! La estás consintiendo, dando excusas por ella, y endilgándole expectativas negativas más que positivas.

> *La mayoría de los padres son impulsados por la frustración.*

¿O vas a ser un dictador que insiste diciendo: «Es mejor que estés en casa a las 10:00 o ya verás. Si incluso llegas a las 10:01, ¡vas a ser castigada de por vida!». Y vas a estar también allí en su primer año de universidad, cuando ella tenga las llaves del auto en la mano, sin reglas que cumplir y sin padres pendiendo de ella? ¿Qué va a hacer ella entonces?

¿O vas a ser un padre equilibrado con una autoridad saludable sobre su hija adolescente, que dice simplemente: «Me alegra que vayas a pasar un rato con tus amigos. Te veré cuando llegues a casa», porque confías plenamente en que honrará las directrices de su familia en cuanto a estar en casa a una hora razonable?

Sí, ser un padre equilibrado es arriesgado. Es mucho más fácil sobreproteger, consentir o tratar de controlar los resultados. Pero cuando lo haces, no estás criando a una adolescente que va a pensar por sí misma. Estás creando un clon tuyo que será controlado mientras lo tengas a la vista. Pero, ¡ten cuidado cuando no lo esté!

Mira tu propia mala actitud

Cuando crías adolescentes, es importante que no despliegues una mala actitud. Si lo haces, sin duda que el chico o la chica desplegará lo mismo. Y, en la adolescencia, ya hay un montón de actitudes dando vueltas.

La mayoría de los padres son impulsados por la frustración. Andan apagando un incendio para caer en otro. Y, ¿adivinen quién los mantiene saltando y disfruta cada minuto de ello? ¡Ese adolescente poderoso!

> *La mayoría de los padres crían a sus hijos para que se crean el centro del universo.*

No importa lo que pase, vas a ser el padre relajado que enseña a sus hijos con el ejemplo cómo tratar la presión. En medio de la batalla, te mantienes en calma, escuchas a todas las partes, eres justo y respetuoso con todos, por lo que llegas a una solución razonable del problema. Parte de la solución justa significa que responsabilizas a tu hija adolescente de sus decisiones, con lo que le muestras respeto. Con tus acciones le estás diciendo: «Tomaste una decisión. Si es buena, cosecharás los beneficios. Si es mala, habrá consecuencias, y solamente tú las llevarás a cuestas. De esa manera la próxima vez que te enfrentes a una situación similar, puedes decidir lo que vas a hacer. Me parece que eres una chica lista y que vas a decidir sabiamente la próxima vez».

Sé predecible... pero no siempre

Si siempre tratas los asuntos de disciplina de igual forma (por ejemplo: «¡Ve a tu habitación!») y no te resulta, necesitas un nuevo plan de acción.

La mayoría de los padres de hoy han utilizado —y lo digo en tono irónico— el temido tiempo de receso o detención para meditar. Si crees que eso significa algo para tus hijos adolescentes, te equivocas. Cuando les dices que se vayan a su habitación, no los estás castigando. ¡Les estás dando una pequeña y agradable retirada vespertina! Después de todo, en su alcoba tienen teléfono celular, computadora, equipo de música, televisor de pantalla plana y cualquier otro aparato tecnológico para mantenerlos contentos y ocupados. Desde luego, no van a sentir disciplina alguna con eso.

La mayoría de los padres crían a sus hijos para que se crean el centro del universo. Por lo tanto, no debería sorprender a nadie que unos pequeños tontos egoístas y hedonistas crezcan y sean unos grandes tontos egoístas y hedonistas.

El progenitor es el director de la orquesta familiar. Eso es especialmente cierto en cuanto a la madre, que es la persona puntual de la familia. Para que la familia marche, las violas, violines, chelos y contrabajos tienen que unirse, comenzando en el tono correcto. Ese tono son las directrices y los límites de la familia, comenzando por el respeto mutuo. Cada instrumento es diferente y juega un papel distinto, pero solo unidos es que pueden hacer una bella armonía, un concierto que suene como un concierto o un *concerto* que suene como un *concerto*.

> *La mejor manera de enseñar el dominio propio es mantenerse en control de sí mismo y revelar las consecuencias de estar descontrolado.*

En vez de preocuparte en *disciplinar* a tu hijo en sus años de agitación hormonal, piensa más en *discipularlo*. Cuando disciplinas, tu actitud dice: «¡Ah, no. No puedo creer que mi hijo acabe de hacer eso. ¿Qué voy a hacer? ¿Qué castigo será suficiente como para que no vuelva a hacer eso?». Cuando discipulas, tu actitud expresa: «¿Cómo puedo ayudar a preparar a mi hijo adolescente para que sea independiente? ¿Qué es importante que él sepa?».

Ser *predecible* en tu modo de disciplinar significa que tu adolescente puede prever que se tomará algún tipo de acción cuando ella vaya por mal camino. Ella sabe que su padre asumirá un rol de autoridad. Pero la parte *impredecible* viene porque ella no siempre será capaz de adivinar cuál será la acción a tomar... y vendrá en un momento inesperado.

Digamos que tu hija te habla muy irrespetuosamente un sábado por la mañana. Dejas que eso pase, no le das mucha importancia. De todos modos, tu presión arterial no necesita aumentar. Pero en la noche, ella va a estar buscando frenéticamente las llaves del auto. Adivina dónde van a estar. En tu bolsillo. Cuando ella pierda su salida, ese será el momento de aprendizaje.

> *Criar hijos en los años de agitación hormonal requiere la cooperación de ellos.*

Una vez más, tú eres el calmado. No le gritaste cuando ella te gritó, simplemente esperaste el momento oportuno. Nueve horas después, cuando ya has tenido suficiente tiempo para pensar en la manera más apropiada de disciplinarla, actuaste. Cuando tu hija te pregunta por qué, tú le dices con la mayor naturalidad: «Porque no me gustó lo que me dijiste esta mañana. Fue una falta de respeto». La mejor manera de enseñar el dominio propio es manteniéndote en control de ti mismo y revelar las consecuencias de estar descontrolado.

Por lo tanto, progenitor inteligente, si tienes dominio propio, es probable que tu adolescente lo aprenda de ti. Y debido a que agarraste a tu hija adolescente con la guardia baja por la disciplina que vino horas después —cuando el faltar a ese evento significaría mucho para ella— usaste la carta imprevista en la medida de tu capacidad. Cuando tu adolescente quiera controlar tus acciones, no es malo dejar que se frustre de vez en cuando.

Que tu no, sea no

Esto es particularmente para ustedes madres, que tienden a ser presa fácil más que los papás. Después de todo, muchas de ustedes empujaron ese bebé a través de un estrecho canal de parto, por lo que han invertido mucho en él. Pero solo porque pasaste por la tortura física del parto no significa que debes hacer lo mismo con él toda la vida.

Deja que tu no, sea no. No te dejes convencer con zalamerías o que te lloriqueen o te griten para que digas que sí cuando ya has dicho que no. Tu hijo adolescente necesita saber que estás hablando en serio. Es solo cuando los dos están en el mismo plano de respeto que pueden realmente tener una relación beneficiosa para ambos.

Me encanta la cita de Louis Pasteur que dice: «Déjame decirte el secreto que me ha llevado a mi objetivo. Mi fortaleza únicamente yace en mi tenacidad»[2].

Así que, progenitor, sé tenaz.

Aumenta la percepción de tu valor

Padre, tienes todas las cartas en este juego llamado vida. Tú eres el que tiene los medios para hacer que las cosas ocurran con tu hijo o hija, incluida la conducción del auto (voy a mencionar eso mucho en este libro, porque esa libertad es muy importante para el adolescente emergente), ir a la universidad, tener ropa (espero que limpia) para vestir, etc. Tú tienes las llaves de todas esas cosas. De lo contrario, tu hijo se va desnudo a la escuela como un loco. Por tanto, ¿quién está engañando a quién? Ahora es el momento de dar un paso adelante y ser padre.

El difunto John Wooden, probablemente el mejor entrenador de baloncesto universitario de todos los tiempos, era un hombre de fe sabio, venerado por todos en su campo. Entrenó en la UCLA (Universidad de California, Los Ángeles), y curiosamente, nunca le dijo a su equipo que saliera a ganar el juego. Siempre les decía que jugaran de la forma en que debían hacerlo.

> **Qué hacer el lunes**
>
> 1. Decide: ¿reconstrucción total, reemplazo parcial o un pequeño trabajo de pintura?
>
> 2. Identifica tu estilo de crianza:
>   - Lo que tú quieras, cariño
>   - A mi manera
>   - Iguales pero diferentes roles
>
> 3. Desarrolla un plan de juego.

Esas son palabras sabias para los padres también. No hay «ganadores» en el juego de la crianza de los hijos. Si tú o tu hijo de trece años de edad «gana» una pelea, los dos —en realidad— pierden. Criar hijos en los años de agitación hormonal requiere la cooperación de ellos.

Eso lo haces escuchándolo, respetándolo, animándolo, defendiéndolo y sí, también parándotele de frente y haciéndolo responsable. Cuando haces eso, y tu hijo adolescente sabe que te preocupas por él y por todo lo que le sucede, la percepción de tu valor aumentará, por lo que te sorprenderás con la profundización de tu relación.

Todo muchacho necesita tres vitaminas:

- vitamina E: estímulo

- vitamina N: no

- vitamina C: cooperación

Los padres inteligentes aprenden cómo dar cada una de esas vitaminas en la dosis correcta para producir un adolescente sano y equilibrado.

★ LA JUGADA GANADORA ★

Tu adolescente cambiará en la medida en que tú cambies.

Cómo hablar a la generación indiferente o «Me da igual»

Ve más allá de los brazos cruzados, el gruñido, el mirar por
la ventanilla del auto y los comentarios tipo «me da igual»
para llegar al corazón de tu hijo.

Imagina a tu hijo de dieciséis años de edad, sentado a la mesa de la
cena una noche, y de repente dice: «Cuando tenga 21, voy a conducir
un Corvette».

¿Qué diría la mayoría de los padres, en su frenesí por comer después de un largo día de trabajo, por ejemplo? «Bueno, entonces es
mejor que vayas a la escuela. Vas a necesitar buenas calificaciones para
conseguir un trabajo decente de modo que puedas comprar uno».

Pero, ¿qué podría decir mamá? «Ah, perdón, cariño, ¿qué es un
Corvette? Una tía mía tenía algo llamado... Corvair. ¿O era mi abuela?». (Sí, y mi primo tenía algo llamado che... che... algo —un Chevet-
te— cuando empezó a conducir).

¿No es de extrañar que el muchacho se siente allí el resto de la
cena con los brazos cruzados y le dé al resto de la conversación un
gruñido ocasional, dejando que jueguen sin él? Lo que está pensando

---

Qué decir cuando se quejan de la cena

ADOLESCENTE: «Mamá, ¿otra vez pollo? *Detesto el pollo*».

MAMÁ TRADICIONAL SORPRENDIDA Y DECEPCIONADA: «Pero la semana pasada te *encantó*. Te comiste cuatro piezas en la cena. Tú siempre dices que te encanta el pollo de tía Harriet. Que es tu favorito».

MAMÁ TIPO *TENGAN UN NUEVO ADOLESCENTE PARA EL VIERNES*: «Cariño, ¿qué te gustaría cenar cualquier día en una o dos semanas? ¿Qué comida preferirías?».

ADOLESCENTE (sorprendido): «Este... no sé. Me gustaría... quisiera, este... filete de costilla».

MAMÁ: «Está bien, déjame escribirlo. Filete de costilla. ¿Qué más te gustaría con eso?».

ADOLESCENTE (aún sorprendido por el giro de los acontecimientos): «Este... puré de papas».

MAMÁ: «¿Puré de papas corriente o con ajo?».

ADOLESCENTE: «Con ajo».

MAMÁ: «Muy bien, también escribí eso. ¿Algo más? ¿Algo especial para el postre?».

¿Por qué debería responder un padre o una madre de esta manera? Porque tu adolescente necesita saber que *alguien* en la casa se preocupa lo suficiente como para escuchar lo que él dice, aun cuando a veces eso sea estúpido o pueda cambiar rápidamente de una semana a otra o de un momento a otro. Lo importante es dejar a tu hijo adolescente con una impresión particular y duradera de que él es de gran importancia en su familia. ¿No te gustaría ser tratado de la misma manera?

---

es: *¡Me da igual!* La cena, para él, se ha convertido en una actividad tipo «sopórtalo, que va a terminar pronto».

Sin embargo, ¿qué pasaría si, en cambio, el padre listo, dice en respuesta al comentario de su hijo: «Ah, un Corvette. Eso sería genial. ¿Qué clase de Corvette? ¿El que tiene la transmisión automática o el ZR1, que tiene transmisión manual de seis velocidades? Y, ¿de qué color? ¿Algunas características especiales?».

Ahora, eso se llama *cautivar* a tu hijo adolescente, bajo una noche en el campo de juego y revelando que sus sueños, sus ideas, sus pensamientos y su vida son valiosos para ti, así como son tema interesante de conversación en el cual toda la familia puede participar.

Gritas tan fuerte que no puedo oír lo que dices

Cuando un adolescente dice algo tonto, la mayoría de los padres reaccionan. «¿De dónde has sacado eso?», aducen. «Hay que ver que estúpido es eso. ¿Lo sacaste del internet o de algo parecido?».

Cada vez que hablas con tu hijo adolescente, abres o cierras la puerta a futuras comunicaciones. Si eres el señor o la señora sabelotodo y tienes la respuesta final para todo, entonces, ¿qué motivación podría tener tu adolescente de quince años para presentar cualquier tema en la mesa? Él no es tonto. Si menosprecian todo lo que traiga a colación, es probable que piense: *No voy a decir nada. Voy a dar un grito en esta cena y dentro de veinte minutos puedo volver a enviar mensajes de texto a mis amigos.*

Los adolescentes que no se sienten involucrados en la vida familiar —que no creen que su opinión sea importante debido a que sus ideas, sueños, etc., no son considerados relevantes y ni siquiera son escuchados— van a callarse rápido.

> *Lo más que he escuchado decir a los adolescentes es: «Mis padres no me entienden».*

En todos mis años como sicólogo, lo más que he escuchado decir a los adolescentes es: «Mis padres no me entienden». Cuando les pregunto por qué piensan eso, responden: «Porque no me escuchan en lo absoluto. No respetan nada de lo que yo diga. Yo no soy importante en sus vidas».

No hace falta ser un genio para explicar por qué tenemos una generación de jóvenes que han decidido no hablar con sus padres... aun cuando estos les hablen a ellos.

¿Captaste esa pequeña palabra *a*? La mayoría del grupo hormonal al que le he hablado sienten que sus padres pasan el noventa y nueve por ciento de su tiempo hablándoles *a* ellos en lugar de hablar *con* ellos. Los mandan, les dicen qué hacer y qué decir, e incluso les dicen lo que deben sentir o no sentir. Los padres gastan solo un uno por ciento del tiempo hablando con sus hijos sobre lo que les interesa y conectándose con ellos.

En pocas palabras, si alguien te estuviera diciendo qué hacer, cuándo hacerlo y cómo hacerlo, y además te indica la manera en que debes sentirte al respecto, ¿cómo responderías? Y en particular, ¿si no estabas seguro de que esa persona estaba de tu lado? ¿Si, en efecto, estabas casi seguro de que la persona estaba en tu contra y no quería que tuvieras ninguna diversión en la vida? Ah, captaste la imagen. A nadie le gusta que lo estén mandando. Y en lo primero que notas la actitud de un adolescente —aun antes de que salga volando de su boca— es en su lenguaje corporal.

El lenguaje corporal es mudo, pero aun así puede gritar muy alto. ¿Qué está diciendo —o no— tu adolescente con su postura, sus ojos, sus dientes apretados? Si quieres saber lo que tu hija está pensando y no está diciendo, observa su lenguaje corporal. Este dirá: «Estoy desanimada», «Estoy enojada», «Me duele», «No me siento importante» o «Estoy abrumada». Puesto que ella es parte del grupo hormonal agitado, ese lenguaje corporal puede cambiar día a día, hora a hora, o incluso, como un padre me dijo, «minuto a minuto, sobre todo con mi hija que acaba de cumplir doce años de edad». El lenguaje corporal también puede decir: «Por favor, no me interrumpas. He tenido un mal día en la escuela y estoy pensando si hay algo que pueda hacer al respecto. Siento como que está fuera de mi control en este momento, y eso me pone muy nerviosa».

A veces tu hija, así como tú, necesita de privacidad y tiempo para resolver las cosas por su cuenta. Tratar de hacer que tu adolescente hable no va a resultar. Simplemente va a endurecer sus labios ya cerrados.

A mí me resultó

Seguí su consejo. Me callé. Dejé de presionar a mi hijo de catorce años para que hablara. Las primeras tres veces solo le dije: «Hola, cariño», cuando entró al auto después de la escuela. El silencio —en todo el camino— era ensordecedor. Un poco extraño para una conversadora natural como yo. Pero la cuarta vez me miró un poco sorprendido y me preguntó: «Oye, mamá, ¿cómo estuvo tu día?». Le respondí brevemente y me callé. Entonces empezó a hablar. Gracias por ayudarme a encontrar la manera de llegar al corazón de mi hijo... aun cuando tengo la lengua en carne viva por mordérmela para dejar de hablar.

María, Tennessee

Cada día tu hija es presionada con no sentirse lo suficientemente buena, suficientemente bonita, suficientemente atlética, etc., para integrarse a su grupo de compañeros. ¿Qué es lo que ella recibe de ti? ¿Estímulo, verdad y empatía? ¿O crítica, actitudes despreciativas y frases como «Debes saber más que eso»?

¡Ay! La verdad duele, ¿no?

La mala noticia es que no eres perfecto. ¿La buena? Que tampoco hay padre ni adolescente en este planeta que lo sea. De manera que allana el terreno de juego para entrar en el negocio de criar hijos y formar una relación duradera con él o ella.

En vez de apagar al chico cuando sale diciendo algo, ¿por qué no decirle: «Oye, cuéntame más sobre eso»? O «Ah, nunca había pensado en eso. Y tú lo hiciste. Asombroso». O, «Umm, pareces molesto... o desanimado, tal vez». O, «Ah, algo grande debe haber pasado hoy por la expresión de tu cara». Estas declaraciones se prestan para una comunicación franca, por lo que seguramente obtendrás más que un gruñido. Incluso podrías sostener una conversación interesante durante el trayecto en auto a casa. Mejor aun, aprenderás algo acerca de la vida de tu hijo, y de su corazón.

Salto de altura

Los progenitores de todo el mundo tienen grandes expectativas con sus hijos. Algunos quieren que sus hijos sean estudiantes excelentes, o los mejores atletas o músicos estelares. Mi mamá tenía grandes expectativas: verme graduar por lo menos de la escuela secundaria (y créanme, que era una gran expectativa para el Kevin Leman de bajo rendimiento de ese entonces). Es bueno tener expectativas positivas con los adolescentes; creer que pueden tener éxito y animarles a intentarlo.

> *Mi mamá tenía grandes expectativas: verme graduar por lo menos de la escuela secundaria.*

Pero las expectativas se dañan cuando los padres tienen la barra de la vida tan alta que ningún muchacho en el planeta puede saltarla sin aterrizar de bruces en la arena o el barro. Estos padres de altura dicen cosas como:

- «Ah, limpiaste tu habitación. Ah, sí, me di cuenta. Pero la próxima vez...».

- «¿Qué pasa con la nota B de este reporte [cuando las demás son A]?».

- «Podrías ser más popular si te esforzaras lo suficiente».

- «Bueno, debías haberlo hecho mejor. Cuando yo tenía tu edad...».

- «Si practicaras más, podrías obtener una beca para estudiar en el conservatorio».

¿Qué es lo que dicen estos padres? «He puesto esta barra a esta altura y estoy esperando que la saltes. Y cuando lo hagas, la voy a subir un poco más, como lo hacen con los obstáculos en los campeonatos ecuestres. Pero, si fallas, me vas a decepcionar mucho, por lo que voy a asegurarme de que te quede claro».

¿De dónde sacaste esa idea? Es muy probable que tuvieras una mamá o un papá que insistía en que saltaras muy alto. Y odiabas o temías fallar tanto como tu hijo o hija hoy. A pesar de que juraste que nunca le harías a un hijo lo que tu padre te hizo a ti, estás haciendo lo mismo. Eso se debe a que la grabación que aprendiste cuando eras niño —»Yo no cuento a menos que papá y mamá estén contentos conmigo»— todavía sigue sonando en tu cabeza, ahora que eres adulto. Peor aun, está saliendo de tu boca y ahora se dirige hacia tu propio hijo. Los viejos patrones se resisten a morir, ¿verdad?

Entrenamiento para vivir

Una de las tendencias actuales es que la gente tenga «entrenadores particulares». Son esas personas que te dan una patada en el trasero (en sentido figurado) cuando necesitas hacer un cambio en tu vida y no tienes el valor, la resistencia ni la determinación para hacerlo tú mismo. Es posible que tengas un entrenador físico que te ayude a tener la sección central de tu cuerpo en orden para no tener que aspirar cada vez que subes la cremallera de tus pantalones. Él te ayuda a levantar pesas, hacer ejercicio, aumentar los músculos. O puede que tengas uno que dé un poco de orden al caos de tus días y te ayude a descubrir tus valores particulares y tus prioridades.

Con este libro, te convertirás en tu propio entrenador. Cada uno de nosotros tiene algo que queremos erradicar de nuestras vidas. Por lo general, se desarrolla como resultado de los acontecimientos que nos han influenciado. O tenemos un vacío, algo falta. Como no tuviste ciertas cosas mientras crecías, estás determinado a que tu hijo las tenga.

Aun con un pequeño cambio que hagas en tu actitud, verás un gran cambio en la actitud de tu hijo adolescente.

Todos somos criaturas de hábito. Las grabaciones de los sucesos del pasado recorren nuestra cabeza diciéndonos cómo comportarnos, qué decir, cómo interactuar en las relaciones.

Pero no tenemos que ser esclavos de esas grabaciones. Si tienes un deseo genuino de distinguirte, de comportarte diferente, *puedes hacerlo*. Si no lo haces, tu forma actual de relacionarte cobrará un gran precio a tu relación. Pero aun con un pequeño cambio que hagas en tu actitud, verás un gran cambio en la actitud de tu hija adolescente. Se transformará de una chica malhumorada y respondona a otra que diga: «¿En qué puedo ayudarte, mamá?». Solo observa y mira.

Si tu hija adolescente parece derrotada y ni siquiera intenta hacer cosas nuevas o algo que solía hacer, o tiende a ignorarte, examínate cuidadosamente. Si le estás elevando la barra mucho, la estás preparando para el fracaso. Ella es lo suficientemente inteligente para saberlo, así que se ha de imaginar que para qué molestarse intentándolo. O va a tratar con tanta fuerza que va a quedar exhausta tratando de hacerte feliz porque, aunque no lo creas, ella desea complacerte. Si no puede cumplir con tus expectativas, se siente fracasada. Así como te pasó a ti con tus padres.

Por tanto, ¿qué te parece si bajas la barra un poco (o bastante)? Te harás un gran favor, y a tu hijo o hija también. En Estados Unidos hay millones de jóvenes, en lo que se considera «buenos hogares», que no están viviendo a la altura de su potencial por temor a que si lo hicieran, tendrían que lograr cada vez más y más, y la presión sería demasiado grande. Así que en lugar de eso, se han resguardado, han cavado una madriguera y se han aislado de familiares y amigos. Pero no tiene por qué ser así.

Nadie salta la elevada barra de la vida siempre; todos fallamos de vez en cuando (o muchas veces) y terminamos estrujados en la arena.

¿Debes llamarlos púberos o «adolescentes»?

Los padres hablan.

- «Los puedes llamar como quieras. Pero eso no importa, ya que de todos modos no obedecerán. Yo debería saberlo. Tengo tres en mi casa».

- «Mi papá dijo que no se nos permitía llegar a ser adolescentes. Teníamos que ser "adultos jóvenes"».

- «*Púbero* parece que se refiriera a una enfermedad. *Adolescente* suena más a persona».

Así que, ¿por qué algunos de ustedes continúan subiéndoles la barra a sus hijos para hacer casi imposible que cumplan con sus expectativas? *Tengan un nuevo adolescente para el viernes* trata en cuanto a tener una conducta diferente, antes que llegue el viernes. Pero eso tiene que comenzar contigo.

A mí me resultó

Me sentí como si me hubieran perforado el vientre cuando lo escuché hablar, en la radio, acerca de los padres críticos, perfeccionistas, que elevan la barra muy alto para sus hijos. Soy un trabajador de la construcción que ha tenido que laborar muy duro para ganarse la vida, por lo que quiero que eso sea diferente para mi hijo. Sé que he sido demasiado duro con él, ya que es un gran chico, y se merece un mejor padre. Yo no soy del tipo de hombre que pide disculpas, pero lo hice. Él no dijo nada. Se quedó impávido. No sé qué va a pasar después con nosotros dos; mi hijo y yo no hemos tenido una buena relación últimamente, pero sé que hice lo correcto. Ore por mí cuando reflexione en ello.

Josh, Illinois

Señales de un padre tipo «debería»

¿Tienes un adolescente que:

- comienza proyectos y no los concluye?

- siempre planea conectar un jonrón pero tiene dificultad hasta para llegar al plato?

- puede estar emocionado hasta que algo sale mal y se derrumba?

- corre en rachas, caliente y luego frío?

- siempre necesita una buena arrancada?

- está deprimido, aun antes de salir de la puerta de inicio de un proyecto?

Si es así, es posible que desees echar un vistazo al espejo para encontrar la solución. Los adolescentes siguen el ejemplo de sus padres. ¿Te estás diciendo todo el tiempo «Yo debería»?

- «Yo, realmente, debería lavar la ropa hoy. Ha estado amontonada allí tres días».
- «Debería haber hecho eso. Ahora voy a tener que...».
- «Debería ayudar. Después de todo, tengo un día libre esta semana».
- «La próxima vez que él lo pida, yo debería...».

Si te pasas el día diciendo y pensando lo que deberías hacer, estás perdiendo la vida. Lo peor, es probable que estés cayendo en la trampa de tratar a tu hijo del mismo modo:

- «¡Debes estar bromeando! ¿Llamas bonito a eso?»
- «Yo no lo llamaría limpio».
- «Deberías haber sacado una A».
- «¿Por qué no has terminado la tarea? Ya debería estar lista».
- «Yo debería pensar que te preocupas por eso».
- «Deberías haberte esforzado más».

Todos los seres humanos odian la crítica y, más aún, los adolescentes, que son sensibles a todos los comentarios acerca de ellos. Los pequeños comentarios crecen hasta hacerse muy grandes, en la mente de ellos. Y con los que tienen las hormonas agitadas, incluso los pequeños comentarios que hagas pueden traducirse como sarcásticos, lo quieras o no.

La mayoría de los chicos, para evitar las críticas, simplemente se callan. *Si no digo nada, ni mamá ni papá sabrán nada de mi vida y no me van a criticar.*

Evita el «debería» en todo momento y a toda costa. Eso detiene de manera eficaz la comunicación entre el adolescente y sus padres.

En esos años, necesitas encontrar nuevas formas de comunicar tu amor incondicional y tu aceptación; y decir la verdad cuando sea necesario. Pero nunca, *nunca,* uses la palabra *deberías* con tus hijos. Eso siempre cerrará la comunicación al instante.

Las sabias palabras de mi madre

Mi mamá era una mujer muy inteligente. Sabía exactamente las palabras que este bebé de la familia necesitaba. «Escucha y piensa antes de abrir la boca, hijo», decía. «Y di que lo sientes; de corazón».

Palabras sabias, en verdad.

¿Cuántas veces en la última semana te habría ido mejor si hubieras escuchado —y pensado— antes de abrir la boca ante tu hijo o hija?

Pudo haber sido la actitud y la boca sabelotodo lo que te hizo explotar. O pudo haber sido porque tuviste que pedirle a tu hijo cinco veces que limpiara la jaula de su tortuga mascota. Ni para qué mencionar que la mayoría de los que tienen las hormonas agitadas no saltan del sofá ni se quitan rápidamente los auriculares de su iPod, solo para escuchar lo que tú, su precioso padre, tienes que decir. Tampoco se detienen cuando están con sus mensajes de texto en su iPhone para decir: «¡Claro! Voy a hacer esa tarea ahora mismo». Para que eso suceda, el mundo tendría que dejar de girar sobre su eje. La mayoría de las veces te encuentras con unos ojos vidriosos o una ligera seña con la cabeza, ya que viven en un mundo diferente, viendo un programa en vivo, enviando mensajes de texto a un amigo o pensando a profundidad en un problema de la escuela, por lo que ni siquiera tienen la tarea en su radar. Es por eso que recordarle a tu hijo que haga las tareas nunca logrará nada, excepto que te frustres.

Puedes trabajar todo lo que quieras en pro de la meta de ser un padre perfecto, pero nunca lo lograrás. Y se debe a que nosotros, los seres humanos, no somos perfectos. Pero eso no significa que no podamos ser buenos padres.

Parte de ser un buen padre es ser lo suficientemente inteligente como para saber cuándo te debes callar y escuchar, y cuándo los oídos

> *Habrá ocasiones cuando abrirás tu boca… y desearás no haberlo hecho.*

de tu hijo adolescente están listos para escuchar lo que tú tienes que decir.

Vas a cometer errores. Habrá ocasiones cuando abrirás tu boca… y desearás no haberlo hecho. Lo que salga, no será agradable, edificante ni aun pasable.

Ahí es cuando debes hacer lo correcto. Te diriges a tu hijo o hija y le dices: «Lo siento. Hablé con brusquedad y no debí haber dicho eso. ¿Me perdonas?».

Tus hijos están viendo lo que *haces*, no solo lo que dices. Tienen que escuchar esas palabras de ti, mamá o papá. Ser humildes y reconocer cuando has hecho mal te pone en igualdad de condiciones con tus hijos y muestra que los respetas como seres humanos.

Es difícil bajarse de ese pedestal de sabelotodo pero, cuando lo haces forjas una relación de por vida.

Navegar, navegar…

«¡Pero tú siempre…!» «¡Tú nunca…!»

Si te das cuenta de que el grupo que tiene la agitación hormonal *siempre* habla en extremo y *nunca* tiene la intención de ceder, puedes permanecer sereno en un mar agitado en el peor de los vendavales. La vida en el mar con un adolescente es tumultuosa, sin lugar a dudas. Los estados de ánimo han de cambiar minuto a minuto, hora tras hora, día a día. Si dejas que te arrastren, el barco familiar irá de un lado a otro. Pero si permaneces con *calma* al timón, respiras profundo y sonríes, eso también pasará.

Aunque tu hija adolescente pueda dejar volar un «me da igual», en realidad, no quiere decir eso. Ella, en verdad, se preocupa profundamente por lo que está sucediendo, pero el «me da igual» lo que comunica es: «¡No tengo idea de cómo lidiar con esto! ¡Ayúdame!». Tu hija te necesita especialmente cuando llegan las tormentas a su vida (y seguro que van a llegar); cuando su primer novio le rompe el corazón;

cuando falla en un examen de álgebra; cuando su mejor amiga decide que no quiere más su amistad; cuando se burlan de ella porque pisó un pedazo de papel higiénico con el zapato y lo arrastra por doquier todo el día en la escuela, y nadie le dijo nada hasta que finalizó el día...

Cuando tu hijo es impertinente contigo, compórtate como padre. No reacciones. Deja que pase el momento. Dale al muchacho un poco de holgura (especialmente si es después de la escuela; un tiempo de fuerte procesamiento para los adolescentes que están tratando de darle sentido a sus días en la escuela, sus pensamientos y sus emociones en conflicto). Recuerda que la *gracia* y la *misericordia* son hermosas palabras que hacen girar al mundo. A veces las necesitas tú y a veces tu hijo o tu hija.

> **Cómo lograr que tu adolescente hable**
>
> • Cállate.
>
> • No preguntes: «¿Cómo pasaste el día?».
>
> • Di calmadamente, en respuesta a una declaración sorprendente: «¡Umm! Dime más al respecto».
>
> • Elimina la expresión *por qué.*

Pero eso no significa que vayas a dejar que el chico salga con una falta de respeto.

Eso tiene que ver todo, con el amor y las expectativas positivas. El amor que le muestras a tu hijo adolescente y las expectativas que tienes con él son muy importantes. A tu hijo le importa lo que piensas, por eso interioriza tus creencias (para mal o para bien), y actuará de acuerdo con esas creencias. Contrasta la idea: «Papá piensa que soy un perdedor, así que mejor actúo como tal», con otro pensamiento: «Mamá cree en mí. Nunca la defraudaría».

No te imaginas la cantidad de veces que los adultos me han dicho que nunca fueron animados en su casa, nunca les dijeron que eran amados ni cuán especiales eran.

Es por eso que los momentos de aprendizaje son tan importantes. Los muchachos son muy buenos en cuanto a dejar de prestar atención a los gritos; después de un rato, solo escuchan «bla, bla, bla», y todas las palabras juntas. Así que si estás decepcionado con su comportamiento cuando está de impertinente, lo que necesitas es estar tranquilo y silencioso. «Anda como el submarino, en silencio y profundo», como dice el viejo refrán. Luego, espera hasta que tu hija se dé cuenta: *Epa, sucede algo con mamá.* Y ella te pregunta: «¿Qué pasa? ¿Por qué estás tan callada? ¿Por qué no me dejas ir a ninguna parte ni hacer nada?».

Ah, ese es tu momento de enseñanza para decirle directamente: «No me gusta la forma en que actuaste conmigo hace dos horas».

Cuando dices las cosas como debe ser, con *calma* y con amor, tratas a tu hija con respeto. Estás poniendo la barra a un nivel aceptable de conducta, no en la zona más alta. Ahora tienes la atención de tu hija, y estás moldeando su corazón y su mente. También lo estás cambiando de algo negativo («Yo puedo hacer cualquier cosa porque mi mamá me deja») a algo positivo («Ah, me doy cuenta de que la vida va a cambiar por aquí, si trato a mi mamá de esa manera. Será mejor empezar a tratarla con respeto»).

> *Si tratas a tus hijos de la manera que esperas que se comporten, ocurre un milagro. ¡Ellos tratan de vivir de acuerdo a eso!*

Y lograste todo eso con *calma* (nota que he usado esta palabra tres veces en esta sección, y hay una razón para ello), sin interponerte en el camino que sopla el viento para tu adolescente.

A veces, el viento soplará en decibelios huracanados. Pero tú, padre o madre, sabes más que eso para dejarse atrapar. Solo siéntate, tómate una taza de café, y espera a que el viento se calme.

Lo mejor de todo es que no tienes que decir ni una palabra.

Cautiva el corazón de tu adolescente

Hace poco, mi hija Lauren me mostró un proyecto de matemáticas. «¡Shazam!», le dije. «¿Cuándo comenzaron a usar letras?»

Ella se limitó a sonreír. Como labora muy duro con las matemáticas, estaba encantada por tener una B en su trabajo. Celebramos con una danza familiar y colocamos el papel en la nevera, al frente y al centro. Yo estaba orgulloso de Lauren; había trabajado fuerte.

Lauren viene de una larga línea de Lemans que luchan con las matemáticas. Si yo fuera lo suficientemente inteligente como para poner mis resultados en términos matemáticos, me gustaría hacer eso por usted, pero digamos que apenas logré pasar las matemáticas de los consumidores. («Fulano de tal fue a la tienda con un dólar. Las barras de chocolate se vendían por cincuenta centavos cada una. ¿Cuántas barras de chocolate podía comprar?»). Mi nota final de nivel elemental de álgebra en la escuela secundaria fue de 22, y mi prueba de aptitud en matemáticas no superó el cero por ciento. Fui a la universidad sin tomar una clase de matemáticas. Tomé clases de estadísticas en su lugar, e incluso cursé análisis estadístico avanzado hasta llegar a nivel de doctorado. Nunca olvidaré mi experiencia al explicar a mis profesores el análisis de covarianza. Pero si colocas ahora un millón de dólares sobre la mesa y dices: «Te doy esto si defines la covarianza», yo saldría muy triste porque no podría hacerlo. Las matemáticas todavía no son mi fuerte, pero las uso cuando tengo que hacerlo.

> **5 consejos para no invadir los asuntos de tu adolescente**
>
> - No tomes las cosas a manera personal.
> - Mantente calmado.
> - Escucha, pero no pelees las batallas de tu hijo adolescente.
> - Ofrece sugerencias útiles solo cuando te lo pidan.
> - No le digas a tu adolescente qué hacer.

Tengo cinco hijos, y cada uno de ellos lucha con las matemáticas. Pero Lauren lo ha hecho más duro que todos nosotros, y eso se nota. Cuando esa calificación B llegó a casa, yo sabía que era el producto de un trabajo enorme y de la concentración de su parte, así que no podía dejar de decirle: «¡Buen trabajo!».

Pero muchos padres habrían respondido de manera diferente. «¿Una B? Sé que puedes hacerlo mejor». Bueno, amigos, una B es superior al promedio, y para un adolescente que batalla con las matemáticas, yo diría que es una nota asombrosa, algo que celebrar. Así que eso es exactamente lo que hicimos: ¡tuvimos una fiesta y armamos un jolgorio!

Pero más que eso, me preocupo por los sentimientos de Lauren. Ella se preocupa por la gente. Es compasiva y ayuda a los que sufren. Es alguien que da, no quita.

Ahora bien, ¿qué persona te gustaría tener en el mundo? ¿Una estudiante con puras notas A que solo piensa en sí misma, que es competitiva y que no le importa la gente, o una estudiante promedio que claramente ama a los demás y los pone en primer lugar? Si fueras un hombre de negocios, ¿a cuál de las dos te gustaría contratar para tu empresa? ¿Cuál te gustaría como vecina? Sin lugar a dudas, que alguien como Lauren.

> *En todo mi ejercicio de sicología, nunca me he encontrado con el ser humano perfecto.*

A nuestro mundo lo atrapa el exterior de las cosas —lo que la gente parece— con exclusión de sus corazones y sus mentes. Hay actrices que no voy a nombrar (por pura bondad) que son muy bonitas pero no tienen mucho en la azotea, y menos aun en sus vidas que pudiera considerarse levemente moral.

Lo divertido es que en todo mi ejercicio de sicología, nunca me he encontrado con el ser humano perfecto. Tus hijos adolescentes no serán perfectos. Sin embargo, si te ocupas de su corazón y fomentas las fortalezas reales del carácter, tus palabras los llevarán a través de situaciones en las cuales tú no estás presente. Si crees en ellos, los aceptas y destacas la bondad en ellos, tú les das el valor y el poder para tratar las situaciones difíciles.

Un artículo en *USA Today* lo dice todo: «Los jóvenes prefieren elogios antes que sexo y dinero». El estudio se basó en las respuestas de 282 estudiantes. La escritora Sharon Jayson informa:

El sexo, el alcohol ni el dinero se pueden comparar con el estremecimiento que reciben los jóvenes con la estimulación de su autoestima, dice un nuevo estudio sobre estudiantes universitarios que halló que las ansias de elogio triunfaron sobre otros deseos o necesidades[1].

A pesar de que difiero en el uso de la terminología y uso de la palabra *estímulo* en lugar de *elogio* —ya que, en mi definición, el *estímulo* se centra en lo que es la persona y el *elogio* se centra en lo que la persona hace— se ve claramente que tus palabras marcan una diferencia. Ellas tienen todo que ver con cómo tu hija piensa y siente acerca de sí misma, así como su confianza para hacerle frente a las tormentas de la vida.

Así que déjame preguntarte sin rodeos: cuando te comunicas con tu hija adolescente, ¿le hablas a ella o con ella? ¿Qué es más importante para ti, el corte de pelo y la ropa, o tu relación con ella?

Tienes que ser el campeón de tu hija en esos años agitados. Después de todo, es posible que tú seas la única persona que en este momento que cree en tu chica «indiferente». . . aunque a veces quieras matarla.

> ### Qué hacer el Martes
>
> 1. Baja la altura de la barra.
> 2. No le digas: «Deberías», a tu hijo.
> 3. No invadas los asuntos de tu adolescente.

Mi mamá, que está en el cielo, tuvo que creer en su pequeño rebelde Kevin un montón de años antes de que nadie pensara que valiera algo. Pero tengo que atribuírselo a ella. Nunca me hizo sentir mal, nunca me criticó. En ocasiones, me enderezó y con razón. Sin embargo, en todo lo que dijo e hizo, siempre prestó atención a mi corazón. Como resultado, lo cautivó para siempre.

Tú también puedes cautivar el corazón de tu adolescente «indiferente» y para toda la vida.

☆ LA JUGADA GANADORA ☆

Cautiva el corazón de tu adolescente.

La pertenencia importa más de lo que piensas

Cómo mantener a tu adolescente en tu mundo mientras viaja a través de su mundo.

«Lo único que yo quería era un lugar al cual pertenecer», me dijo LaWonna, ex líder pandillera. «Y sabía que llegaría a cualquier extremo para conseguirlo».

Así es como esta mujer, de 29 años, se convirtió en la fuerte líder de una banda del centro de la ciudad... a la edad de dieciséis años. Al crecer en el área de Cabrini Green, en Chicago, LaWonna solo tenía un vago recuerdo de alguien a quien solía llamar «papi», que los abandonó cuando ella tenía cuatro años, el resto de la familia —tres— se hundió casi de inmediato en la pobreza. Sin diploma de secundaria ni habilidades viables, la madre de LaWonna lavaba ropa, planchaba e hizo todo lo que pudo para ayudar a alimentar a su familia. Como estaba poco en casa, LaWonna se quedaba a cuidar de su hermano menor. Cuando cursaba el primer grado, ella cocinaba las cenas y los almuerzos. «Yo amaba a mi mamá, pero ella no estaba cerca. Llegaba a casa a las once de la noche, cuando ya estábamos dormidos».

Anhelando amor y atención, LaWonna ingresó a una banda cuando tenía once años, donde al fin encontró un hogar. No solo eso, la banda le brindó protección a su hermano de ocho años de edad, también. «Se convirtieron en una familia para nosotros», dijo LaWonna. Pero ella llegó al extremo en la pandilla cuando, en una guerra por el territorio rival, su hermano fue asesinado. «Ese día yo también morí, me convertí en alguien que no quería ser».

Hoy LaWonna vive con un nombre falso en otro estado, para escapar de la guerra de pandillas después que decidió salir. Ella dice: «Yo era una muchacha herida que quería tener un padre y una madre que me amaran. Como carecía de ellos, tenía que pertenecer a algo. Pero no tenía ni idea del terrible precio que pagaría por conseguir lo que quería».

El mundo es un lugar rudo, y no le va a hacer ningún favor a tu hijo; sea tu escuela secundaria, un pequeño pueblo, una escuela privada o un entorno urbano.

Cada adolescente necesita un lugar de pertenencia, y el mejor lugar para tu hijo o hija para ello es tu hogar. Al igual que LaWonna, los adolescentes que pertenecen a su casa no sienten gran necesidad de pertenecer a otros entornos como una pandilla, el grupo «popular» de la escuela, los «fiesteros» ni los «drogadictos». Una investigación confirmó que mientras más cerca están los adolescentes de sus padres, menos probable es que vayan a utilizar drogas. Cuanto más independientes son los adolescentes de sus padres, mayor es la probabilidad de que utilicen fármacos[1].

Los adolescentes que no se sienten amados son también más propensos a sentirse deprimidos, por eso los sucesos triviales pueden llevarlos a soluciones desesperadas como los intentos de suicidio. La investigación muestra que los varones son cuatro veces más propensos

> *Los chicos que creen firmemente en su propio entorno familiar—que se sienten respetados y escuchados—, son menos propensos a buscar aceptación en sus grupos de iguales.*

que las niñas a *cometer* suicidio, en realidad, mientras que las niñas los son dos veces más[2]. Según el informe del ministro de salud: «Los niños deprimidos permanecen tristes, pierden el interés en actividades que antes les agradaban, se critican ellos mismos y piensan que los demás los critican. Se sienten no amados, pesimistas e incluso sin esperanzas para el futuro, piensan que la vida no vale la pena vivirla»[3].

Es evidente que los que se sienten amados —que están conectados con sus familias—, toman mejores decisiones en la vida porque no están tan influenciados por sus compañeros ni por los acontecimientos que parecen girar fuera de su control.

La mejor ventaja que puedes darle a tu hija adolescente es hacer de su propio territorio familiar el lugar donde quiera estar más tiempo. El lugar al que quiera traer a sus amigos. Si le proporcionas ese tipo de hogar, aumentas la probabilidad de que quiera estar en casa, lo cual significa que sabes dónde está y con quién. Mejor aun, su identificación con su grupo familiar fortalecerá sus palabras cuando esté lejos de ti y sea invitada a hacer algo peligroso o ilegal. «No, gracias», podrá decir ella con firmeza. «Soy una Anderson y nosotros no bebemos. Y no, tampoco uso éxtasis (alucinógeno popular entre los jóvenes). Así que no me lo vuelvas a pedir».

Los chicos que creen firmemente en su propio entorno familiar —que se sienten respetados y escuchados—, son menos propensos a buscar aceptación en sus grupos de iguales. Pero, ¿cómo haces para proporcionar ese tipo de ambiente?

A mí me resultó

Mi marido y yo estábamos renovando nuestro sótano cuando le escuchamos hablar en el programa *Fox & Friends* respecto de hacer nuestro hogar el lugar donde los niños quieran estar. Nuestros hijos apenas acaban de cumplir once y trece, así que decidimos que, en vez de convertir el sótano en una oficina más grande para mi esposo, que trabaja en casa, lo haríamos una sala de recreación para que nuestros jóvenes puedan tener un lugar donde pasar el rato con sus amigos. Su consejo llegó en el momento perfecto y ya podemos ver los resultados. Nos hemos convertido en «el centro de reunión», ¡y eso nos gusta!

Sarah (y Richard), New Hampshire

Establece tu territorio

Tú puedes ganarte el respeto, incluso la admiración, de tu hijo adolescente. En verdad. Y he aquí cómo.

Tu hijo de trece años de edad está siendo intimidado en la escuela. Él tiene una voz chillona, no ha madurado todavía físicamente (es el pequeño de la camada), y termina con una bandeja —tres días a la semana— en el vestuario del gimnasio. Luego, la semana pasada, el mariscal de campo de fútbol le robó la ropa de su armario y lo dejó desnudo, sin ni siquiera una toalla para cubrirse. ¿Qué haces tú? Si deseas que el niño sepa que tiene un lugar seguro en tu territorio, te conviertes en su compañero, su abogado.

En primer lugar, hazle una visita a su profesor en la escuela. Hazlo sin que tu hijo ni nadie más se entere. Es muy importante —para el bien de tu hijo y para que la misión se cumpla— que los compañeros de tu hijo no te vean hablar con el maestro. Así que haz una cita para después o antes de la escuela, y lleva unos cafés de Starbucks y un pastel de limón para endulzar el trato. Una reunión de diez minutos con un maestro puede hacer mucho si abordas la cuestión sin rodeos, dando solo los detalles necesarios para presentar el asunto, y tratando a todas las partes involucradas con respeto.

Si no obtienes una respuesta adecuada, el siguiente paso es ir a la oficina del director. Las mismas reglas son útiles, y el doble de Starbucks y pastel de limón. Pero siempre se empieza tratando de ganar la cooperación del maestro primero.

¿Y cómo lo haces con tu hijo adolescente? «Es una situación muy fea en la que estás. Y tienes razón, no es justo. No es correcto. Pero estoy muy orgulloso de ti por la forma en que la has tratado. No intentaste vengarte de los otros niños; no contestaste improperios».

Luego habla con él acerca de cuán débiles son los agresores en realidad. «Cualquiera que tenga que escoger a alguien que se ve más pequeño o más débil es bastante inseguro. No creo que piensen muy bien de sí mismos si tienen que humillar a otro para sentirse bien». Conviértete en socio de tu hijo adolescente, identifícate con él y su difícil situación. Pero también ayuda a proporcionar perspectiva para una visión a largo plazo. Luego, sin hacer ruido, mantén el control de lo que está pasando con el profesor y el administrador de la escuela. A ningún acosador se le debe permitir que continúe haciendo estragos con tu hijo.

Este verano, entre junio y agosto, ese hijo tuyo de trece años va a tener una transformación mágica.

Luego espera. Este verano, entre junio y agosto, ese hijo tuyo de trece años va a tener una transformación mágica. Va a crecer delante de tus ojos; añadiendo seis centímetros de altura, una voz profunda y pelo en los lugares apropiados. Así que esos acosadores pueden estar mirando a tu hijo cuando llegue el primer día de escuela... o en la reunión de la secundaria diez años más tarde.

Vas a sobrevivir. Tu hijo también. Y, por medio de esa situación, llevas a tu hijo sólidamente a tu territorio a la vez que te identificas con la situación injusta y demuestras que estás a favor de él y que te preocupa todo lo que le suceda.

Esto es cierto en las cosas grandes y en las pequeñas. En el mundo de la adolescencia, la aparición de un simple granito en la cara de tu hija es como tener un dardo de goma pegado en el centro de la frente. Ella se sentirá como que todo el mundo la está observando. Una vez más, conviértete en su compañero. Ve a la farmacia más cercana con ella y déjala escoger los productos para tratarse. Síganlo intentándolo hasta que encuentren uno que dé resultado.

Cuando un amigo la deje, conviértete en el hombro en el que llore. Si no logra entrar al equipo, ayúdalo a ahogar sus penas con una pizza supergrande de su sabor preferido. Esas pequeñas cosas que haces ayudan enormemente a establecer tu territorio.

Al escuchar y colaborar con tu hijo adolescente, ganarás su respeto... incluso su admiración. Y le darás la determinación y la audacia para defenderse solo.

El espectáculo de los hermanos

Te estás bebiendo tu café de la mañana, y dos de tus preciosos querubines inician su espectáculo en la mesa del desayuno.

—¿Cómo pudiste? —dice uno.

—¿Cómo pude qué? —dice el otro.

—¡Usar mis pantalones de mezclilla favoritos y devolverlos con una gran mancha!

—Bueno, tú usaste...

Y se inicia la batalla incluso antes de que puedas sacarlos para llevarlos a la escuela.

> *Donde dos o más están reunidos, habrá división.*

Donde dos o más están reunidos, habrá división. Sobre todo con familias en los años cargados de hormonas, en que la comodidad puede degenerar rápidamente en irritabilidad.

Una cosa importante a considerar es que cada rama del árbol familiar irá en una dirección diferente. Uno de tus hijos puede ser musical y artístico, el otro podría ser dotado en atletismo. Tu hija mayor puede ser una estudiante con calificaciones A, sin abrir un libro, mientras que la menor pasa trabajo para aprobar dos de sus clases. No hay dos iguales en tu prole, por lo que entender sus personalidades y lo que enfrentan en sus círculos de compañeros, así como sus roles en su hogar, puede ayudarte a apoyarlos con mayor eficacia.

Los primogénitos tienden a ser los líderes, los perfeccionistas, los pensadores analíticos y críticos que terminan con cerros de oficios y tareas que hacer porque tú sabes que todas ellas van a ser hechas.

Los nacidos en el medio tienden a ser pacificadores —los «Epa, vamos a no hacer olas y deslicémonos por debajo del radar»—, los que lo toman todo con calma y son magníficos para hacer amistades fuera de casa (porque ahí es donde notan su presencia).

Los bebés de la familia tienden a ser los artistas encantadores, muy buenos en salir exentos en sus puestos de trabajo.

Tratar de hacer las cosas «igual» (como muchos padres lo hacen) solo engendra desprecio y competencia.

Tengo cinco hijos. Los amo a todos. No amo a uno más que a otro, pero no voy a tratarlos a todos igual. ¿Por qué? Porque no son iguales. Así como no trata el estado de Arizona a un niño de doce años de edad del mismo modo que a un joven de dieciséis que está conduciendo. Uno puede ir libre y feliz a dar un paseo al lado del pasajero; el otro tiene que obtener un permiso, probarse a sí mismo, y luego tomar un examen para obtener una licencia.

> *Nadie quiere vivir en una zona de guerra, donde los proyectiles están cayendo y explotando por todas partes.*

Las pandillas sostienen guerras territoriales para ganar «respeto» (o así le dicen), pero las guerras en la familia deben ser detenidas en su camino, sea entre los padres y el adolescente o entre hermanos. Nadie quiere vivir en una zona de guerra, donde los proyectiles están cayendo y explotando por todas partes. Tú no necesitas ese tipo de entusiasmo en una casa. Los hogares deben ser un lugar de paz y respeto, aunque se produzcan algunas escaramuzas de vez en cuando. Estas deben ser tratadas con respeto, de una manera equilibrada, con el objetivo de llegar a una solución ecuánime que sea viable para todos.

Entonces, ¿cómo puedes lidiar con las escaramuzas antes de que se conviertan en una batalla total en el frente interno?

Hay algo importante que hay que comprender. ¿Por qué están esos hermanos haciendo guerra delante de ti? Porque están esperando atraerte a ella. Ellos quieren que tomes partido para poder decir:

«¿Ves? Te dije que mamá me quiere más a mí que a ti». La lucha tiene que ver con la competencia. En realidad, ¡es un acto de cooperación! Así que deja que tus hijos luchen... pero que peleen limpio.

La próxima vez que los chicos comiencen su espectáculo y uno diga: «¿Cómo es que *ella* puede hacer eso? Tú nunca *me* dejas hacerlo», prueba con un poco de humor.

«Bueno, es porque la amamos mucho más».

Así es como los Lemans tratamos el asunto y es garantizado que conseguiremos el dramático: «¡Ah, papaaaaá!». Pero es que somos una familia que utiliza mucho el humor, ya que nos da resultados.

Si el humor no es lo tuyo, prueba el razonamiento sencillo.

—Bueno, ¿de verdad quieres que te trate como a tu hermana pequeña?

—Sí, lo quiero —dice tu hijo—. Ella recibe todo lo bueno.

—Está bien —dices con calma—, a partir de esta noche, por una semana, tu hora de acostarte es a las 8:30. La mesada es de diez dólares a la semana, y...

—¡Ah, no, no me refiero a eso! —dice tu hijo rápidamente.

—Entonces, ¿qué quisiste decir? —afirmas tú.

Acabas de atrapar a tu hijo adolescente con las manos en la masa... o ruborizado, en este caso. La verdad es que él no puede soportar que su hermana reciba algo que él no recibió. Pero cuando lo pones en la perspectiva adecuada (un ajuste de la hora de acostarse y el dinero hablan elocuentemente

---

Reglas básicas para pelear limpio

1. El discurso debe ser respetuoso de la otra persona. Ningún lenguaje vulgar es aceptable.

2. Una persona habla a la vez hasta que haya terminado, luego la otra puede hablar. No se permiten interrupciones.

3. El abuso de cualquier tipo —físico, verbal o emocional— está prohibido.

4. Las dos partes en conflicto hablan solos en una habitación, sin nadie más escuchando.

5. Nadie sale hasta que se resuelva la situación con satisfacción mutua.

a la libertad de un adolescente), es sorprendente el cambio que puede ocurrir en la actitud.

Y ni siquiera tuviste que alzar la voz ni el dedo acusatorio, ¿lo hiciste?

Una estrategia ganadora

«Pero, doctor Leman», dices, «no hay manera de que yo pueda hacer que mis hijos dejen de pelear».

No, así es, tú no puedes hacer que dejen de pelear. Pero puedes hacer que dejen de pelear donde tú puedas oírlos. Es gracioso ver cómo eso le quita toda la diversión.

Deja que los toros se corneen entre sí y no intervengas.

Puedes pensar que no tienes mucha influencia en la vida de tu hijo ahora que es un adolescente, él tiene su propio grupo de amigos y maneja un auto. Pero, padre, madre, aún cuentas. Todavía estás en el juego, el reloj sigue rodando. Sin ti, tu hijo no tendría ni siquiera la ropa interior que lleva puesta. (¿Ves lo que quiero decir con eso de que cuentas más de lo que piensas? Y el mundo también te da las gracias).

Tú tienes mucho que hacer. El mejor lugar para que tu hijo aprenda en cuanto a relaciones —y a pelear limpio— es en tu casa. Así que, deja que los toros se corneen entre sí, por así decirlo, y no intervengas. Esa es la mejor manera de provocar un cortocircuito en la batalla.

Muchos padres gastan una cantidad significativa de su tiempo en casa arbitrando las disputas entre hermanos. Pero no te conviertas en la Jueza Judy (programa televisivo estadounidense, tribunal de reclamos menores) hurgando hasta descubrir y propinar el castigo todopoderoso a la parte que se lo merece. Los padres que optan por hacer eso estarán listos para el manicomio a las ocho de la noche.

Al contrario, intenta lo siguiente: cuando los muchachos comiencen a pelear, condúcelos a ambos a una habitación en algún lugar —preferiblemente el menos deseable en la casa—, como tu apretujada oficina, donde tienen que estar cara a cara. El exterior es aun mejor.

Luego, dales instrucciones: «Ustedes necesitan resolver esto, y les voy a dar veinte minutos para que lleguen a una solución juntos. Regresaré a verlos».

Te garantizo que estarán fuera de esa habitación en un par de minutos con: «Todo está bien, mamá».

Pero, ¿cuál es la solución? Dudas que las partes en conflicto llegaran a un acuerdo tan fácilmente. Así que preguntas con la mayor naturalidad: «¿Cómo, específicamente, solucionaron el problema?».

Si uno de tus hijos es astuto y tenaz y el otro es mucho más relajado, te puedo decir que con gran regularidad el poderoso será el que decida cuál es la solución.

Sin embargo, el padre astuto va a dejarlo en manos de la de personalidad tipo manatí, que flota en el agua de la vida, y le pregunta: «¿Es eso realmente lo que tú quieres que esto sea?». Así que le das la oportunidad de hablar a la chica.

—Bueno, no exactamente —dice ella.

—Entonces —dices con firmeza—, ustedes necesitan hablar más hasta que lleguen a una solución justa y equilibrada con este problema. Me parece muy unilateral.

Ahora tus adolescentes jugarán la carta de la culpabilidad. Te acusan de tratarlos como niños pequeños.

—Bueno —dices, imperturbable—, están actuando como niños pequeños, así que supongo que es justo.

Ningún adolescente quiere ser llamado niño. Tu mensaje les llegará. Van a ser menos propensos a pelear contigo como espectador la próxima vez.

Y si lo hacen, pones la pelota de nuevo en su cancha. Desaparécete. Déjalos que lo resuelvan. No te apropies de problemas que no son tuyos.

A mí me resultó

Sé, por su *Libro del Orden de Nacimiento* que soy nacida en el medio, soy una complaciente. Por eso, cuando mis cuatro hijos —de 6, 7, 14 y 16— pelean, solo quiero que todos sean felices. No me percaté de lo mucho que estaba dejando que mis hijos me controlaran hasta que lo oí hablar en un almuerzo para mujeres. Mientras manejaba a casa, me prometí que eso iba a parar. La próxima vez que empezaron a pelear, puse a los dos luchadores en el cuarto de baño (bueno, usted dijo que la habitación más pequeña de la casa) e hice que lo resolvieran. Lo hice dos veces en menos de veinticuatro horas con los mayores y solo necesité hacerlo una vez con los dos menores. ¡En verdad, da resultado!

Saundra, Utah

Una nota acerca de niños con necesidades especiales

Si eres padre o madre de un adolescente que tiene necesidades especiales —discapacitado física, mental o emocionalmente—, ¿qué necesitas para estar al tanto de las batallas entre hermanos? Una de las cosas que aprendí temprano en mi ejercicio profesional fue que los hermanos suelen ser celosos de la atención extra que reciben los niños con necesidades especiales. Un montón de cosas vienen a ellos también, debido a su discapacidad. A pesar de que sus hermanos saben de los desafíos y los ven de manera directa, es fácil pensar en medio de los cambios de humor: *Ah, él recibe todas las cosas buenas. No es justo.*

Los hermanos suelen ser celosos de la atención extra que reciben los niños con necesidades especiales.

Mickey es la hija del medio de una familia. Es la pacificadora, la que se mete en medio de los pleitos de sus dos hermanos. El mayor es definitivamente el primogénito, con una personalidad obstinada del tipo «solo hay una forma de hacer las cosas». Su hermano menor, Frankie, tiene síndrome de Down además de otras discapacidades físicas. El itinerario de la familia gira mucho alrededor de las necesidades de Frankie ya que asiste a programas especiales y no a una escuela corriente. Mickey a veces se siente perdida en la confusión y se pone un poco celosa. Ella no puede conducir el auto de la familia e irse, como su hermano de dieciséis años, por lo que acaba muchas veces como niñera de Frankie. Sí, ella ama a su hermano, pero una vez le dijo a un amigo de la familia: «Todo el mundo siempre le habla a Frankie o habla de él. Frankie esto y Frankie aquello. Acaso, ¿no importo también?».

Pero, curiosamente, los niños que sufren de celos iniciales por un niño con necesidades especiales en su familia, a menudo terminan siendo muy protectores de ese mismo hermano o hermana a medida que crecen.

También he visto cómo las familias con adolescentes especiales son particularmente bendecidas. A menudo son un grupo muy unido, que ha luchado con problemas de salud, conflictos emocionales, educación y otras discusiones vitales, pero salen más fuertes.

La vida es preciosa. Venimos en diferentes formas y tamaños, con diversas fortalezas y deficiencias. Pero los niños con necesidades especiales les dan mucho más a sus familias que lo que reciben.

Simplemente pregúntale a Mickey, que hace poco defendió a su hermanito amado en una diatriba, mucho mejor que un abogado, cuando alguien le dijo estúpido. Apuesto a que el abusador no intentará hacerlo de nuevo con otro pequeño con necesidades especiales... nunca.

¿Hogar u hotel?

¿Alguna vez has visto a alguien parado en una esquina de una calle, con un cartel que dice: «Trabajo por comida»? Bueno, tu hijo adolescente tiene que trabajar para comer. Eso es lo que quiero decir.

Hay un montón de «presunciones» para los adolescentes en el mundo actual. Como tales, ellos tienden a ver las recompensas como un derecho para todo en lo que están involucrados. Pero si tu hijo realmente va a ser parte de tu familia, también tiene que «trabajar por comida» —para ser parte del hogar—, lo cual incluye cosas como la limpieza de su habitación, sacar la basura, ser amable con su hermana pequeña, hacer mandados, etc.

La casa no es un lugar donde una persona se relaja y duerme mientras los demás trabajan. No es un hotel con servicio de habitaciones que se encarga de las sábanas sucias, servir comidas con una cubierta y recoger los platos después de usarlos.

El hogar es un lugar en el que todos los miembros de la familia son iguales a cualquier otro, donde cada persona es respetada, y cada una trabaja.

Sin embargo, permíteme ser claro: no porque todos sean iguales significa que tú, como padre o madre, no debes ser la autoridad.

Dos de las palabras más populares en nuestra cultura —es decir, palabras que desencadenan una respuesta inmediata—, son *sumisión* y *autoridad*. Algunas personas tienen una reacción automática, porque ven esas palabras como algo negativo. Sin embargo, si meditas en ello, si estás sujeto a la autoridad de alguien, eres sumiso. Eso no significa ser menos que o inferior a. La sumisión habla de orden. Sin alguien que esté al mando, la casa sería un caos constante.

> *Si tú no les das responsabilidades a tus adolescentes, ¿cómo van a aprender a ser responsables?*

Todos hemos visto el niño de oro al que tratan como un príncipe en su propia casa, y actúa como tal en otros lugares. Es el mocoso miserable, malcriado, de quien los maestros hablan en el comedor a la hora del almuerzo. Ese que no gana amigos en su salón de clases. Así que, ¿le hicieron los padres del chico realmente algún favor estableciéndolo como el centro de su universo? No lo creo.

Algunos chicos de hoy también creen que no es nada el hacerle daño a sus padres (golpearlos, darles patadas, etc.). Lo que es peor, los padres aguantan esos abusos. En efecto, sucede todo el tiempo. Permitir que tus hijos te golpeen no es solo un error, sino que no es saludable para ellos; por no decir para ti. Dios no te puso en esta tierra para que fueras saco de boxeo de nadie. Si esa es tu situación, tiene que cesar. Debes defenderte. Si tu hijo o hija se ha vuelto demasiado violento o demasiado poderoso, entonces obtén ayuda externa para lidiar con la situación. Nunca, jamás, toleres abuso de ningún tipo en tu hogar.

Cuando tú como figura de autoridad crías a tus hijos para respetar a la autoridad, los estás entrenando para que sean las figuras de autoridad que los demás puedan respetar algún día. ¿De qué otra forma pasarás el bastón de la responsabilidad?

> ### Lemas familiares
>
> - Cada persona es como un copo de nieve, no hay dos iguales.
> - Rema tu propia canoa.
> - Respeta las diferencias del otro.
> - Todos para uno y uno para todos.

Pero si tú no les das responsabilidades a tus adolescentes, ¿cómo van a aprender a ser responsables?

Por eso es tan importante asegurarse de que tus muchachos de 11 a 19 años de edad tengan parte de la acción, que sean capaces de retribuir a la familia. Un niño de once o doce años de edad, es más que capaz de pagar las cuentas de la familia por computadora una vez que la cuenta está configurada o clasificar facturas y boletas de donación de caridad para los impuestos. A los dieciséis años de edad puede llamar al taller local y acordar una cita para un cambio de aceite, conducir el auto hasta allí y hacer la tarea mientras espera. A los diecisiete años de edad pueden pensar en la comida para una semana y hacer la compra.

Cuando tus hijos adolescentes contribuyen a la familia, se hacen más parte de esa familia. Para sentirse conectados, tienen que retribuirle a la casa.

Piensa de nuevo en las raíces agrarias de las que Estados Unidos proviene. Los adolescentes en esa sociedad tenían un propósito definido. Incluso nuestro año escolar de más de nueve meses, con dos meses y medio libres en el verano, fue establecido sobre el concepto de que los jóvenes tenían que estar disponibles para ayudar en la cosecha de los cultivos.

Ahora, para aquellos de la generación más joven, para quienes el *trabajo* es un término extranjero, *trabajar* es cuando te levantas por la mañana, te vistes, vas a algún lugar, apenas tienes tiempo para almorzar y llegas cansado al final del día, justo a tiempo para dormir... y levantarte para hacer todo de nuevo.

Así que muchos muchachos hoy no hacen ningún trabajo, no devuelven nada a nadie. No es de extrañar que estemos levantando la «Generación Yo». Incluso los niños pequeños y los de edad preescolar les dicen a sus padres: «Tú no eres mi jefe», ¡y se salen con la suya!

> *Ningún miembro de la familia es más importante que toda ella.*

La realidad es que no somos el «jefe» de nuestros hijos, somos sus padres. Y con esa posición viene incorporada la autoridad. Una vez más, no es el padre autoritario, sabelotodo, sobreprotector, que reparte edictos a diestra y siniestra. Tampoco es el padre tipo «oye, cariño, todo se vale, y ¿puedo limpiar tu nariz mientras estoy aquí?». Los padres con autoridad son cariñosos, equilibrados y consideran el bienestar de todos en la familia.

Lo he dicho antes en este libro, pero lo diré otra vez: ningún miembro de la familia es más importante que toda ella. Eso significa que no se permiten prima donnas. No hay paseos gratuitos. Todo el mundo aporta.

¿Por qué es que estamos permitiéndoles a niños más cortos que una vara de medir que digan la última palabra? ¿Para que desarrollen un comportamiento y actitud temprano en la vida, donde ellos se colocan en oposición diametral a cualquiera que sea la posición del padre o la madre?

Como dicen los anuncios: «¡No intente esto en casa!». En serio, no lo intentes. No es bueno para nadie.

Sin embargo, déjame darte algo que puedes probar en casa. Si tienes acceso a un mordedor de tobillo entre las edades de dos y cuatro años, extiende tus brazos hacia ese niño y simplemente di: «Ven

> **Qué hacer el miércoles**
> 1. Hazte socio de tu hijo.
> 2. No te apropies de problemas que no son tuyos.
> 3. Administra una casa, no un hotel.

aquí». Mi mejor conjetura (en 99 casos de cada 100) es que el niño va a ir al sur... tan lejos de ti como pueda.

Pero si quieres que venga hacia ti, todo lo que tienes que hacer es simplemente decirle: «Ven aquí», en voz baja, y comienza a caminar hacia atrás... poco a poco. Observa el milagro que ocurre ante tus ojos. Ese pequeño niño vendrá hacia ti.

Esa es la posición del padre de un adolescente de hoy.

Abre tus brazos en señal de bienvenida y camina hacia atrás. Al hacerlo, estás diciendo, con tu acción, tu actitud y tu carácter: «Sígueme jovencito».

Tu hijo o hija va a seguir a alguien. ¿Quién quieres que sea ese alguien?

Él o ella van a pertenecer a algún lugar. ¿Dónde quieres que esté ese lugar?

El pertenecerte a ti puede cambiar el mundo de tu hijo adolescente. La familia que trabaja y juega unida, permanece unida.

★ LA JUGADA GANADORA ★

Todo tiene que ver con la relación.

«¡Estás castigado!» (Eso espero)

¿Son castigados tus adolescentes por lo que hacen... o están cimentados en lo que son? Cómo criar muchachos listos[1].

Conozco a un chico que siempre está castigado. Lo castigan si se le olvida sacar la basura. Si no limpia su habitación a tiempo. Apenas la semana pasada, lo castigaron porque llegó a casa con una B —en medio de todas sus A— en su boleta de calificaciones. (Sé que algunos de ustedes dirán: «¿Qué? Tienes que estar bromeando. Si mi hijo trae una B, ¡yo estaría saltando por toda la casa de alegría!»). No importa cuál sea tu política en materia de calificaciones, pero castigar a un niño por obtener una B es un poco exagerado en el departamento de castigos de los padres, diría yo.

Pero cuando piensas en ello, ¿no te gustaría que tu hijo adolescente estuviera fundamentado? No de la manera en que ese adolescente siempre está, sino en el aspecto de que es firme en lo que piensa y cree, y confía en tomar las decisiones correctas y hacer lo justo, lo estés mirando sobre su hombro o no.

Solo aquellos a quienes se les da responsabilidad pueden llegar a ser responsables. Entonces, ¿qué clase de opciones le estás dando a tu hijo adolescente? Pronto estará por su cuenta. ¿Qué clase de vida quieres que viva?

Todos los días estás poniendo elementos en las bolsas de tu hijo o hija adolescente, empacándolas para la vida tanto ahora como más allá de tu pequeño nido. Pero, ¿qué es lo que estás poniendo en esas bolsas? ¿Son esas las cosas que realmente importan? La ropa y los peinados cambian como el viento (o el plato principal de la próxima revista de moda), pero cosas como una buena ética de trabajo, integridad, respeto, responsabilidad, carácter con el que otros puedan contar, alguien en quien se pueda confiar, que diga la verdad, etc., son los rasgos importantes que fundamentarán a tu adolescente para toda la vida.

Rumbo al pantano adolescente

Ningún adolescente querrá admitir esto, pero es la verdad. A menos que haya habido una cantidad significativa de abuso y agitación durante sus primeros años en tu casa, la mayoría de los adolescentes se dirigen a los años de agitación hormonal con una ingenuidad que puede ser encantadora, frustrante o francamente aterradora para los padres. Tu querida preciosa, a quien has nutrido en tu casa (bueno, también has mimado un poco) y a quien la abuela trata como si fuera el centro del universo, ahora va a codearse con los chicos en la escuela intermedia y secundaria que:

- usan una palabra soez... cada dos palabras

- crecieron en un ambiente hogareño ajeno a aquel en el cual tu hija creció

- no creen que mentir está mal

- solo les importa conseguir lo que quieren, cuando lo quieran y por cualquier medio que quieran

- solo les importa lucir bien ante sus amigos y no les preocupa el bienestar de nadie más que el de ellos

¿Qué? ¿No crees que esos chicos están ahí afuera? Si tu origen y entorno familiar son más bien protegidos, pasea en algún momento por la escuela media o los pasillos de la escuela secundaria, cuando los estudiantes están cambiando de clases. O pasa un rato en el terreno después de la escuela y simplemente escucha y observa. Te garantizo que tus ojos y tus oídos se abrirán a un mundo nuevo y sorprendente.

A medida que tu hijo avanza hacia el grupo de las hormonas agitadas, es fundamental que se sienta firmemente parte de tu hogar y de tu territorio, porque los valores que le has enseñado van ser probados en más de un sentido durante esos años. Tu hija va a ver a otras chicas haciendo cosas que ella sabe que están mal, pero se verá tentada a seguirles la corriente solo para encajar. Tu hijo se sentirá empujado a competir, a ser más que genial en su nuevo entorno.

Establecimiento de límites saludables

Ahora que tu hijo o hija es adolescente, no puedes mantenerte a su lado constantemente para capear las tormentas de la vida. Pero puedes ayudar asegurándote de establecer límites saludables y respetuosos en áreas clave.

Horas de llegada

Una de las preguntas que más me hacen la mayoría de los padres de chicos recién convertidos en adolescentes es: «¿A qué hora de la noche debería llegar a casa mi hijo adolescente?».

Pero lo importante no es la hora. Si les has dado —temprano— a tus hijos opciones apropiadas para su edad de forma que puedan aprender a tomar decisiones responsables, no tendrás que preocuparte por la hora.

Cuando mis hijos adolescentes salían con sus amigos, me preguntaban: «Papá, ¿a qué hora debo estar en casa?».

Yo me encogía de hombros. «A una hora responsable».

¿Por qué decía eso? Porque a medida que mis hijos han crecido, yo les he dado opciones apropiadas para su edad y la oportunidad de ser responsables, y lo han sido. Así que yo no tenía que decir: «Bueno, asegúrate de estar en casa a las once de la noche o atente a las consecuencias». De hecho, casi siempre llegaban ¡mucho antes de que yo comenzara a pensar en buscarlos a ver si habían llegado!

Eso es porque, a lo largo del camino, construimos bloques de confianza y respeto por los demás. Hemos sido capaces de hablar uno *con* otro en vez de uno *al* otro. Mis hijos sabían que pertenecían a los Lemans, y que estos tienen ciertos valores familiares a los que nos sujetamos con firmeza.

Conducir el auto de la familia

Cuando tres de nuestros hijos ya estaban manejando, Sande y yo decidimos que, en lugar de nosotros salir con las directrices para el uso del coche familiar, dejaríamos que nuestros hijos —Holly, Krissy y Kevin II— dictaran las reglas respectivas. ¿Por qué? Esto es lo que les dije.

«Bueno, chicos, voy a mostrarles cuánto me va a costar que cada uno de ustedes pueda conducir. Es un montón de dinero». Les mostré mi factura de *State Farm* (compañía aseguradora). «Pero yo no los llevé al Departamento de Vehículos Motorizados para obtener su licencia porque pensé que eran torpes. Ustedes tienen una buena cabeza sobre sus hombros y me gusta su forma de pensar. Sin embargo, como yo soy el responsable ante *State Farm* por lo que hagan ustedes al volante de nuestro auto familiar, me gustaría que tomaran un tiempo para anotar las reglas que piensan que deben regir el uso del auto. Luego, las vamos a ver y a colocar en la puerta de la nevera».

Si dejas que tus hijos salgan con las reglas, puede ser que te sorprendas. Aquí están tres de las reglas con las que salieron nuestros hijos por su propia cuenta:

- Nunca traigas el auto a la casa con el tanque vacío.
- En casa a las 10:00 p.m. Nunca más tarde.

• No tengas más de dos amigos en el auto contigo.

Si dejas que tus hijos hagan las reglas —como no enviar ningún texto mientras conduces— será menos probable que se rebelen y las violen (después de todo, ellos fueron los que salieron con esas normas). Así que, deja que tu adolescente se encargue de establecer los límites.

Responsabilidad personal

He expresado a lo largo de este libro que es importante asegurarse de que la pelota caiga en el lado de la cancha de tu hijo adolescente. No es tu pelota, por lo que no deberías llevarla. Lo que tu adolescente haga desde este punto en adelante es su responsabilidad, *no la tuya*. No hay pase de la pelota buscando a ver quién es el culpable. El viejo adagio es cierto: «El que señala con el dedo a alguien más, se apunta con tres dedos a sí mismo». Las acciones, conducta y carácter de tu hija adolescente son muy personales. Ella necesita experimentar los beneficios y las reacciones violentas de ellos sin ninguna interferencia de tu parte, porque esa es la forma en que opera el mundo real.

Sin embargo, con esta afirmación contundente, también quisiera decir que los padres de hoy tienen que ser muy listos. Demasiados padres no se dan cuenta —o no quieren darse cuenta— de que hay un elefante en el sofá. Por ejemplo, si tu hijo siempre tiene un montón de dinero, pero no tiene trabajo, tal vez sería inteligente investigar de dónde proviene su dinero.

No importa qué creencias y valores está poniendo a prueba, debes comunicarte de una manera que sea respetuosa hacia él o ella, pero también sensata y directa. «Beber alcohol no es aceptable en esta casa». «No está permitido tener a tu novia en tu habitación con la puerta cerrada. No hay excepciones». Debes preocuparte lo suficiente como para confrontarle cuando sea necesario. De lo contrario, deja que ese poquito de realidad hable por ti.

A mí me resultó

No puedo contar las veces en los últimos dos años que mi hijo ha dicho: «Pero, ¿por qué no me lo dijiste?». Como si fuera mi culpa que él no estuviera en algún lugar donde se suponía que debería estar. Entonces lo escuché a usted hablar en cuanto a poner la pelota en el lado de la cancha que le corresponde. Me di cuenta de que mi hijo no era el problema, *era yo*. ¡Estaba dejando que se saliera con la suya! Qué tonto.

No más, me prometí a mí misma. La siguiente vez que perdió una práctica de fútbol, irrumpió en la cocina y me dijo enojado: «Mamá, ¿por qué no me dijiste?».

«No es mi práctica de fútbol. Es la tuya», fue todo lo que dije.

Mi hijo abrió la boca, luego la cerró. Debió permanecer allí un par de minutos, confundido. Pero ahora comprueba el horario de la escuela por sí solo y me dice en la mañana cuando tiene actividades. ¡Lo que usted dice resulta de verdad!

Joleen, Kansas

La exploración sexual

Una noche, uno de los amigos de Lauren pasó mientras yo estaba viendo un programa de televisión. Mientras entablamos una breve conversación, alcancé a ver algo en la pantalla del televisor y dije: «Bueno, eso está un poco inadecuado para la hora estelar de televisión». Un tipo estaba poseyendo a una chica allí mismo en el programa, y justo a la hora de la cena, para que los niños de todo el país lo vieran.

El amigo de Lauren intervino:

—Doctor Leman, no he olvidado lo que usted nos dijo cuando visitó nuestra clase de séptimo grado.

> **Lo que un adolescente debe saber**
>
> - A las chicas no les gusta que las agarren.
> - Mantenlo en tus pantalones.
> - Trata tu cita con respeto y amabilidad.

—Ah —dije—, ¿qué fue lo que dije?

—Nos dijo que lo mantuviéramos en nuestros pantalones.

Me eché a reír.

—Ese es un consejo muy bueno. Ese cachorrito puede meterte en más problemas de los que puedas imaginar.

Enseñar a tus hijos acerca del sexo y la sexualidad no es simplemente darles «la conversación» a los ocho o nueve años, y luego frotarte las manos limpias y decir: «¡Menos mal! Estoy tan contenta de que ya salimos de eso». (Todo esto hecho, por supuesto, mientras le hablabas al muchacho a través de la puerta de su alcoba cerrada).

Sin embargo, hablar sobre el sexo y la sexualidad es algo continuo. Comenta sobre ese tipo de cosas en la televisión y muestra dónde la perspectiva del mundo no se alinea con tu sistema de valores y creencias. Trata a las personas de ambos sexos con respeto. Responde preguntas acerca de lo que es el amor verdadero y comprometido y en cuanto a los resultados físicos y emocionales de las relaciones sexuales fuera del matrimonio. Habla también acerca de temas que podrían hacerte sentir incómodo, como la homosexualidad, el sexo oral, etc., cuando tus hijos quieran conocer los hechos.

Si tu hijo está entrando en el mundo de las citas, entonces, mamá, necesitas hablar con tu hijo. Papá, necesitas hablar con tu hija. Estas conversaciones entre géneros son sumamente importantes. ¿Quién mejor que un hombre para decir lo que está en la mente de un varón? ¿Quién

> **Lo que una adolescente debe saber**
>
> - No le «debes» nada al que te cita; eso incluye besos, una mano arriba en tu blusa o abajo en tus pantalones, o cualquier tipo de comportamiento sexual.
> - Un chico que dice que te ama pero no puede esperar tener sexo contigo no está «enamorado» de ti, lo que está es «necesitado» de ti.
> - La forma en que te vistas afectará lo que los chicos piensen de ti, porque a ellos los estimula la mirada. Es posible que te guste esa blusa ajustada porque muestra tu figura, pero lo más probable es que le esté diciendo algo más a tu conquista: *Esta noche podría ser...*

mejor que una mujer para decir lo que le gusta o no acerca de cómo un hombre la trata?

Aun cuando he tratado todo este tema en profundidad en la *Guía fácil para padres cobardes que quieren hablar honestamente de sexo con sus hijos*, veamos algunas pautas para su discusión:

- Enfócate en la biología, cómo funcionan los cuerpos masculino y femenino.
- Explica qué es el sexo. Sí, un aspecto de ello es la entrada del pene en la vagina, pero yo también defino sexo como: «Cualquier actividad en la que las partes del cuerpo normalmente cubiertas con un traje de baño son tocadas, masajeadas, besadas o chupadas». Por eso es que, en el mundo actual, no es suficiente hacer hincapié en la abstinencia. Mucha gente puede abstenerse del «acto sexual» del pene en la vagina, y aun así llevar a cabo todo tipo de conducta sexual, incluyendo el sexo oral. Lo que debemos enfatizar es la *pureza*: de cuerpo y de pensamiento.
- Haz hincapié en que el sexo es sagrado, es decir para un hombre, una mujer, en una relación de matrimonio comprometido, para toda la vida. Las relaciones deben basarse siempre en el respeto mutuo, no en la «necesidad».
- Limítate a los hechos claros: «Para que un hombre o una mujer tengan relaciones sexuales, su pene ha de ser insertado en la vagina».
- Diles por qué es importante esperar. Presenta las estadísticas, junto con la afirmación de que «nunca me va a pasar a mí» no es cierta con respecto a enfermedades de transmisión sexual o embarazos. Y que el uso del condón tampoco hace que las relaciones sexuales sean totalmente seguras.
- Explica por qué es importante no iniciar un proceso que no se puede detener una vez que el tren de hormonas está rodando. Una vez que das de ti mismo en el sexo, nunca se puede tener una «primera vez» de nuevo.

- Si tu hijo adolescente está saliendo con alguien, establece tú los parámetros. «A medida que vas entrando a este tiempo de noviazgo en tu vida, tenemos que hablar seriamente de algunas pautas. Si traes a una chica aquí, ¿cuál crees que sería el mejor lugar para que ustedes puedan tener privacidad?».

  «Ah, mi habitación», dirá tu hijo.

  «No, esa no es la opción. Pero hay algo que lo sería. Si traes a tu pretendiente aquí, yo voy a saludarla y a hablar con ella; luego me pongo a trabajar por un tiempo en otro lugar en la casa para que puedan tener privacidad en la sala de estar. Si desean alquilar una película y pasar el rato, papá y yo vamos a encontrar algo que hacer en la habitación de atrás».

  Sí, todos comparten la misma sala de estar, pero tú quieres que tu hijo adolescente sepa que ahora se va a utilizar para sus compromisos sociales. Tener a las invitadas de tu hijo en tu propio territorio te da un palco de primera para ver cómo se desenvuelve la vida en sus citas... y también el tipo de chicas con las que está saliendo.

Puesto que los adolescentes solo se interesan en «el momento», es difícil para ellos pensar en 5 o 10 años en el futuro, o incluso en la próxima semana. Pero ponlo de esta manera: Si estuvieras en tu reunión de graduados de secundaria 10 años a partir de ahora y vieras al chico o de la chica con quien tuviste una cita, ¿podrías sonreír y saludar a esa persona? ¿Presentársela a tu esposa o esposo? ¿O te sentirías avergonzado? Ah, ahora eso pone las cosas en una luz diferente, ¿verdad?

A mí me resultó

Mi hija tiene catorce años, pero luce como de dieciocho. Todos los varones en el centro comercial la miran, ella dice que eso le molesta. Sin embargo, nunca pude conseguir que entendiera que usar pantalones apretados a la cadera y una camiseta ajustada no es solo una declaración de moda, sino algo que dice: «Oye, échame un buen vistazo». Una amiga que le oyó hablar a usted me dio un consejo para que lo intentara, mi marido fue parte del juego. Él llevó a Rachel a cenar y le explicó cómo piensan los hombres.

Rachel no me dijo nada acerca de qué pasó esa noche, pero noté un cambio al día siguiente. Aún llevaba los mismos pantalones y la camiseta, pero esta vez tenía otra camisa más larga por encima que ocultaba sus curvas pronunciadas. Ella entendió el concepto. Y usted tenía razón: todo lo que tenía que hacer era dar la oportunidad de que ella oyera de su padre lo que los hombres piensan. Seguro que es mucho más fácil y menos estresante que insistir todo el tiempo en lo que lleva puesto.

Susan, Washington

Sistema de valores y creencias

¿En verdad quieres que tus hijos adolescentes coincidan con tu sistema de creencias y valores? Por extraño que pueda parecer a tus oídos, espero que no. Te has pasado años enseñando, predicando y viviendo (o no) tus creencias y valores frente a tus hijos. A menudo, tus acciones hablaron más fuerte que tus palabras. Ay. Ese pensamiento a veces duele, ¿verdad? Pero todos somos personas imperfectas y, a menudo, actuamos de manera incongruente con nuestros valores cuando estamos presionados. Ahora, a medida que tus hijos entran en los años de agitación hormonal, van a empezar a pensar por sí mismos acerca de esos valores y la moral que has tratado de vivir. Tendrán que decidir si los aceptan o los rechazan.

Es como verter agua sobre las hojas de té en una taza. Este es el momento para que tomen los valores que han absorbido hasta ahora y los prueben en el mundo real. El resultado puede ser un agua hermosa de color dorado, o un mejunje enlodado por demasiado tiempo. Sí, tú puedes ayudar y orientar (después de todo, sigues siendo la autoridad en el hogar), pero tu hija adolescente ahora es casi una adulta, pensante y actuante. Pronto estará fuera, por su cuenta. Así que si va a probar

---

Deja que la realidad hable

Situación # 1: Tu hijo olvidó devolver las llaves del auto para que pudieras llegar a tu cita con el dentista a tiempo.
Respuesta: La próxima vez que quieras el auto, simplemente no está disponible.

Situación # 2: Tu hija gastó toda su mesada y apenas es el día 10 del mes.
Respuesta: «Ah, ese es un problema, ¿verdad?», le dices. «Umm, bueno, parece que tendrás que ser creativa, ya que no recibirás el cheque de tu siguiente mesada hasta el final del mes».

Situación # 3: Tu hijo toma los palos de golf de tu marido y cuando regresa el hierro siete no está allí.
Respuesta: «Yo sé que tu padre te ama y a mí también. Pero no estoy muy segura qué relación tiene el palo siete con todo esto. Así que será mejor que busques la manera de encontrarlo bien rápido o hagas planes financieros para reemplazarlo, porque yo conozco a tu papá, y no va a estar muy feliz con esto».

Situación # 4: Tu hija critica la cena.
Respuesta: No digas nada. Simplemente quita la comida de su plato sin ningún comentario, pero la cocina está cerrada por la noche. Más tarde, cuando ella quiera salir, le dices que no. Si te pregunta por qué, le dices: «No me gustaron tus comentarios en la cena. Me llevó dos horas y media preparar esa comida, la cual quité de tu plato para que no tuvieras que estar viendo esa basura. Si no puedes respetar y apreciar mis esfuerzos, no me dan ganas de llevarte a ningún lugar».

---

esos sistemas de valores, el mejor momento para hacerlo es ahora, mientras todavía te tiene a ti como un recurso listo para las preguntas.

Si eres una persona de fe, un gran capítulo de la Biblia que te ayudará a poner en marcha un debate sobre los valores de la vida que son realmente importantes es Colosenses capítulo 3. Es un maravilloso «plan familiar» que podría revolucionar las relaciones en tu casa.

Familia, escuela y luego otras cosas

Los adolescentes en general tienden a estar ocupados socialmente. Ellos pueden, de hecho, tener tantas cosas en marcha que comienzan a desconectarse de sus familias, ya que terminan pasando menos tiempo en casa. Por eso es que es tan importante asegurarse de que tus hijos estén sólidamente arraigados en tu propio territorio para su bienestar en sus años de adolescencia. Lo que sucede en el hogar —actividades familiares, excursiones, cenas, tareas, vacaciones— necesita mantener la máxima prioridad, incluso en este momento de gran crecimiento social. La siguiente prioridad tiene que ser la escuela; dándole el tiempo y la atención que necesita para traer notas que reflejen los talentos personales del estudiante. Cualquier cosa aparte de eso —trabajos, amigos— son los «extras» de la vida que vendrán cuando los dos primeros roles se cumplen.

Pero, échale un vistazo a los itinerarios de la mayoría de los adolescentes y verás este orden de prioridades:

1. Amigos
2. Escuela y actividades de la escuela
3. Familia (cuando se puede colar entre los dos puntos anteriores)

¡Las actividades no son buenas para tus hijos!

No es de extrañar que las familias hoy se sientan más desconectadas que nunca, ni que los adolescentes sientan que alguien en la casa se preocupa por ellos. ¡Si apenas están en casa como para descubrirlo!

La trampa de la ocupación

A mi dulce esposa, la señora Uppington, le encantan las fiestas de Navidad. Tanto que decora la casa festivamente de arriba a abajo. Nuestro árbol de Navidad suele ser de tres metros de altura. Es adornado con 3,000 luces (y esa es una cifra conservadora) y, por supuesto, estas luces tienen que estar conectadas y enchufadas. Yo, que no soy un genio eléctrico en el hogar, decidí una Navidad que conectáramos todas las cadenas de luces a un gran receptor, en vez de tener que conectarlas por separado.

Fue entonces que hubo un gran ¡puf! Las chispas me alcanzaron. Eché la cabeza para atrás en un movimiento brusco hacia el árbol y descubrí que no se siente muy bien cuando diecisiete agujas de pino te hincan la parte posterior de tu cuello. Sin embargo, el choque me enseñó algo. No puedes sobrecargar un circuito eléctrico sin que reaccione.

Si tu hija adolescente se siente abrumada, no tienes que mirar más allá del calendario que pones delante de ella semanalmente. Muchos muchachos son muy competentes, expertos en muchas áreas, triunfadores, buenos trabajadores y estudiantes excelentes, pero mira todo lo que hacen. Si tu hija pasa cuatro horas haciendo tareas cada noche, participa en una obra de la escuela, toma clases de piano y juega en un equipo atlético, no es de extrañar que esté abrumada. Yo también lo estaría si tuviera que hacer todo eso.

Ahora, ¿yo? Yo era una especie de decepcionado como estudiante. Solía evadir la escuela los lunes y los viernes con bastante regularidad, me gustaba el plan de tres días a la semana. Yo solo le daba a la escuela una pasada y un grito, y eso era todo.

Sin embargo, algunos adolescentes son como los conejitos de la propaganda de Energizer que siguen y siguen y siguen... hasta que finalmente las pilas se les agotan y colapsan.

Cualquiera que haya leído alguno de los libros de Leman sabe cuál es mi posición al respecto: ¡las actividades no son buenas para tus hijos! Con eso, por supuesto, me refiero al exceso de ellas. Algunos chicos se sienten abrumados porque no logran buenas notas en la escuela y los presionan para que triunfen en lo que están fallando. Otros chicos se sienten abrumados porque sobresalen en muchas cosas en las que participan, y les es difícil escoger solo una.

Todos los días vas a ser padre o madre. Pero, en algunos días también tienes que ser siquiatra. Así que, conviértete por un momento en el doctor Phil y haz un análisis conmigo de lo que está pasando con tu hijo y en tu casa.

¿Está tu hija corriendo a toda velocidad, como el conejito de Energizer? Si es así, ¿por qué lo hace? ¿Acaso está pensando que:

- «solo valgo si lo logro»?
- «solo cuento si tengo calificaciones excelentes»?
- «solo soy valioso si intervengo en todo lo que la gente me pide que participe»?
- «solo valgo cuando digo que sí y no cuento si digo que no»?
- «solo soy importante si no decepciono a los demás»?

He conocido chicos en la escuela secundaria que solo sacaban notas excelentes, que han sido diligentes ratones de biblioteca, se han graduado de primeros en la clase y han fallado miserablemente en la vida.

Cada chico necesita tiempo de inactividad, momentos cuando él o ella pueden crear, soñar y simplemente *ser*, sin tener siempre algo que *hacer*. Tu hijo o hija necesitan alivio de la tensión constante por las ocupaciones. Todos los chicos necesitan ser chicos. ¿Tiene tu hijo adolescente un tiempo para eso en su itinerario?

Tú, progenitor —autoridad de la familia—, tienes la capacidad de decirle no a tu hijo adolescente. «No, no puedes hacerlo todo. Vas a tener que tomar algunas decisiones aquí».

Y luego tú, padre, madre o siquiatra, debes agregar el músculo de la determinación para animar esas decisiones... y respaldarlas, y apoyar a tus hijos en lo que sea necesario para lograr ese propósito.

A mí me resultó

Al fin estamos fuera de la cinta caminadora, y ¡se siente bien! Con cuatro hijos en nuestra familia, de lunes a sábado fue una experiencia alocada, ya que cada chico se encontraba en múltiples actividades. Me ayudó un poco cuando los dos mayores llegaron a la adolescencia, pero entonces simplemente se involucraron en más cosas y nosotros los veíamos menos. Hubo algunas semanas en las que me sentía que nunca salía de nuestro vehículo utilitario deportivo a excepción de cuando estaba durmiendo.

Pero no más. Me encanta su estrategia de una actividad por semestre, la adoptamos como familia a principios de este año escolar. Por dicha, a dos de nuestros hijos les encanta el fútbol y, como tienen casi la misma edad, están en el mismo equipo. Los dos mayores participan en actividades después de clases los mismos tres días. Así que ahora todos llegamos a casa a las 6:00 de la tarde tres veces a la semana y podemos tener una cena de verdad (la olla de cocimiento lento es mi amiga), y las otras dos noches a la semana estamos en casa después de la escuela, y nos quedamos allí. Nuestras vidas todavía están ocupadas (más de lo que me gustaría), pero es muchísimo mejor.

Angie, Nuevo México

Cómo desarrollar chicos con carácter

Hace un par de meses, Sande, Lauren y yo íbamos a salir juntos. Pero como ella es el último pajarito en nuestro nido —sus hermanos ya viven solos— le dijimos que podía invitar a alguien.

Me sorprendió la compañía que eligió. Era un chico que, en particular, no me gustaba por muchas razones. Después que terminó la actividad, le pregunté a Lauren: «¿Por qué invitaste a ese chico? Tú sabes que no me gusta, me sorprende que te guste a ti».

«Ah, papá», dijo. «Yo no lo invité porque me gustara. Lo invité porque a nadie en nuestra clase le agrada».

Si deseas hijos que no siempre estén pensando en sí mismos o en lo que puedan obtener, sino que son amables y considerados con los demás, necesitas modelar ese tipo de compasión en tu propia casa. Cuando ves las necesidades de los demás, trata de satisfacerlas trabajando juntos como familia. De esa manera, modelas tu generosidad con el tiempo, las finanzas y con otros recursos.

Los Lemans vemos nuestra casa como una misión de rescate en el vecindario; un lugar donde cualquiera puede llegar y conseguir un

9 maneras fenomenales de aumentar la compasión como familia

Haz un simple inventario del tiempo y los talentos de tu familia. Luego, piensa en la manera en que pueden servir a otros, como individuos y como núcleo familiar. Veamos algunas ideas para empezar.

1. Ofrezcan clases de música (guitarra, piano, etc.) gratuitas para un chico en el vecindario al que le gustaría aprender a tocar un instrumento, pero no puede permitirse ese lujo.

2. Ayuden a una familia que esté en necesidad. Nuestra hija Ana forma parte de un grupo llamado Children's Hopechest en Colorado Springs, Colorado (www.hopechest.org), un ministerio internacional floreciente que vincula a los huérfanos con el poder transformador que hay en las relaciones a nivel comunitario con cristianos en los Estados Unidos y Canadá.

3. Ofrézcanse para cuidar a los niños de una madre soltera de forma que ella pueda tener una noche por semana para sí misma.

4. Pasen un sábado por la mañana ayudando a una persona mayor con su jardín, el pago de las cuentas o con las compras.

5. Limpien el camino de entrada a la casa de su vecino.

6. Laven autos, sin aceptar donaciones.

7. Cuiden las mascotas de sus vecinos mientras ellos están de vacaciones.

8. Llévenle el correo de la vecina anciana a su puerta cada día de invierno, cuando es peligroso para ella caminar por la acera llena de nieve.

9. Inviten al nuevo compañero de clases después que termine la escuela y dejen que ayude a hacer la merienda. Asegúrense de que todos los miembros de su familia lo conozcan y le den la bienvenida.

poco de amor, atención y un oído atento. ¿Es tu hogar un lugar seguro? ¿Uno donde tus propios hijos —y los hijos de otros— pueden pasar el rato? ¿Te preocupas por los otros adolescentes que acuden a tu casa?

Muchos padres quieren tratar a sus hijos como un faisán —en salsa de naranja— en bandeja con tapa de cristal; bonitos a la vista, pero aislados del resto del mundo. Aislar a tu hijo bajo una cúpula de cristal es el camino más fácil. Pero no es saludable para ti ni para tu adolescente. ¿Por qué no invitas a un chico que no tiene las mismas ventajas que tu familia? ¿O a uno que a nadie le gusta? Me conmovió saber que mi hija, a quien a través de los años le he modelado compasión y un corazón generoso por medio de las actividades en las cuales elegimos participar como familia, era más compasiva que su padre. Y, ¿sabes de dónde saqué la idea de hacer actividades en familia juntos para ayudar a los demás? De mis propios padres. Ellos me amaban, nunca dudé de eso, pero también se preocupaban por otra gente, incluso por muchos que ni siquiera conocíamos.

A medida que interactúas con otros que son difíciles de ser amados, antipáticos o menos dichosos que tú, tal vez tú y tu hijo adolescente puedan producir un cambio en sus vidas. ¿Quieres que tu hija sea una dadora o una interesada? Si quieres que sea una interesada, entonces críala como los hijos de tus vecinos (los que te vuelven loco a ti y a sus padres con todas sus exigencias e irresponsabilidades). Si deseas que sea una dadora, preocupada por los demás, entonces bríndale oportunidades para que ayude a otros.

> **Qué hacer el jueves**
>
> 1. Decide qué quieres empacar en el equipaje de tu hijo adolescente para la vida.
> 2. Establece límites sanos y respetuosos.
> 3. Modela el dar como antídoto de una conducta egoísta.

Hace poco supe de un grupo de jóvenes que estaba haciendo un lavado de autos. Nada nuevo. Pero la forma en que lo hacían era completamente diferente. No le cobraban a la gente ni aceptaban donaciones. Se limitaban a sonreír, lavar los autos y decirle a la gente: «¡Que tenga una tarde fabulosa!». También supe de una familia que tiene permiso de un centro comercial para ir todos los viernes por la noche a tocar música durante dos horas. (Esa familia de ocho miembros constituye su propia banda). El gerente del centro comercial está tan emocionado con la multitud que atraen y con ese servicio gratuito, que a veces los invita a comer pizza después de actuar. Es el día semanal preferido de la familia y, además, ¡divierten a los compradores!

Ahora bien, eso está bastante lejos del sueño americano. Ese de ser pagados y muy bien pagados, ¿verdad? Pero es una buena manera de enseñar a los niños que no siempre han de recibir premios por todo lo que hagan. Cuando haces algo para ayudar a los demás sin esperar nada a cambio, te sientes bien. Y eso es un estímulo maravilloso para la autoestima de tu hijo adolescente, el tipo correcto de enfoque para ellos. (Puedes ver «9 maneras fenomenales de aumentar la compasión como familia» en la página 96 para obtener otras ideas).

Así que permíteme que te pregunte: ¿Qué estás empacando en el equipaje de tu hija adolescente para que viva fuera de tu casa? ¿El concepto de que ella es el centro del universo y que es mejor que los demás se inclinen ante sus exigencias o se atengan a las consecuencias? ¿O estás criando a una hija que entiende la necesidad de tener límites, que ayuda a establecerlos y que se adhiere a esos límites de la familia; que acepta su responsabilidad cuando sus decisiones no son sabias y que está creciendo con un corazón compasivo?

Padres, madres, todo comienza con ustedes, porque lo que su adolescente les vea hacer, también lo hará él o ella.

¿Ves el poder que tienes?

★ LA JUGADA GANADORA ★

*Deja que la realidad haga el trabajo
para que tú no tengas que hacerlo.*

Clin, clin, dividendos en camino

No más pañales. No más vasitos de niños. Cómo aprovechar estos años libres y fáciles.

A finales de 2010, la empresa General Motors se reorganizó y realizó una oferta pública inicial (IPO, siglas de la frase en inglés). Emitieron acciones y fijaron el precio en 33 dólares cada una.

Hace, por lo menos once años, realizaste una inversión muy valiosa. Adquiriste la oferta inicial de acciones de tu pequeñín (hecho de caracoles y colitas de cachorro, como dice la canción infantil «¿De qué están hechos los niños?») o tu pequeñita (hecha de azúcar y especias, de la misma canción infantil), y has ayudado a construir las opciones de las acciones en ese chico o chica poco a poco con tu amor, tu aceptación, tu orientación, tu humildad e incluso tu tolerancia.

Con los años, tu acción ha ido creciendo; has podido ver cómo avanza poco a poco hacia arriba. Aún no hay dividendos, ningún beneficio público, pero con tal inversión y todo el tiempo que has invertido, ¿cómo te puede salir mal?

Sí, tu pequeña acción ha hecho un montón de decisiones por su cuenta. Pero *tú* eras el que estaba allí cuando él se salía un poco y tú lo traías de vuelta al camino.

La adolescencia es el tiempo en que tus acciones finalmente comenzarán a pagar dividendos después de haberlas visto crecer en los últimos años. Todas las bases que has construido para tus hijos, las cosas que has puesto en sus equipajes —responsabilidad, respeto, etc.— se empiezan a mostrar públicamente y en privado a medida que se van convirtiendo en «su propia persona», una vez que son adolescentes.

> *Demasiado pronto, tu adolescente volteará la página de un nuevo capítulo en la vida.*

Sí, habrá momentos en los que te preguntarás si sobrevivirás las tormentas o si tu hijo va a volar lejos de ti como una tienda de campaña en una tormenta de arena en el desierto. Pero en esos momentos, recuerda las escaramuzas y batallas que ya has ganado. No, los años de la adolescencia no son aquellos en los que tú te puedes sentar en el sillón y estirar las piernas. Vas a tener nuevos retos a la vuelta de la esquina, así que es mejor que permanezcas de pie ligero y sin complicaciones.

Sin embargo, demasiado pronto, tu adolescente volteará la página de un nuevo capítulo en la vida. El siguiente paso de cada adolescente será único. Algunos muchachos entrarán al servicio, otros al mundo del trabajo, otros al instituto o a la universidad, otros a la formación vocacional.

Si quieres que tu hija triunfe, que desarrolle lo que es con lo mejor de sus habilidades y que sea una persona sana, equilibrada, que aporte a la sociedad, entonces su mejor opción como compañero en la vida eres tú. Por tanto, ¿qué quieres hacer mientras tu hija es adolescente? Piensa muy bien en lo que quieren lograr juntos en esos años tan cortos que restan. ¿Qué instrucciones de última hora le vas a dar para este juego llamado vida, sin mamá y papá, al salir volando de tu nido y abrir su propio camino?

Entrenamiento con los tres grandes

Vivimos en un mundo de información instantánea. Cuando una noticia ocurre al otro lado del mundo, nosotros la sabemos en cuestión de minutos. Pero la noticia no es siempre lo que se dice que es. Por muchos años, las personas consideraron a Bernie Madoff, corredor de bolsa estadounidense y asesor de inversiones, un genio. A los ojos del mundo, era todo un éxito. Su firma fue una de las principales empresas de valores de Wall Street. Pero, el 29 de junio de 2009, fue condenado a 150 años de cárcel —el máximo permitido— por defraudar a miles de inversores con miles de millones de dólares. Él incluso describió su negocio ante sus hijos como «una gran mentira»[1].

Y no es el único que no está haciendo las cosas transparentes. Pastores de megaiglesias lloran en televisión nacional, pidiendo perdón por lo que han hecho. Figuras del deporte como Tiger Woods, que lucen invencibles y parecen tener una buena comprensión de la vida, caen muy fuerte cuando sus vidas privadas son expuestas a los ojos del mundo.

La gente puede tomar decisiones tontas que arruinen sus grandes carreras, oportunidades y excelentes reputaciones. Richard Nixon podría haber pasado a la historia como uno de los más grandes estadistas que haya ocupado la Casa Blanca, habría sido recordado sobre todo por los enormes progresos que hizo con China. Pero, ¿por qué va a recordar la gente a Nixon? Por el hecho de que hizo las cosas mal. Si Tricky Dicky (Astuto Dicky, diminutivo de Richard), como lo llamaban, se hubiera presentado delante del pueblo estadounidense y hubiera dicho: «No van a creer lo que hice. Fue algo demasiado torpe. Borré las cintas. En retrospectiva, eso fue algo terrible. Me equivoqué y pido disculpas», no habría dejado el cargo hasta que su término hubiera acabado.

Luego, tenemos a Bill Clinton, que probablemente podría haber pasado a la historia como uno de los más grandes presidentes de los Estados Unidos. Él era, después de todo, un tipo brillante; el único presidente de la nación que recibió la beca de Rhodes, de la Universidad de Oxford. Pero le faltaba sentido común y capacidad para hacer lo correcto. ¿Qué fue lo que dijo una y otra vez? «No tuve relaciones sexuales con esa mujer».

A mí me resultó

Siempre detesté que mis hijos vieran las noticias, porque todo lo que presentaban en ellas era muy negativo. Sin embargo, recientemente he cambiado mi punto de vista cuando lo escuché hablar a usted sobre la importancia de reflexionar en las noticias de la vida real con sus hijos adolescentes. Cuando un concejal de la ciudad fue sorprendido con una prostituta, lo discutí con mis hijos, de dieciséis y diecisiete años.

«Vaya, ese tipo es realmente tonto», dijo uno de mis hijos.

«Sí», dijo mi otro hijo, «y parece que su esposa es una señora muy agradable. ¿Por qué iba a querer echar todo eso por la borda por una noche con una prostituta?».

Mis hijos captaron el mensaje. Pero mejor aun, es que eso se quedó con ellos. Cuando un par de meses más tarde mi hijo de diecisiete años comenzó a salir con su novia, esta comenzó a presionarlo por sexo. Mi hijo dijo que le contó a ella la historia sobre el concejal, y le dijo que él no iba a dejar su virginidad por ella.

Su novia rompió con él, lo que me alegró secretamente. Pero la respuesta de mi hijo me hizo enorgullecerme más de él. «Mamá, el hecho de que ella terminara conmigo me dijo que yo no era en verdad lo más importante para ella. Lo era el sexo. Me alegra que no caí en la trampa». Me miró y sonrió. «Supongo que el concejal me enseñó algo, después de todo».

Ese fue uno de mis momentos de más orgullo como mamá.

Janey, Texas

Un sabio dijo una vez:

No pierdas de vista el sentido común ni el discernimiento. Aférrate a ellos...

Adquiere sabiduría, adquiere inteligencia; no olvides mis palabras ni te apartes de ellas. No abandones nunca a la sabiduría, y ella te protegerá; ámala, y ella te cuidará.

No entres en pleito con nadie que no te haya hecho ningún daño. No envidies a los violentos, ni optes por andar en sus caminos. Dichoso el que halla sabiduría, el que adquiere inteligencia. Porque ella es de más provecho que la plata y rinde más ganancias que el oro. Es más valiosa que las piedras preciosas: ¡ni lo más deseable se le puede comparar![2].

Es posible que seas creyente; puede que no. Si lo eres, puede ser que hayas reconocido esas palabras como provenientes de Proverbios, un libro sapiencial de la Biblia. Pero creas en ella o no, este es un sabio consejo para todos. Si tus hijos adolescentes aprenden a tener sabiduría, buen juicio y discernimiento, ellos sabrán y harán el bien en lugar del mal.

Es interesante ver que no hay mucho en la Biblia que hable específicamente de la crianza de los hijos. La mejor referencia dice: «Hijos, obedezcan a sus padres, pues esto es lo correcto». Y si tus hijos adolescentes lo hacen, hay una promesa para ellos: «te irá bien y tendrás una larga vida en la tierra». Pero no se detiene con solo decirles a

> *Tu adolescente necesita entrar a la vida exterior o fuera de tu nido con lo que yo llamo los «tres grandes»: sabiduría, buen juicio y discernimiento.*

los hijos que obedezcan y se comporten bien. Tiene una nota para los padres que me llega al corazón: «No hagan enojar a sus hijos con la forma en que los tratan. Más bien, críenlos con la disciplina e instrucción que proviene del Señor»[3]. Sin embargo, ¡dice que les hagas sugerencias y les des consejos piadosos a tus hijos! Estas son palabras sabias en verdad para los años de agitación hormonal.

En el mundo de hoy, más que nunca, tu adolescente necesita entrar a la vida exterior o fuera de tu nido con lo que yo llamo los «tres grandes»: sabiduría, buen juicio y discernimiento. Hay muchas trampas esperando por ellos si no tienen estos tres grandes muy firmes en el bolsillo. De lo contrario, muchos estafadores están dispuestos a engañarlos. Una mujer amable y bien intencionada que conozco fue engañada para que enviara seis mil dólares a un «policía» que dijo que el nieto de ella estaba en la cárcel y que necesitaba el dinero para obtener la fianza. Hay todo tipo de personas que se aprovecharán de los débiles. Por años, Bernie Madoff estafó dinero a la gente —incluyendo a su propia familia— antes que lo atraparan. ¡Ni siquiera los adultos inteligentes pudieron ver la conspiración con claridad!

Tu hijo adolescente necesita saber que si algo es demasiado bueno como para ser verdad, probablemente lo sea. Pero debe investigar cuidadosamente antes de seguir adelante.

¿Cómo puedes hacer para que tu hijo adolescente sea más listo? Cuando veas artículos sobre gente como Bernie Madoff, sácalos a relucir en el auto o en la mesa del comedor. «Oye, ¿te enteraste de...?». E informas a tu familia de la noticia. Discutir sobre las situaciones de la vida real pone a tu hijo al tanto del hecho de que afuera hay tanto personas que se aprovechan como las que son tontas, y que él no quiere ser ninguno de los dos tipos. Anima a tus hijos a hablar sobre las noticias que encuentran en Internet o escuchan por ahí. Son material para una animada conversación durante la cena y hace a tus hijos más listos para que sean menos propensos a caer en las largas charlas persuasivas de aquellos que pudieran llevarlos por el camino equivocado.

Los adolescentes pueden pensar que son listos e inteligentes, pero la mayoría de ellos son muy ingenuos (algo que en verdad no desean admitir ante sus compañeros). Es por eso que muchos de ellos son blanco fácil para los estafadores. Y en el mundo juvenil, con la presión que hay para que todos sigan la corriente, si uno cae... se derrumba una multitud.

No dejes que tus hijos sean fáciles de engañar. Háblales de la vida real. Entrena a tus adolescentes en la sabiduría, el buen juicio y el discernimiento practicándolos tú mismo cada día, habla con ellos con claridad acerca de las situaciones para que puedan desarrollar los «tres grandes» por sí mismos.

Ahorra para el futuro

Con el estado tenebroso de la economía actual, puedes darles a tus adolescentes un gran regalo: el don de administrar el dinero sabiamente y la inversión para el futuro. ¿Por qué no poner en marcha las finanzas de tu hijo adolescente alentándolo a poner dinero en una cuenta de ahorros (hasta diciéndole que vas a igualar la cantidad que él ponga cada vez en la cuenta, si estás en la capacidad financiera de hacerlo)? Muéstrale cómo va a crecer su dinero con un poco de esfuerzo por su parte.

¿Y por qué no lanzar algunas lecciones sobre cómo opera el mercado de valores, dando a tu hijo adolescente la oportunidad de invertir en una acción o un bono? Darle a tu hija adolescente un certificado de acciones para su cumpleaños puede poner en marcha

> *No dejes que tus hijos sean fáciles de engañar.*

el proceso. Pero no te detengas ahí. Convierte el regalo en una lección de cómo el mercado de valores sube y baja verificando el valor de las acciones de vez en cuando con ella. Si tu hija de doce años pasa mucho tiempo en la computadora con videojuegos o navegando por la red, es una candidata ideal para buscar más información sobre el mercado de valores, ya que es posible incluso que desee invertir en una de las empresas a las que les compra los videojuegos.

Estos son algunos consejos del artículo «Cómo darles a los niños el regalo de la inversión»:

- Compra algunas acciones o bonos para enseñar a tu hijo a diversificar sus inversiones.

- Inicia una cuenta de inversión de custodia en nombre del niño con solo cien dólares.

- Abre una cuenta de pensión individual no deducible (Roth IRA, siglas en inglés) si el adolescente ha obtenido ingresos sujetos a impuestos este año. Iguala algunas o todas sus contribuciones.

- Comienza un plan de ahorro para la universidad (llamado 529). Anima a tus familiares y amigos que no saben qué regalarle cuando vaya a la universidad para que contribuyan a la cuenta[6].

Usa estos consejos y el asesoramiento de otras personas expertas en el área financiera que sepas que te pueden ayudar a enseñar a tu adolescente a usar el dinero, ahorrarlo e invertirlo sabiamente.

Búsqueda de escuela y trabajo

Has llegado a los años en que tu adolescente va, muy probablemente, a empezar a pensar en la sobrecogedora pregunta: «¿Qué voy a hacer con mi vida después de la secundaria?».

Si tu hijo o hija está en el diez por ciento privilegiado de su clase y está recibiendo aceptaciones tempranas de una serie de institutos y universidades, con becas para arrancar, ya estás escuchando el *clin, clin* (onomatopeya de la caja registradora cuando se abre o se cierra por efecto del dinero) de tu arduo trabajo como padre o madre hasta este punto.

En cuanto a mí, esa pregunta no llegó sino hasta cerca de la graduación de secundaria, seguido por el pensamiento espeluznante: *Santo gallo, ¿qué voy a hacer? Todos los que conozco van a la universidad.*

Sí, fui un aprendiz lento. Tu hijo puede ser como yo (esperemos que no). Pasó mucho tiempo antes de que mi madre oyera el *clin, clin* de su arduo esfuerzo.

A medida que tu hijo se dirige al próximo capítulo de su vida, tu perspicacia debe tener más vigor que nunca. Si tienes una «chica lista», ¿significa eso que ella debería ir a la universidad de primer nivel que muchos tienen en alta estima, que cuesta casi 50,000 dólares al año? ¿O que esta hija, cuyo único objetivo en la vida es trabajar con niños, estaría mejor servida yendo a un colegio universitario por un par de años (pudiendo ahorrar dinero al vivir en casa) y luego se transfiriera a una universidad en el mismo estado?

Me gustaría enriquecer un poco tu perspectiva con mi experiencia como decano de estudiantes de la Universidad de Arizona, cuando estaba encargado de todos los dormitorios y de los más de 6,000 estudiantes que viven en ellos. Inevitablemente, si les preguntabas a los estudiantes de primer año que te dijeran sus carreras, oías «medicina» y «leyes» una y otra vez, como un disco rayado. Sin embargo, si echabas un vistazo a algunos de los antecedentes en la secundaria de esos muchachos, esas carreras eran altamente dudosas.

Un regalo para toda la vida

Para un pequeño recordatorio de que mucho de la vida tiene que ver con tu perspectiva, presento algunos de los momentos que mis padres vivieron con su hijo:

- Tumbé adornos importados de Noruega (herencia familiar de mi abuela) de nuestro árbol de Navidad con mi pistola de aire comprimido... y luego culpé al gato.
- Lancé pelotas de golf en la autopista de Nueva York.
- Me gradué entre los últimos de mi clase en la secundaria.
- Me expulsaron del Club de Cachorros... y de la universidad.
- Comía galletas para perros.
- Me mandaron a casa —cuando estaba en cuarto grado— por sacar mi dedo por la bragueta del pantalón y menearlo ante las niñas.
- Fui expulsado del equipo de baloncesto... y corrí hasta la casa en pleno invierno con solo mis pantalones cortos.
- Dejaba caer calabazas sobre los autos desde los viaductos en la autopista.

Sin embargo, mi querida madre creyó en mí. Siempre me decía: «Fuiste un buen muchacho». Más adelante, cuando le recordaba lo que yo había hecho cuando era niño, me decía: «Ah, sí, recuerdo ese momento. Pero eras un buen muchacho».

Cuando crees en tus hijos (lo merezcan o no), les das un regalo para toda la vida. Mi madre ciertamente lo hizo. Requirió un montón de años, pero sus expectativas positivas cambiaron a este viejo muchacho. Y también pueden cambiar a tu hijo.

Con los padres, la frase «la esperanza es eterna» a veces es casi ridícula. Un padre esperanzado puede tomar a un estudiante de secundaria con una sólida nota D y tratar de convertirlo en un estudiante de medicina en una de las universidades más caras. Pero, ¿es acaso posible que eso realmente suceda?

Padre, madre, al pensar seriamente en el futuro de tu adolescente es muy sabio considerar su personalidad, sus talentos, su nivel de motivación personal y sus objetivos en la vida. A menos que tu hija sea muy responsable, directa, gran estudiante, apasionadamente motivada a ayudar a la gente y que obtenga buenas calificaciones en ciencias, ¿por qué pagar para enviarla a cuatro años de universidad, y luego otros dos, para formarla como enfermera? Si tu hijo quiere trabajar con niños y le encanta la guardería donde trabaja después de la escuela, lo último que querrías hacer es gastar 48,000 dólares al año y terminar con préstamos superiores a 100,000 dólares para que obtenga una licenciatura en educación de escuela primaria.

Con los padres, la frase «la esperanza es eterna» a veces es casi ridícula.

Si tu hijo es un estudiante con calificaciones B, entonces un colegio universitario probablemente encajaría mejor que una universidad de alta presión. Por otro lado, si tu hijo obtiene solo notas A, quiere ser farmaceuta y tiene el empuje y el cerebro para hacerlo, no lo querrás trabajando en un Wal-Mart. Ayúdalo a lograr sus sueños de conseguir la educación en una buena universidad.

¿Debería tu hijo ir a una escuela privada o a una universidad privada? Si tienes los 50,000 al año que le tomaría a tu hijo explorar una educación de artes liberales en una prestigiosa escuela, y estás de acuerdo con eso, está bien. Pero si, al igual que la mayoría, estás buscando el próximo dólar, esa movida no tendría mucho sentido. Necesitas ser prudente. ¿Qué es lo mejor para el estudiante y para tu familia? Tú conoces a tu adolescente mejor que nadie.

Algunos muchachos están mejor quedándose en casa y asistiendo a una universidad local, pagando solo los gastos de libros e inscripciones por clase ya que los gastos de vivienda están cubiertos. También hay una gran cantidad de pequeños colegios y universidades en todos los Estados Unidos que son ideales para los muchachos que son promedio o por encima del promedio y que quieren conocer a un montón de otras personas en un entorno pequeño. Algunos adolescentes podrían florecer en un ambiente de gran escuela, con los grandes partidos de fútbol y todas las actividades extracurriculares. Otros se sienten perdidos en un lugar así. Algunos chicos pueden trabajar medio tiempo y asistir medio tiempo a un colegio universitario para experimentar en ambos mundos.

Hay unos que no están listos ni para la universidad. Pero pueden tener altos conocimientos técnicos y encajan perfectamente en la formación técnica. (Esas personas valen su peso en oro para mí, ya que esa no es definitivamente mi don natural). Otros necesitan madurar, desarrollar responsabilidad y decidir qué les interesa hacer en la vida. Esos adolescentes no deben ser empujados a un ambiente universitario para que «se encuentren a sí mismos». Pasar un par de años trabajando en diferentes áreas laborales puede ayudarlos a caer en algo que les guste.

Por ejemplo, Adán era un estudiante con notas C en la secundaria. En realidad, no tenía ningún interés en particular. Su padre quería que fuera a la misma universidad que él, pero era una de esas prestigiosas, y Adán no tenía las calificaciones que necesitaría para entrar ni para mantenerse allí. Cuando me consultaron, les dije que me parecía mejor dejar que Adán explorara algunas opciones de trabajo. Así que el chico comenzó con un trabajo de verano, limpiando los pisos en un negocio industrial. Mientras estaba allí, empezó a interesarse en cómo operaban las máquinas y preguntó si podía quedarse durante su hora de almuerzo para ver la forma en que eran programadas. Debido a las preguntas profundas de Adán, el capataz le dio la oportunidad de quedarse después del trabajo, una vez, para ayudar a instalar una nueva máquina que acababa de llegar de China. El interés de Adán creció.

Pronto, el capataz lo sacaba de sus deberes de limpieza para ayudar a instalar otras máquinas. Pasado un año, Adán estaba trabajando a tiempo completo. Ahora, diez años después, ¡es el supervisor de esa empresa!

Ciertamente no es la carrera que sus ricos padres hubiesen elegido para él al principio. Pero ellos están orgullosos de él. Adán es ahora conocido en ese sector por su visión, integridad y creatividad. Sus habilidades han ayudado a poner en marcha su pequeña empresa y a ser una de las precursoras de esa industria.

La hermana de Adán se formó en una pequeña universidad que se enfoca en equitación y ahora trabaja con niños que tienen necesidades especiales y que son entrenados para montar a caballo como parte de su terapia física. Su hermano está en la publicidad y, en este momento, está tomando algunas clases de administración en la universidad.

> *Anime a cada uno de sus hijos adolescentes a ir por su propio camino, bien espabilados.*

Simplemente para demostrar que, si tienes tres hijos en tu familia, uno irá hacia la derecha, otro se dirigirá directo por todo el centro y el otro hacia la izquierda. Anime a cada uno de sus hijos adolescentes a ir por su propio camino, bien espabilados.

Estas decisiones después de la escuela secundaria deben hacerse con cuidado, ya que afectarán a tu hijo o hija para toda la vida. Así que métete en el automóvil o haz un viaje en avión y visita las escuelas con tu hijo.

Ahora, cuando estoy trabajando en este capítulo del libro, mi esposa, Sande, y yo estamos viajando con Lauren, ya estudiante del último año de secundaria, para revisar la UCLA y el Colegio Universitario Otis de Arte y Diseño, ambos en el área de Los Ángeles. A Lauren le encanta dibujar y escribir, por eso quisimos enfocarnos en las escuelas que tienen buenos programas en ambos campos. Pero es solo visitando las escuelas que Lauren se dará cuenta de cuál se adapta mejor a su personalidad e intereses.

Sí, tu hijo adolescente tiene que tomar la decisión final para su futuro, pero tú puedes animarlo a mirar sabiamente las opciones, ayudarlo a recopilar información y hablar claramente en cuanto a las expectativas reales. Un chico que luchaba para terminar la tarea probablemente no es candidato para obtener una licenciatura, una maestría y un doctorado. (Por supuesto, hay excepciones; yo mismo, por ejemplo. Pero tuve que trabajar algunos años en medio de esos logros y tomar en serio el estudio en primer lugar).

El principio básico es: antes de endeudarte tú o tu hijo adolescente por largo tiempo, asegúrate de que le estás sacando provecho al dinero que mereces por tu inversión.

No importa lo que tu vecino Mike, tu compañera de trabajo Sally, o tu tía Matilde piensen. Lo que vale es lo que sea mejor para tu hija adolescente y su futuro, con el debido respeto a tu bolsillo también. Nadie quiere salir de cuatro años de universidad con una deuda de 100,000 dólares. Sin embargo, eso se cierne sobre cientos de miles de jóvenes en Estados Unidos. No hagas de eso la historia de tu adolescente a menos que sea absolutamente necesario. Ayúdale a tomar decisiones sabias, y luego haz lo que puedas para ayudarla a enviarla a su camino en la vida sin arrastrar una carga financiera.

A mí me resultó

Soy una chica a la moda, así que ha sido difícil para mí relacionarme con mis tres hijos, todos con un año de diferencia. (Sí, Dios tiene sentido del humor, ¿verdad?). El nivel de testosterona es bastante alto en nuestra casa, ahora que todos ellos son adolescentes. Hace poco, cuando usted habló de las madres e hijos en un retiro para mujeres, me di cuenta de lo mucho que he estado tratando de hacer a mis hijos como yo. En otras palabras, he estado trabajando para quitarles su masculinidad. Ese día me percaté de lo injusta que he sido.

Ahora hago un esfuerzo especial para animarlos cuando hacen cosas «varoniles», como cuando me ayudan a traer los comestibles, me abren una puerta, etc. Gracias por ayudarme a ver la luz para que mis hijos se conviertan en hombres protectores de las mujeres —el tipo de hombre que es mi esposo— en vez de los «chicos sensibles» que yo estaba tratando de criar.

Nancie, Indiana

Una nota especial para madres de varones

Unas cuatro horas antes de un partido en una universidad importante, los jugadores van a su capilla. He tenido el placer de hablarles a muchos de ellos, pero hace poco me senté cuando Andy López habló. Él es el entrenador jefe de béisbol de la Universidad de Arizona y ha ganado el campeonato de béisbol de la Asociación Atlética Nacional de Universidades (NCAA, siglas en inglés) en la Universidad de Pepperdine. Hablaba respecto a que el fútbol es un juego violento; los jugadores, especialmente de la división del primer nivel, son grandes y rápidos.

Andy es uno de esos tipos asombrosos que creció en un barrio conflictivo pero se incorporó a la vida sin ayuda de nadie y lo ha hecho bien. Pero su vida dio un giro cuando se convirtió en cristiano. Sin embargo, estaba preocupado por una cosa. Como le dijo a su hermana, que se había convertido al cristianismo antes que él, «no quiero ser tierno».

Andy habló con los jugadores de fútbol ese día en la capilla y dijo que comenzó a buscar a los hombres de la Biblia; Jeremías e Isaías, por ejemplo. Esos tipos no eran tiernos, eran rudos. Hicieron lo que tenían que hacer, y no siempre fue fácil.

La doctora Louann Brizendine, fundadora de la primera clínica para estudiar las diferencias de género en el cerebro, el comportamiento y las hormonas, ha publicado recientemente un libro llamado *El cerebro masculino: Las claves científicas de cómo piensan y actúan los hombres y los niños*. Impecablemente investigado y a la vanguardia del conocimiento científico, es una obra que cada esposa y madre (o cualquier persona que tenga un hombre) tiene que leer. Es un estudio intrigante que sigue el cerebro masculino en todas las fases de la existencia, desde la infancia hasta la edad adulta, y que te ayudará a entender a las criaturas masculinas de tu hogar. He aquí tres de las revelaciones de la doctora Brizendine:

- El cerebro masculino es una máquina ágil, feroz, solucionadora de problemas. Frente a un problema personal, el hombre usará las estructuras analíticas de su cerebro para encontrar una solución.

- El cerebro masculino se desarrolla en condiciones competitivas, instintivamente juega con dureza, y está obsesionado con el rango y la jerarquía.

- El cerebro masculino tiene un área para la persecución sexual 2,5 veces mayor que el cerebro femenino, consumiéndolo con fantasías sexuales acerca de las partes del cuerpo femenino[4].

Madres, sé que aman a ese dulce chico de ustedes. Sin embargo, ¿no admitirían que el muchacho necesita crecer para ser fuerte? ¿Para ser una «máquina ágil, feroz, solucionadora de problemas»? ¿Para aprender a lidiar eficazmente con su deseo natural de posición y de logro sexual? Sí, a medida que tu hijo se vuelve más que raro durante la adolescencia, todavía quieres cultivar ese corazón tierno. Pero algún día él será padre y marido. ¿Cómo quieres que sea?

Piensa en esto por un minuto. Si estás casada, ¿qué te atrajo de tu marido? Su tierno corazón contigo, por ejemplo. Pero, ¿no estabas también atraída por su fuerza viril? ¿Su espíritu competitivo para luchar por tus intereses? La mayoría de las mujeres quieren una combinación de fuerza y ternura. Cualquier cosa que puedas hacer para promover esa combinación maravillosa en la adolescencia de tu hijo te beneficiará no solo a ti, a tu hijo y a tu familia, sino a la familia que él va a tener algún día también.

La crianza de los hijos hombro a hombro

Hace aproximadamente un mes, recibí una llamada telefónica de dos padres que se encontraban en medio de una «discusión» (una bonita forma de decir que casi llegan a las manos por este tema y, finalmente, tuvieron que llamar a un tercero para que ayudara, el doctor Leman). Su hijo de 19 años de edad, ya había destrozado dos autos (no nuevos, pero usados de los últimos modelos). Por supuesto, nunca fue su culpa; una vez estaba enviando mensajes de texto, y la otra vez fue pulseando con el dedo de su compañero en el asiento del acompañante, por lo que no vio que otro auto venía hacia ellos. Peor aún, los dos autos se los habían comprado sus padres o, más concretamente, su mamá. El padre se había resistido desde el primer momento, alegando que el hijo debía comprar su propio automóvil.

Después de ese segundo accidente, la madre insistía en comprarle otro vehículo al muchacho.

«¿Qué pasa contigo?», preguntó el padre.

La madre estaba a la defensiva. «Bueno, ¿cómo va a ir a trabajar si no tiene un auto?».

El chico tenía un trabajo sencillo, ganaba apenas un poco más del salario mínimo. Estaba claro que no tenía los fondos para pagar el seguro —estaba incluso estirándolo para la gasolina— pero, ¿quería su mamá darle un *tercer automóvil*, cuando no había mostrado ningún nivel de responsabilidad? Yo estuve de acuerdo con el padre: «¿Qué pasa contigo?».

Es evidente que la madre controlaba a la familia, en perjuicio del muchacho. Él estaba en un estado de seguridad financiera, pensando: *Así que, si choco un auto, mamá me va a conseguir otro mejor. ¿Cuál es el problema?* Además, mamá estaba cayendo en el mantra: «Tengo que ser amiga de mi hijo».

Y eso es lo que era peor. Cuando hablé con ella estaba envenenada contra el papá. «Él no hace esto, él no hace aquello...».

Sin embargo, conozco al papá. Es muy responsable, muy trabajador, muy querido por sus compañeros y es íntegro. Pero es una de esas personas que piensa que debes tener disciplina y trabajar duro por lo que quieres.

La madre, por el contrario, es un ejemplo ideal del perfeccionista desanimado, derrotado. Después de hablar un poco más con ella, descubrí que creció con un padre crítico. Nunca podía complacerlo, no importaba lo que hiciera. Por eso se dirigió al matrimonio pensando que nunca sería capaz de agradar a su marido tampoco. Así que decidió, sin darse cuenta, manipularlo y empujarlo a su alrededor para conseguir lo que quería (llegando a ser, de hecho, muy parecida a su padre).

¿Y su hijo? Bueno, su madre nunca tuvo hermanos, por lo que ella quería un «amigote». Si su hijo estaba feliz, entonces su mundo andaba muy bien, muchas gracias. No es de extrañar que el hijo fuera una criatura perezosa que no se doblaba para nada, estaba completamente absorto en sí mismo, y en proceso de obtener un tercer auto casi nuevo.

Lo peor de todo, ¿adivina quién estaba viendo desarrollarse este fiasco? El hermano y la hermana menor del joven. Créeme, ellos han estado aprendiendo algunos patrones relacionales con los cuales los padres van a tener que lidiar cuando los dos chicos se conviertan en adolescentes.

El deseo de la madre de ser amada y apreciada estaba haciendo corto circuito con el aprendizaje de su hijo en cuanto a la responsabilidad. Un auto es lo último que le daría a ese chico. Una gran cantidad de personas que no tienen automóviles van a sus trabajos. En efecto, hay unas cosas que parecen autos enormes y tienen capacidad para más de cincuenta personas. Puedes saber cuándo van a llegar, e incluso llegan a tiempo para llevarte a donde quieras ir. Se les conoce como *autobuses*. O, ¿qué hay con comprar una bicicleta usada con el dinero de su mesada? ¡Ahora sí estamos hablando!

El trabajo del hijo estaba a quince minutos en bicicleta, desde su casa. Pero, por supuesto, el chico tendría que gastar un poco de energía para llegar allí. Sin embargo, debido a mamá, ese chico tenía el asunto arreglado. Se estaba aprovechando de la guerra por el control entre mamá y papá. Y todos en la familia estaban perdiendo en el proceso.

A mí me resultó

Mi esposa llegó a casa la semana pasada de un retiro en el que usted habló sobre lo importante que es para los padres permanecer unidos frente a sus hijos. Con demasiada frecuencia hemos dejado a nuestros hijos que nos pongan uno contra el otro, y eso ha causado muchos problemas en nuestro matrimonio. Ese día tomamos la decisión de estar juntos, a pesar de todo.

Solo tomó una hora para que nuestra decisión fuera probada. Mi hija trató primero conmigo, luego con mi esposa. Como nos mantuvimos firmes y unidos en la decisión, volvió a intentar dominar a uno de los dos. Finalmente, dijo en voz alta y con disgusto: «¿Qué pasa con ustedes dos?». Nos miramos y sonreímos. «Nada malo», le dije. «Es más, todo está bien».

Ray, Arizona

Padres, ¿están ustedes firmes y unidos o están dejando que los menos indicados controlen su casa y dividan su relación matrimonial? Este aspecto es fundamental para su éxito como padres. Es por eso que voy a dar otro ejemplo de por qué el estar unidos es la clave de su éxito en la crianza de los hijos y del éxito de su hijo adolescente en la vida.

La semana pasada recibí una llamada telefónica de un padre con problemas. Me dijo:

Doctor Leman, tiene que ayudarme. Estoy entre la espada y la pared. Mi esposa y mi hija están discutiendo todo el tiempo. Es una cosa diaria, constante. Estoy harto de eso, pero no sé qué hacer. Mi esposa, Norma, se crió en un hogar donde no se podía confiar en nadie, ella hizo un montón de cosas cuando era adolescente que no debió haber hecho. Por eso no puede ver a nuestra hija Julie como alguien de fiar tampoco. Ayer tuvimos que comprar un refrigerador, así que le pedí a Julie que cuidara a los dos niños menores por un par de horas. Ella aceptó y todo estaba bien.

Pero entonces, Norma se enteró y explotó enfurecida. «No podemos dejar a tres niños solos. ¡Va a haber un caos!»

Julie le dijo: «Mamá, puedo cuidar de los niños. Todo va a salir bien».

«No», insistió mi esposa, «no está bien».

Así que hubo otra explosión enorme, con Julie diciendo que su madre no confiaba en ella (y con razón, Norma no confía en ella; pero es que no confía en nadie), y Norma gritando: «Ves, por eso es que no confío en ti. ¡Tu actitud irrita!».

Cuando todo terminó, Julie corrió a su habitación cerrando la puerta de un golpazo y Norma lanzó la de nuestro dormitorio. Fui a hablar con Norma y le dije que estaba siendo demasiado dura con Julie. Traté de hacerle ver que Julie siempre ha sido responsable. Sin embargo, me dijo: «¡No te atrevas a decirle que tiene razón!». Y me fulminó con la mirada. Supe entonces que nuestra discusión había concluido.

Así que dejé a dos mujeres rabiosas y llevé a nuestros dos más pequeños a comer un helado para sacarlos de todo aquel alboroto. Doc, yo no quiero minar la autoridad de mi esposa, pero no puedo vivir más así.

Esto es lo que le respondí:

Pareces un hombre inteligente, por lo que ya sabes mucho de lo que voy a decir. Apuesto un millón de dólares que tanto tu esposa como tu hija son primogénitas. Añadido a esto, las dos son mujeres, por lo que siempre estarán golpeándose las cabezas. Ambas siempre van a querer tener la razón. Están en franca competencia. Todo lo que tu hija estaba tratando de decir era: «Oye, mamá, te apoyo», pero tu esposa no estaba dispuesta a aceptarlo. Es evidente que esta tiene algunos problemas profundos de su pasado que la hacen incapaz de confiar en alguien. Ella necesita obtener algún tipo de asesoramiento para esos problemas antes de que haga pedazos tu vida familiar.

Tu problema no es con tu hija, es con tu esposa. Ella tiene que relajarse y entender que tiene que dejar de competir con su hija, o todos van a pagar por eso en un par de años.

¿Y cómo crees que una joven de diecisiete años de edad podría vengarse de una madre controladora? No tienes que dejar que tu mente vague mucho tiempo para saberlo. ¡Qué digno ejemplo de una madre dominante! Ella sabía exactamente cómo debería vivir su hija, lo que debería vestir, dónde ir y dónde no ir. No había margen para que Julie fuera un individuo. Norma era como un Don Quijote moderno, al ataque de los molinos de viento a cada paso.

Por dicha, este padre tenía una gran relación con su hija. También era más fácil para él relacionarse con esta, sin competencia, ya que había una relación entre géneros, y él tenía la personalidad complaciente del hijo nacido en el medio. Sin embargo, también lo alenté —ya que solo quería el camino fácil—, para que llevara la situación al siguiente nivel. Cuando su esposa se calmó, la tuvo puertas cerradas, y le dijo: «Cariño, necesitas ocuparte en relajarte». Él fue franco con ella en cuanto a cómo su incapacidad para confiar en su hija —o en cualquiera de la familia— les estaba causando estragos a todos. Después de aplicar un tratamiento de silencio un par de días, Norma finalmente admitió que él tenía razón y decidió ir a ver a un consejero.

> *La adolescencia es lo suficientemente complicada como para tener a los chicos entre papá y mamá, de ida y vuelta, como una pelota de ping pong.*

Me alegró oír eso, porque esa situación tenía «desastre familiar» escrito por todas partes. Hay algo curioso con las familias, es que conocen sus puntos débiles muy bien. Y a la luz de la batalla, son muy buenos para localizarlos. También saben qué botones apretar para intensificar la batalla.

Al prepararte para lanzar a tus hijos adolescentes a un mundo insospechado, es imperativo que estés hombro a hombro con tu cónyuge, sin un rayo de luz que pase entre los dos. Delante de sus hijos, deben permanecer unidos. Si lo haces, los resultados serán pan comido. Así que puedes emprender cualquier tipo de cambio y tener un nuevo adolescente para el viernes. De hecho, ni siquiera tendrás que esperar hasta el viernes.

Puedes haber tenido dos niños «fáciles» que no necesitaron un gran esfuerzo de tu parte para moldear su vida o su actitud. Pero, ¿este tercero? Es un asunto completamente diferente. Ahora no es momento para echarte atrás. Es necesario que des un paso adelante y seas padre o madre. Si uno de ustedes se acobarda, nunca lograrán la meta de tener un nuevo adolescente para el viernes.

La adolescencia es lo suficientemente complicada como para tener a los chicos entre papá y mamá, de ida y vuelta, como una pelota de ping pong.

> *Toda persona necesita un animador, alguien que crea en ella.*

Así que, decir: «Ve y pregúntale a tu papá» o «Ve y pregúntale a tu mamá», es un pretexto. Tus hijos se merecen algo mejor. Tu cónyuge se merece lo mejor.

Los niños prosperan cuando ven a sus padres en la misma página, cuando saben que hay normas en la familia, un ambiente seguro y expectativas positivas con ellos. Pero si tú y tu cónyuge están en lados opuestos, todo lo que van a hacer es confundir a tu hijo adolescente. Francamente, si esa es tu posición, debes cerrar este libro y ve a leer otro sobre el matrimonio (sugiero *Ten un nuevo esposo para el viernes*) antes de intentar enfrentar cualquier problema con tus hijos.

Pero si en verdad quieren tener un nuevo adolescente para el viernes, necesitan unir esfuerzos, afirmando las decisiones del otro. Es necesario decir con claridad, en todas sus palabras y acciones hacia y acerca de tu cónyuge: «Cariño, te apoyo». Donde dos están unidos, los adolescentes no tienen que pensar: *Umm, me pregunto si las reglas van a cambiar. Tal vez si le pregunto a mamá cuando papá no esté...*

No permitan que pase ningún haz de luz entre sus hombros, mamá y papá. Ustedes son un equipo, su hijo adolescente necesita saberlo.

Una pequeña ovación no le hace daño a nadie

Toda persona necesita un animador en la vida, alguien que crea en ella. Cuando tu adolescente hace algo bien, celébralo. Sé su animador. Créeme, hay suficiente gente atormentando a tu hijo porque hizo o no hizo algo, para que tu aliento no llegue tan lejos. Asegúrate de que sepa que te sientes orgulloso de *lo que él es*, no solo de lo que hace.

Palabras como: «Matt, apenas puedo esperar ver lo que vas a hacer en la vida. Ah, estoy tan orgullosa de ti. Mira todo lo que has logrado en los primeros quince años de vida. Pero, lo que eres —para mí y para tu papá— bueno, me sorprende. Yo creo que vas a llegar muy lejos». Esas son palabras de oro para cualquier adolescente. Díselas a tu hijo adolescente y quizás viva a la altura de ellas.

La manera en que pienses acerca de tu adolescente, cómo hables con ella y acerca de ella, y cómo te comuniques con ella establecerá la relación entre ustedes de por vida. Y lo que pongas en su equipaje ayudará en su preparación para el futuro.

Pero en el camino, no olvides la diversión. Vive y disfruta con tu hijo adolescente. Cómprale un ajustador a tu hija copa AAA, lo necesite o no. Haz un divertido día de excursión de este hito, que incluya almuerzo, helado y un montón de tiempo entre charla y risas. Para celebrar la primera lección de guitarra de tu hijo de quince años de edad, hagan algo alocado, como mecerse en los columpios de un parque. Vayan a una cervecería A&W (marca muy famosa y popular —conocida en inglés como «root beer»—, de una bebida fermentada de distintas raíces) como solías hacer con tu padre (si es que todavía puedes hallar una), y compren unos «root beer floats» (vaso de refresco de raíces con una bola de helado de vainilla) para celebrar la B que obtuvo en su examen de ciencias.

Vayan con una mochila a cuestas y acampen en familia. ¿Recuerdas aquella noche cuando una tormenta repentina casi arrastra tu tienda de campaña? ¿O el momento en que tus dos hijos adolescentes, tratando de cocinar un pollo en el fuego, lanzaron el ave al lago y luego recuperaron el cadáver para continuar la cocción? Tales experiencias enriquecerán los festivales cómicos cuando se reúnan y tu hijo adolescente sea un padre cuarentón de dos chicos. Esos son los momentos que tu hijo recordará y mantendrá en su corazón toda la vida. Los momentos que irán a su «bloc de notas mental», tomes fotografías o no.

Hagan del domingo por la tarde su tiempo de juego de mesa. Usen esas horas para disfrutar unos con otros y hablar sobre lo que realmente importa en la vida; incluso cosas que te gustaría haber hecho de manera diferente. O ahorren dinero para un viaje especial y no permitan que nada los detenga. No hay nada como un largo viaje para mantener conversaciones fluyendo (pero dejen los iPods en casa).

Así que, vayan a algún lugar, cualquier lugar, juntos. ¡Ah, la diversión que van a tener en el camino!

Antes que mi cuarta hija, Hannah, se casara, me dio un regalo único en el Día del Padre: una carta de una preciosa hija a su padre acerca de todas las maneras en que he marcado una diferencia en su vida. No me avergüenza admitir que lloré. Hasta el día de hoy, esa carta es una de mis posesiones más preciadas.

Es una carta que cualquier padre estaría encantado de recibir. Claro, es un espaldarazo a mí como padre, por lo bien que lo hice. Pero eso no es lo que me hace lagrimear. Esa carta me muestra que mi hija Hannah, ya fuera del nido, volará alto porque está bien preparada para la vida.

A mi papi:

¡Féliz Día del Padre!

Esta siempre es la tarjeta más difícil de escribir porque no puedo poner en palabras lo que tú significas para mí. No puedo creer que en solo unos días me estarás llevando camino al altar. Me contenta mucho que vayas a estar a mi lado en el día más importante de mi vida. Quiero agradecerte por prepararme para este momento desde que era niña. Tú me has enseñado cómo amar y me has mostrado con tus acciones cómo luce un matrimonio amoroso. Nunca he querido decepcionar ni defraudar a mi papá. Siempre he confiado en cada palabra de consejo porque sé que mi padre sabe lo que es mejor. Y por eso, estoy agradecida de haberme guardado para mi esposo; así como él para mí. Yo sé que pude tomar esa decisión por mi relación contigo, y esa es una bendición por la que estoy más que agradecida. Gracias por habernos apoyado a Josh y a mí. Sé que él va a amarme y a cuidar de mí como tú lo has hecho por el resto de mi vida. Te amo y siempre seré tu manicito.

Con amor, Hannah

Como he observado este proceso de dejar el nido con cuatro —que pronto serán cinco— de mis propios adolescentes, estoy convencido de que los años de agitación hormonal *son* realmente los mejores que tendrás con tus hijos.

Solo habla la verdad con amor y dispara a tus hijos de manera directa. Cree en ellos, pero haz que rindan cuentas. Las excusas solo debilitan más al débil. No allanes su camino en la vida, deja que la realidad hable por ti.

Báñate en el ánimo y, cuando esos momentos de padre orgulloso vengan, ¡disfruta cada minuto!

Esos son los días de los cuales vas a hablar y sonreír por muchos años.

Te lo garantizo.

> **Qué hacer el viernes**
> 1. Haz énfasis en la sabiduría, el buen juicio y el discernimiento.
> 2. Abre una cuenta de ahorros o inversiones con tu adolescente.
> 3. ¡Disfruta el viaje!

★ LA JUGADA GANADORA ★

El tiempo vuela.
No desperdicies esos momentos.

Pregúntale al doctor Leman

Planes de juego de la A a la Z que realmente dan resultados

Los mejores 75 temas acerca de los cuales los padres le han preguntado al doctor Leman en sus seminarios por todo el país y su consejo comprobado de que realmente funciona. Así como también más historias tipo «A mí me resultó» de padres que acataron los consejos del doctor Leman y ahora sonríen todo el tiempo.

El índice de estos temas —de la A a la Z— puedes verlo en las páginas 313—314.

¡Shhhh! ¡Es un secreto!

Un enfoque sensato para tener un gran adolescente... y ser un buen progenitor. Basta con mirar el tema, pero no le digas a tu adolescente lo que estás haciendo. (Pista: Hay un índice temático al final).

Si tuviéramos diez minutos juntos en persona, en los que nadie nos escuchara, ¿Qué es lo que más quisieras saber en cuanto a la crianza de un adolescente?

Durante casi cuatro décadas, he disfrutado ayudar a las familias a triunfar. Quiero ver que *tu* familia también tenga éxito. Así que, en esta sección, permíteme que me convierta en tu sicólogo particular. Me sentaré aquí, en el brazo de tu silla, mientras buscas los temas que estás enfrentando actualmente para darte un consejo oportuno y probado por el tiempo.

Luego, medita en tu propia situación. Pregúntate a ti mismo:

1. ¿Cuál es la naturaleza intencional de la conducta?
2. ¿Cómo me siento, en mi calidad de padre o madre, en esta situación?
3. ¿Es esto una montaña o un montículo?

Las respuestas a estas preguntas te ayudarán a formular un plan de acción para tu propia familia. Si el problema es un montículo [de esos que hacen las hormigas], una lata de insecticida podría ayudar. Si se trata de una montaña, la apuesta se eleva de manera significativa. Debes lidiar bien con la situación, porque va a afectar la dinámica de tu familia, tu bienestar y el de tu hijo adolescente.

Así que elige el tema más relevante de tu familia en estos momentos. Los temas están organizados de la A a la Z para facilitarte su búsqueda o puedes revisar el índice en la parte posterior del libro. Si deseas un curso intensivo de Paternidad básica *[Parenting 101]*, simplemente lee a través de la sección. He incluido setenta y cinco de los temas acerca de los cuales los padres de adolescentes me preguntan con frecuencia.

Para obtener ayuda adicional sobre temas específicos, consulta los recursos en las páginas 317-318. También hallarás una gran cantidad de ayuda valiosa en www.drleman.com. ¿Tienes una pregunta específica sobre crianza que no he respondido? Me encantaría que te unieras a mí en Facebook (www.facebook.com/DrKevinLeman). Siempre estoy respondiendo preguntas, todos los días, y discutiendo sobre asuntos que te afectan a ti y a tu hijo. Debido a eso es que me preocupo mucho por tu constante y variante relación con tu hijo adolescente, y quiero verlos prosperar a ambos.

Sobre todo, recuerda el secreto: *no* dejes que tu hijo adolescente se entere de lo que estás haciendo. Eso debe continuar siendo *tu* secreto. No hay advertencias en este sistema, ni tampoco se permiten peleles. Desistir una vez que inicies tu plan de acción solo te empujará de nuevo a la esquina donde comenzaste.

Tú *puedes* ser un buen progenitor. Y *puedes* tener un gran adolescente.

Así que, adelante, adelante. ¡Los dividendos esperan!

Abrazar... o no

Aprendí algo hace mucho tiempo. Entre la población adulta, hay los que abrazan y los que no abrazan. ¿Alguna vez abrazaste a una persona tan rígida y recta como una tabla? Claramente, ese no es un comportamiento al que estén acostumbrados, ni tampoco se sientan a gusto con ello. De la misma manera, encontrarás adolescentes que se abrazan y se sienten cómodos demostrando su afecto en público. Es muy agradable ver a un joven que abraza a su madre frente a un grupo de compañeros. De hecho, es muy bueno. Está bien, mamá, algo del crédito por eso tiene que ver con lo que tú eres, pero aun más tiene que ver con lo que tu hijo es.

> *No lo tomes como algo personal.*

Luego hay otros adolescentes que se sienten más cómodos manteniendo a los demás a un brazo de distancia. También podrían querer que caminen cinco pasos detrás de ellos. Y ciertamente no quieren abrazos ni besos en frente de sus amigos. Algunos incluso dirán:

—Hey, déjame aquí.

—¿Aquí? —dices tú, confundido—. Pero estamos a una cuadra de la escuela.

—Está bien. Simplemente déjame aquí.

¿Qué es lo que tu hijo está diciendo en realidad? «Lo siento, mamá, pero no quiero ser visto contigo, y no quiero arriesgarme a que me hagas pasar una vergüenza diciéndome: "Adiós, cariño, ten un buen día" y me plantes un beso frente a mis amigos».

No lo tomes como algo personal. Tu hijo adolescente está buscando a tientas hallar su propio camino en la vida; está tratando de abrir su propio camino.

Y si tienes más de un adolescente, ten en cuenta que tus hijos son diferentes. El primero de ellos podría abrazar a un árbol, si le das la oportunidad. Si es así, sería una buena suposición decir que tu segundo hijo es algo distante. O si tu primogénito es reservado e introspectivo —un jovencito de pocas palabras— tu segundo hijo tendrá el calor de Bill Cosby.

Acoge las diferencias en vez de ofenderte con ellas.

*Trata siempre a tus hijos de manera diferente,
porque ellos lo son.*

A mí me resultó

Me alegró mucho haber hablado con usted acerca de abrazar a mi hijo adolescente. Soy una persona que abraza mucho, mi hijo no es así. No tenía idea de lo mucho que lo estaba avergonzando, tratando de darle un abrazo en público. Y yo lo estaba tomando a manera personal cuando él no quería que lo abrazara o me quedara en las actividades de su escuela. Ahora sé que eso es solo parte del crecimiento y de convertirse en su propia persona. Gracias por ayudarme a enderezar mi cabeza... y mi hijo dice que le dé las gracias de su parte también.

Denise, Florida

Abrumado por la vida

Todo en la vida no tiene que ser planificado, ni debe serlo. La actividad constante no es buena para nadie. Entonces, ¿por qué tu hijo está corriendo a toda velocidad sobre una cinta transportadora? ¿Es porque su mantra en la vida es: «Yo solo importo cuando estoy haciendo algo»?

Cada chico necesita un tiempo de inactividad, incluida la tuya. A pesar de que algunos parecen estar a la altura de todo el estrés de sus actividades, toda esa ocupación no será buena para ellos a la larga. Así que la próxima vez que el entrenador de fútbol de tu hijo se te acerque y te diga: «Oye, tu hijo es muy bueno. Y quiero que esté en el fútbol de la ciudad, el grupo de estrellas que viaja siempre. Va a ser cada fin de semana durante varios meses, viajará a jugar al fútbol contra otros equipos «, piénsalo por un minuto.

La mayoría de los padres dicen: «Oye, ¡qué maravillosa oportunidad! Eso es mejor que vender drogas en la esquina, ¿no?».

Bueno, déjame pensar en eso por un minuto. Sí, supongo que es mejor que vender drogas en la esquina, pero estar en un equipo itinerante significa que tu hijo se perderá la noche de pizza de la familia, no participará en la adoración junto con ustedes, y no tendrá ninguna interrupción entre el viernes y el lunes. Será ve, ve, ve, sin tiempo de inactividad.

Puedes tener la batería Diehard más grande del mundo, pero si dejas las luces encendidas, con el tiempo se desgastará.

Hans Selye, uno de los primeros sicólogos que escriben sobre cómo reacciona el cuerpo al estrés, señaló que cada uno de nosotros tiene *energía de adaptación*. La energía de adaptación es esa reserva —esa batería adicional— que se activa y nos lleva a través del siguiente día, la siguiente semana, el siguiente mes, cuando nuestra batería original se agota.

> *Puedes tener la batería Diehard más grande del mundo, pero si dejas las luces encendidas, con el tiempo se desgastará.*

Sin embargo, todos hemos leído historias sobre los artistas, intérpretes y actores que colapsan en el escenario. ¿Por qué los hospitalizaron? Por el agotamiento. El agotamiento es la última etapa de la que escribió Selye, básicamente, tú puedes quemar la vela solo cierta cantidad de veces hasta llegar a un punto de agotamiento, tanto físico como mental o emocional. Los adolescentes nunca deben estar cerca de ese punto. Ellos necesitan ser chicos y pasar tiempo haciendo cosas que quieran hacer, sin estar siendo evaluados constantemente ni tener una nota o evaluación de desempeño al final.

Y, por cierto, padres, echen un vistazo a su propio itinerario. ¿Estás funcionando a toda máquina? Si es así, es hora de hacer un cambio. A todos se nos dan las mismas veinticuatro horas del día. La pregunta es, ¿cómo decidimos pasar ese tiempo? Cuando la gente dice: «No puedo cambiar eso», lo que realmente quieren decir es: «No estoy dispuesto a cambiarlo». Los padres que programan las vidas de sus chicos llenas de actividades a menudo reciben el impulso sicológico de saber que sus hijos tienen éxito en muchas áreas de la vida. Les da algo de qué hablar con sus amigos. Muchos padres indirectamente viven de nuevo a través de sus hijos, poniendo sus propios deseos insatisfechos y anhelos sobre ellos. Pero, ¿es saludable para el padre o el chico? No.

Todo el mundo necesita la oportunidad de respirar, sin tener algo o a alguien respirando sobre ellos.

SALVAVIDAS

Es tiempo de relajarse.

A mí me resultó

Me atrapó. Después de escucharlo hablar la semana pasada, me fui a casa y tomé un hacha para destrozar mi itinerario (bueno, no literalmente, pero ya sabe a qué me refiero). Al día siguiente les mostré a mis dos hijas adolescentes lo que había hecho y dije que quería ver lo que podíamos recortar de sus itinerarios también. Me quedé sorprendida por su respuesta. Parecían aliviadas. Una de ellas se alegró por dejar las reuniones de oratoria que había estado haciendo por años. De hecho, dijo que estaba un poco cansada de ellas. Mi otra hija eliminó dos actividades. Decidimos hacer el cambio al final del semestre, en dos semanas. No solo nos ahorrará dinero, vamos a ahorrarnos un montón de tensión también. Gracias por la patada de impulso que necesitaba para llegar a ser proactiva, en lugar de sentarme y simplemente dejar que la vida pasara y me abrumara.

Annemarie, Ohio

Acné

A primera vista, el acné no parece ser algo relevante para la mayoría de los padres. Sin embargo, para muchos adolescentes, es terrible. Crecer, durante esos años, tiene cosas muy extrañas: el cambio de voz, un cuerpo desgarbado —que a veces no es tan coordinado como quisieras— y esas hormonas hirviendo, haciéndote sentir como si estuvieras en una montaña rusa. Pero entonces, para colmo de esas tensiones, tu cara explota y tus queridos compañeros de la escuela deciden que un bonito apodo para ti sería «cara de pizza».

Las cicatrices emocionales de los chicos que crecieron con acné severo, en particular, son más profundas que las físicas. Los granos no son un problema que los padres deben tomar a la ligera.

De modo que, vamos a decir que tu hija de doce años de edad está pasando horas frente al espejo, lamentando el hecho de que tiene espinillas. Si le dices: «Oye, toda adolescente tiene granos, así que no te preocupes. Yo también los tuve cuando era adolescente y lo superé», no ayudarás mucho. La jovencita vive en el momento, y ese momento —«*ahora mismo*»— es lo relevante para ella y para su bienestar sicológico.

Padre, madre, este es un momento en que es necesario tomar la iniciativa como solucionador de problemas antes de que tu hija comience a decir que no quiere ir a la escuela porque tiene un grano grande en la barbilla y todo el mundo se lo va a ver.

Sí, el acné siempre rondará el mundo adolescente. Pero la buena noticia es que se han hecho todo tipo de grandes avances en el campo de la dermatología, de todo, desde medicamentos específicos hasta lavados tópicos, astringentes, etc. Así que, dile a tu hija: «Escucha, sé que estás preocupada por tus granos. Así que vamos a tratar eso de la mejor manera posible. Ven, vamos a hacer un breve viaje a Walgreens [cadena de farmacias]. Estoy segura de que una asesora de la piel nos puede ayudar».

Permíteme decirte, una niña de doce años de edad no sabe diferenciar entre una asesora de la piel y una bruja, pero impresiona, ¿verdad?

Luego di: «Y estoy segura de que la asesora sabe de algo que te ayudará con tu acné esta noche». Los jóvenes no pueden mantener la atención por mucho tiempo, por lo que sería muy listo de tu parte facilitar esto. Luego se van. Localiza a la asesora de la piel o farmaceuta y que le dé las instrucciones a tu hija adolescente acerca de cómo lavarse la cara —suavemente y con cierto tipo de tela—, cómo utilizar los astringentes, etc. Deja que tu hija decida en cuanto a varias cosas para llevar a casa y probar.

Si esas estrategias no te resultan, llévala al dermatólogo. Para sus compañeros, un simple grano es como el monte Vesubio. Es enorme. Es mucho para que los adolescentes lidien con eso emocionalmente, en especial con todos los otros cambios ocurriendo en sus cuerpos y sus vidas.

Para los padres que anhelan ganar esos puntos sicológicos de ser amigos de sus hijos, esta es una forma útil en la que pueden serlo. Tus acciones serán interpretadas por tu hija adolescente como: *Oye, mi madre entiende lo que estoy enfrentando.* Un hijo que cree eso no se aislará de alguien que esté tratando de ayudarle. No se dirigirá a su habitación después de la escuela, ni dará un portazo, ni mantendrá al padre o a la madre distante.

La mayoría de los padres solo tienen un vago conocimiento de lo que sus hijos adolescentes son y de lo que se trata la vida con las hormonas agitadas. Los chicos que perciben un valor en sus padres —que los entienden, que solucionan problemas— son mucho más propensos a mantener la cadena de comunicación franca durante esos años críticos.

Así que, aparta un poco de tiempo para conseguir ayuda para tu hija con su espinilla. Te alegrarás de haberlo hecho.

SALVAVIDAS

Trabaja en conjunto con tu hijo o hija.

Actitud

Como has leído en las páginas anteriores, la actitud es enorme. Y no, no estoy hablando de la actitud de tu hijo o hija, hablo de la tuya. Una buena actitud será tu mejor aliado cuando trates de atravesar con humor y equilibrio esos años de agitación hormonal.

La actitud de tu adolescente pudiera ser la peor del mundo en ese momento. Va a cambiar de un día a otro e, incluso, de momento a momento. Pero tú eres el adulto. Si decides no discutir ni participar en la batalla con tu hijo —que está mostrando cierta actitud—, tu relación va a mejorar rápidamente y la temperatura ardiente de tu hogar disminuirá casi de inmediato.

Por lo general, el solo pronunciar la palabra *actitud* transmite cierta negatividad. Pero quiero señalar que hay también una parte positiva de esta palabra. Cuando veas a tu adolescente hacer algo positivo, abalánzate sobre él. Dile: «Estoy muy impresionada. Mostraste una gran madurez y juicio cuando hiciste eso, por lo que no podría estar más orgullosa de ser tu madre». Con eso le das el regalo de tu buena actitud para toda la vida. Para aquellos que todavía están buscando una manera de aumentar la autoestima de su hijo, pueden encaminarlo en dirección a una autoestima positiva y saludable, observando y comentando las cosas que hace bien.

Ten en cuenta que tu hijo de diecisiete años puede hacer todo lo que quiera, pero es solo por respeto a ti —y a tu actitud positiva, edificante, de «confianza en ti»— que no lo hace.

Tu estímulo marca toda la diferencia. Así que pasa tu buena actitud y tu fe a tus hijos. Pásales el anuncio que dice: «Oye, lo has hecho bien. Estoy muy orgulloso de ti». Luego, siéntate y ve su —y tu— actitud mejorar día a día.

SALVAVIDAS

Pásales el comercial.

A mí me resultó

Crecí en un hogar en el que nadie daba las gracias a nadie por nada. Siempre se nos hablaba cuando hacíamos algo mal, pero nunca fuimos elogiados por lo que hicimos bien. Nunca me di cuenta de que estaba haciendo lo mismo con mis cuatro hijos hasta que lo oí a usted hablar al respecto en el programa Fox & Friends. Ahora hago un punto para pasarles a mis hijos un comercial todos los días. Yo no sabía lo mucho que eso significó para ellos hasta que Kasey, mi hija de catorce años de edad, entró en la sala como a las once, una noche, y me dijo: «Eh, papá, no me dijiste lo que hice bien hoy». Me asombró. Y aun más cuando me mostró su diario, donde ella anotaba todo lo bueno que yo le había dicho en el último mes desde que empecé a hacerlo. Pasarle a mis hijos un comercial es un hábito que no quiero romper nunca.

Juan, Texas

Anorexia

La anorexia nerviosa es un trastorno debilitante. Los que la sufren se niegan a mantener un peso corporal saludable, ya que están obsesivamente temerosos de aumentar de peso. Una chica de 98 libras puede mirarse en el espejo y ver una imagen de 160 libras. Se trata de una enfermedad mental grave y afecta a personas de todas las edades, razas y niveles socioeconómicos y culturales. La legendaria cantante Karen Carpenter, por ejemplo, murió de anorexia.

Sin embargo, la enfermedad no tiene nada que ver con la comida. Esa es una gran sorpresa para la mayoría de la gente, ya que parece que toda la vida de una persona anoréxica gira alrededor de la alimentación. Pero, al contrario, tiene todo que ver con una visión miope de la vida y una distorsionada imagen de sí mismo.

Ten en cuenta que la anorexia no se inicia en los adultos. Se inicia en la adolescencia con el peso de las expectativas. Una madre me contó la siguiente historia:

Mi hija, Andrea, estaba un poco gordita cuando era niña, por lo que se burlaban de ella en la escuela. Ahora tiene trece años, y en el último mes ha comido menos y menos en la cena. Una noche solo comió habas verdes, dijo que no tenía hambre y abandonó la mesa. Luego una amiga suya me dijo que estaba muy preocupada; Andrea nunca se comía su almuerzo en la escuela. Siempre lo botaba.

¿Cómo pude estar tan despistada? Lo único que pensé fue que ella estaba pasando por una fase en la que no tenía mucha hambre. Y ahora está perdiendo peso, mucho peso. No sé cómo abordar el problema. Cuando trato de hablarle, me dice: «Estoy bien, mamá. No es gran cosa».

En todos mis años de asesoramiento profesional, nunca he aconsejado a un niño anoréxico, ni he oído hablar de otro profesional que haya tratado a uno. La enfermedad es, obviamente, particular de las mujeres jóvenes. Pero, ¿cómo empieza?

El otro día, cuando estaba hablando con mi pequeña nieta en la cena, me sorprendí al descubrir que Adeline se corta el pelo en el salón *Great Waves* [Grandes Olas], el mismo lugar donde lo hace mi esposa, Sande. (Yo todavía me lo corto por quince dólares).

Desde la perfecta muñeca Barbie —que tu hija recibe en su niñez— hasta las modelos que ve en las revistas, la televisión o las películas, hay un tema común: el perfeccionismo.

«Bueno, abuelito puede cortarte el pelo», le dije. «No tienes que ir a *Great Waves*».

Adeline, de cinco años de edad, me miró como a un jugador de fútbol que viene a atacar al mariscal de campo. «Pero, abuelito», contestó, «en *Great Waves* me lavan el pelo con champú y me lo secan».

Me di por vencido.

Tenía que ser *Great Waves*.

Reflexiona por un momento en la manera en que la sociedad refuerza la perspectiva de que «la apariencia es de suma importancia» desde que las niñas tienen una edad muy temprana. El lema en vivo y a todo color que las rodea es: «lo delgado es bello». Toda mujer se enfrenta a las superaltas expectativas para lucir bella: su pelo, su cuerpo, su maquillaje, su ropa. Para ser sexy e interesante ante la población masculina, dice el término erróneo, tienes que ser delgada. Desde la perfecta muñeca Barbie —que tu hija recibe en su niñez— hasta las modelos que ve en las revistas, la televisión o las películas, hay un tema común: el perfeccionismo. Y el perfeccionismo es un suicidio lento. Tu hija nunca podrá competir con esas imágenes retocadas, ni debería intentarlo nunca.

No obstante, muchas muchachas caen en esa trampa. Chicas como Andrea.

Si sospechas que tu hija es anoréxica, primero, llévala de inmediato a tu médico y, luego, a un especialista en anorexia. Este es un trastorno potencialmente mortal, producido por las expectativas y exigencias de nuestra sociedad y la resultante visión falsa que las niñas desarrollan de sí mismas. La anorexia requiere tu atención *inmediata*.

Si piensas que puedes enfrentar esto tú mismo, como progenitor de tu hija, estás equivocado. He visto padres que lo intentan solo para ver que sus amadas hijas se hunden en las garras de esa enfermedad, hasta que llegan a la puerta de la muerte. (Y ten en cuenta que yo soy el tipo que le dice a la gente que el último lugar donde ellos quieren terminar es en la oficina de un siquiatra de su localidad). En el caso de la anorexia, necesitas el auxilio de un profesional para ayudar a tu hija a recuperarse.

SALVAVIDAS

*Algunas cosas requieren atención inmediata
y esta es una de ellas.*

Atuendo

Los gustos para vestir son individuales, y muy probablemente lo que tu adolescente quiere usar no es algo que te gustaría llevar. Entonces, ¿cómo saber dónde trazar la línea?

Digamos que tu bien desarrollada hija de trece años de edad, sale de compras con sus amigas y trae a casa una camiseta que no solo pondrá de relieve sus obvias dotes, sino que las hará más que visibles a los extraños a quince metros de distancia. Ahí es cuando tú, como padre o madre, metes la mano en tu bolsillo trasero y sacas tarjeta amarilla. Y dices con determinación: «No vamos a salir con ese atuendo».

«¡Pero, mamá!», alega ella, y por ahí sigue el argumento. (Pero recuerda lo que ya has aprendido: que se necesitan dos para discutir, y que tú eres demasiado lista para hacer eso, ahora ¿lo eres?).

Tú dices simplemente: «Cariño, hay ciertas cosas sobre las cuales tienes dominio y otras que no. Cuando estés fuera de esta casa, trabajando y pagando tus propios gastos, puedes usar cualquier cosa que desees. Pero por ahora, esa blusa regresa a la tienda porque no es apropiada».

Ahora también sería un momento perfecto para papá (o cualquier otra figura masculina, si eres madre soltera) para sostener una charla con tu hija acerca de cómo ven los hombres a las mujeres. Una gran cantidad de cosas que las jóvenes piensan que solo son por estilo, los jóvenes pueden verlas como provocativas. No quiero lucir como alguien que tiene dos pies en la tumba, pero la modestia —ya sea en la ropa o en cualquier otra cosa— es una gran cualidad, que de alguna manera ha escapado a nuestra actual población en general.

> *Cuando pones dinero en las manos de tu adolescente, te sorprenderá ver en qué buena compradora se convierte.*

La modestia es la mejor política en cualquier generación.

Entonces, ¿cómo decidir cuánto puede tu adolescente gastar en ropa? Aquí está mi solución sencilla. Cada familia es diferente con respecto a su presupuesto para ropa. Lo importante es que ustedes como familia establezcan un presupuesto que sientan es factible para la ropa de cada hijo. Luego dile a tu adolescente la cantidad disponible y la dejas que tome la decisión de a dónde quiere ir de compras. Di: «Tenemos un total de trescientos dólares para gastar en ropa para la escuela este año. En qué lo quieres gastar depende de ti, pero cuando se acabe, no hay más».

Cuando pones dinero en las manos de tu adolescente, te sorprenderá ver en qué buena compradora se convierte. La primera vez que lo hagas, ella pudiera despilfarrar todo en un solo lugar. Pero cuando te mantienes firme y dices: «No hay más», ella va a aprender muy rápidamente que si compra dos artículos en oferta, puede adquirir más productos. A nuestros cinco adolescentes les encantaba hacer compras en lugares de ropa reciclada; hallaban artículos divertidos que les encantaba por una fracción del costo.

¿Significa eso que tú simplemente le das el dinero a tu adolescente y la dejas sola? No, ve con ella de compras. Ahora, yo soy un tipo que odia ir de compras, y quizá nosotros los hombres dejemos las compras a las mujeres en nuestras vidas. Lo que significa que la tarea se suele dejar para ellas. Dios las bendiga.

SALVAVIDAS

Modestia —en todo— es una gran cualidad.

A mí me resultó

Usted acaba de terminar un gran alboroto en nuestra casa con su consejo de establecer un presupuesto y luego poner el dinero en manos de nuestra adolescente. Nuestra hija siempre ha querido pantalones vaqueros de última moda, el bolso más caro, etc. Mi esposo ha estado sin trabajo el último año y solo puede encontrar trabajos esporádicos para traer dinero a la casa. Yo trabajo en una guardería local y no gano mucho. Y estaba cansada de escuchar a Charlene quejarse de que su ropa no era lo suficientemente *a la moda*. Así que saqué cuenta de la cantidad de dinero que gastamos en ropa durante el año, le dije cuánto era el presupuesto y que le daríamos dinero todos los meses, para que se las ingeniara al gastarlo.

Así que despilfarró todo el dinero del primer mes en un artículo para vestir. Como no salimos con más dinero para comprar otros artículos, como antes, ella captó la idea. Al mes siguiente, ella y una amiga empezaron a comprar ofertas y en lugares de ropa reciclada. Ahora las dos envían textos diciendo lo mucho que «ahorraron», no cuánto les costó el artículo. ¡Eso me quitó el dolor de comprar ropa!

Andrea, Michigan

Auto: La guerra por las llaves del auto

Las llaves vienen en cuatro tipos característicos: corazones, espadas, tréboles y diamantes. ¿De qué estoy hablando? Las llaves del auto son como cuatro ases. Son el conducto a la libertad en la mente del adolescente.

Pero, con la libertad también viene la *responsabilidad*. Por años he dicho que cuando de discipular adolescentes se trata, golpéalos con el auto. Y no a ochenta kilómetros por hora, por favor. Conducir un automóvil, para la mayoría de los chicos, es algo grandioso. Habrá momentos en que, debido a que no has sido escuchado ni respetado, tendrás que tomar el toro (del adolescente) por los cuernos

> *Las llaves del auto son como cuatro ases. Son el conducto a la libertad en la mente del adolescente.*

y demostrar con tus acciones que la conducción del auto de la familia no es un hecho. Es un privilegio que se otorga a aquellos que escuchan, obedecen y son dignos de confianza, que ayudan y son considerados.

La mayoría de los chicos de hoy tienen cierta sensación de que les debes algo («tú me debes») cuando consiguen su licencia y tienen acceso a un auto. Simplemente no pueden imaginarse que pudieran obtener un «no» de ti en relación a la conducción del auto familiar.

Sin embargo, padre, madre, esta es la cuerda floja que tienes que caminar con tu hijo adolescente todos los días. Tú eres el padre, no su amigo del alma. Tú tienes que saber —y ser capaz de decirlo y adherirte con firmeza a ello— cuando es suficiente con suficiente y tu hijo adolescente se ha pasado de la raya.

Ningún adolescente caminará en línea recta perfecta. (Ni tú tampoco). Habrá muchos días en los que se caen de la cuerda y tendrás que ver que se caigan para luego ayudarles a levantarse.

Pero cuando ciertas cosas que esperas de ellos —como miembros de tu familia— no se dan, no temas golpearlos donde les duele. Para el noventa y nueve por ciento de los adolescentes mayores de dieciséis años, eso es su privilegio de conducir.

Piénsalo de esta manera. Si tu adolescente no puede ser responsable de llevar a cabo sus deberes como miembro de la familia, entonces, ¿por qué querrías tú ponerla al volante de un automóvil, en el que los riesgos son muchísimo mayores, tanto para ella misma como para los demás?

Quitarle los privilegios de conducir a tu hija adolescente —durante tres días, una semana o lo que sea— le da tiempo a ella para percatarse de que *Mamá y papá hablan en serio. Ellos tienen autoridad sobre mí (aunque yo no lo quiera admitir), y tienen todos los ases. Simplemente no me gusta cuando los juegan. Será mejor que me enderece o no voy a conducir hasta que esté en la universidad.*

Algunos adolescentes te retarán a que te pares y seas el progenitor que tienes que ser. Algunos de ustedes ya están en ese punto. Tu hijo adolescente ha tomado el auto sin tu permiso. ¿Qué haces tú? Reportas la desaparición de tu auto a la policía. Y les dices que crees que tu hijo lo tomó sin tu permiso.

Entonces, deja que la policía se encargue; eso sin duda llamará la atención de tu hijo adolescente. Y, por cierto, si se ha ido con el auto sin tu permiso, está demostrando que tú —padre, madre—, debes tener mayor cuidado con esas llaves y ponerlas en un lugar donde él no pueda tener acceso a ellas. Eso es ser un padre listo.

La relación entre tú y tu hijo adolescente solo vale la cantidad de respeto mutuo que se muestren uno al otro.

Toma el toro por los cuernos.

A mí me resultó

Lo que usted dijo sobre la generación que piensa que «tú me debes», me llegó directamente. Y yo estaba alimentando una buena cosecha justo en mi propia sala de estar. Decidí que las cosas tenían que cambiar. Cuando nuestra hija mayor pidió las llaves del auto, le dije que no. Ella presionó. Se enojó. Pero no le hice caso hasta que finalmente dijo: «¿Por qué, papá?».

Fui capaz de explicarle cómo su actitud —»tú me debes»— y su irresponsabilidad para hacer las cosas en la casa nos hieren tanto a su madre como a mí. Y yo había decidido que no iba a entregarle las llaves del auto a alguien que no puede ser responsable. Estaba tan sorprendida, que cerró su boca y pasó el resto de la noche en su habitación. Al día siguiente se levantó y desayunó sin quejarse. Estaba tranquila y se portó respetuosa después de la escuela. Luego pidió las llaves del coche de nuevo. Como le dije que no, se quedó pensativa y se fue a su habitación. Desde esa noche, hace un mes, no ha presionado ni una vez por las llaves del auto. Ha estado amable con sus hermanos y hace sus tareas escolares, y el mangoneo de «tú me debes» se ha detenido.

Mañana es su cumpleaños número 17. Estoy pensando que sería una buena noche para todos nosotros como familia salir a cenar. Y, ¿adivine quién va a conducir? Gracias por la sugerencia que nos hizo ganar una hija con una actitud completamente diferente.

Sean, Kansas

Auto: El privilegio de conducir el auto

¿Cuándo está tu adolescente listo para conducir y qué debes hacer para prepararlo a él o a ella? Revisa tus leyes estatales, por supuesto, para las edades específicas necesarias para obtener permisos de aprendizaje y licencias de conducir. La mayoría de los estados tienen la educación vial en la escuela, pero si envías a tu hijo o hija a una escuela privada, con toda probabilidad que no la tienen. Pero hay algo más que debes considerar en primer lugar. ¿Está tu niño *listo* para asumir la responsabilidad de conducir? ¿Es ella responsable? ¿Te ayuda en la casa? ¿Es respetuosa? ¿Es cuidadosa y considerada? ¿O es distraída y respondona e irrespeta la autoridad? El conducir no es un derecho cuando los chicos cumplen quince o dieciséis años. Es un privilegio que se otorga a aquellos que son lo suficientemente responsables como para estar detrás del volante de un automóvil. ¿De verdad quieres poner en la calle a alguien que no es responsable? ¿Alguien que podría terminar golpeándote a ti o a otros porque no está prestando atención?

Así que antes de aceptar que tu hijo o hija reciba un permiso de aprendizaje o una licencia de manejo, piénsalo cuidadosamente. ¿Es tu hijo lo suficientemente maduro para aceptar la responsabilidad de conducir? ¿Entiende tu hija las reglas básicas de conducción (no enviar mensajes de texto, no hablar por teléfono celular mientras se maneja, etc.)? Si no, espera hasta que tu adolescente madure más... sí, incluso si sus amigos están obteniendo *sus* licencias. Cuando eso sucede, puedes ser sorprendido por el incremento repentino de respeto y madurez que recibes en casa por parte de tu hija. Es como un encanto mágico para obtener ayuda en la casa.

Yo enseñé a cuatro de mis cinco hijos a manejar. Nunca olvidaré el momento en que nuestra hija mayor, Holly, estaba conduciendo conmigo en el asiento del pasajero y Sande en el de atrás. Cuando nos acercamos a la intersección, Holly estaba tan concentrada en su conducción que no se dio cuenta de la luz roja. Al grito ahogado de Sande, Holly, sorprendida, dio un frenazo (y quiero decir eso, *frenazo*). Estaba tan sorprendida que su pie resbaló del freno, llevándonos unos metros dentro de la intersección. Esta vez fui yo el que dije entre dientes: «Holly Kristine Leman» (porque en esos momentos, el primer nombre por sí solo no es suficiente). Sorprendida de nuevo, dejó su pie deslizarse otra vez. Ahí nos internamos un poco más de medio metro en la intersección.

Dos segundos más tarde, yo estaba fuera del auto, lanzando mis manos al aire y haciendo una danza india (como la de la lluvia) alrededor de la camioneta; estoy seguro que los otros conductores la disfrutaron. (Si algunos de ellos eran padres enseñando a sus hijos a conducir, entonces asentían con la cabeza mostrando simpatía). Sí, yo estaba en mi mejor momento. Ves, incluso los sicólogos a veces meten la pata con sus familias.

¿Ves por qué, cuando llegamos al hijo número cinco, decidí que era más que suficiente? Y con Lauren, mi edad también fue un factor. Yo le dije a Sande: «Oye, he hecho esto cuatro veces: cubrirme los ojos y ponerme en posición de impacto, gritando: "¡Detente!". No estoy seguro de que mi viejo corazón pueda resistir otra ronda con esto».

Dos segundos más tarde, yo estaba fuera del auto, lanzando mis manos al aire y haciendo una danza india (como la de la lluvia) alrededor de la camioneta; estoy seguro que los otros conductores la disfrutaron.

Por lo tanto, para demostrar que con la edad realmente uno se vuelve más inteligente, llamamos a la escuela de conducción Señor Chofer.

Fue una gran experiencia. Supe que valió la pena porque después, cuando Lauren estaba en el auto conmigo y yo estaba conduciendo, ella me decía: «Ah, papá, estás sobre la línea». (Lauren tiene la asombrosa capacidad de decir las cosas como son y aun así ser agradable). Señor Chofer fue un regalo del cielo. La señora que le enseñó fue muy agradable, a Lauren le encantó. Practicaron varias horas por la ciudad y en la autopista; Lauren incluso aprendió a estacionar en paralelo. Fue la mejor inversión de trescientos dólares que he hecho en mi vida.

SALVAVIDAS

Algunas veces vale la pena pagar.

Autoestima

Es bueno que los adolescentes se sientan capaces, seguros de sí mismos y de lo que pueden lograr. Todos los chicos deben crecer con una sana autoevaluación, conocer las ventajas y desventajas de su personalidad y sus talentos, y sentirse seguros en su lugar en el mundo. Después de todo, conocer nuestras fortalezas y debilidades es muy importante. Los buenos matrimonios tienen un gran equilibrio: uno de los cónyuges es fuerte en un área, el otro es fuerte en otra. Si ambos tuvieran las mismas habilidades, entonces uno de ellos no sería necesario. La variedad es lo que hace girar al mundo.

> *Estamos produciendo chicos que ven la recompensa como su derecho.*

Tu hijo adolescente necesita saber que va a sobresalir en unas áreas... y no en otras. Sus dotes naturales se elevarán al máximo en algunas áreas... y en otras no. Pero si está bien fundamentado en su corazón —fuerte en la comprensión de sí mismo— sus fracasos no lo desanimarán; van a motivarlo.

Sin embargo, también quiero decir claramente que creo que todo este tema de la autoestima es exagerado en nuestra sociedad. Como resultado, estamos produciendo chicos que ven la recompensa como su derecho. Ahora hay un pensamiento repugnante, porque tus derechos solo llegan hasta donde no interfieran con los de otra persona. El respeto mutuo es la clave, y ese respeto lamentablemente es muy deficiente en nuestro mundo de hoy. En cambio, hemos criado a una generación de chicos cuya actitud general hacia la vida es: «Tú me debes algo».

Si quieres que tu hijo adolescente deje el hogar con respeto hacia los demás y sus ideas, y se vea a sí mismo en igual plano que los demás, sin importar su sexo, raza, edad o tamaño, entonces modela una sana autoestima. Muestra respeto por los demás. Trabaja duro. Admite tus errores, ríete de ellos. Si pones las cosas en perspectiva, lo mismo hará tu hijo adolescente.

Mantener una perspectiva saludable significa que permaneces arraigado para que tu hijo adolescente también lo haga. Cuando tu hijo haga algo bien, anímalo: «¡Estupendo, tienes una B! Sé que estudiaste mucho para esa prueba de ciencias. Tienes que estar realmente contento contigo mismo. Esos son grandes resultados», pero no lo alabes demasiado: «¡Ah, Johnny, tú eres simplemente el mejor futbolista *de todos los tiempos*!». Tu hijo adolescente sabrá que estás soplando humo; él ha visto por sí mismo que otros son mejores... en casi todas las áreas.

Es importante que tu adolescente se dé cuenta de que ella es *una persona* en el mundo. Su papel es importante, sí, pero también lo es el de todos los demás. Y ella es parte de tu familia, en la que nadie está por encima del trabajo que se necesita hacer para que tu hogar marche. Todo el mundo trabaja con entusiasmo, todo el mundo ayuda.

SALVAVIDAS

El juego se llama equilibrio.

Autolesiones o incisiones

La Clínica Mayo define el corte o autolesión de esta manera:

> Es el acto de perjudicar deliberadamente tu propio cuerpo, como cortarte o quemarte tú mismo. No se considera como intento de suicidio. Al contrario, la autolesión es una forma poco saludable de lidiar con el dolor emocional, la ira intensa y la frustración. Aun cuando puede traer una sensación momentánea de calma y alivio de la tensión, casi siempre es seguida por la culpa y la vergüenza así como el retorno de las emociones dolorosas. Y con la autolesión viene la posibilidad de infligir lesiones graves e incluso mortales[4].

¿Cómo puedes saber si tu hijo tiene dificultades en esta área? Pon atención a las señales indicadoras, sugiere la Clínica Mayo:

- cicatrices, como quemaduras o incisiones
- cortes recientes, rasguños, magulladuras u otras heridas
- huesos rotos
- tenencia de objetos cortantes a la mano (navajas, cuchillos)
- pasar una gran cantidad de tiempo a solas
- problemas relacionales
- usar mangas largas o pantalones largos, incluso en climas calientes
- afirman tener accidentes frecuentes o percances [2]

Si un chico está tratando con un trauma pasado o enfrenta problemas abrumadores en su vida cotidiana, puede recurrir al corte u otro tipo de autolesión como una manera de hacer frente a sus problemas. Eso puede hacer que se sienta mejor por un breve tiempo —como si controlara la vida otra vez— pero el dolor regresa y el ciclo continúa.

Los chicos que se cortan, a menudo quieren dejar de hacerlo, pero no saben cómo. Hasta que no reciben ayuda para comprender por qué quieren hacerse daño, aprender maneras saludables de lidiar con el estrés y encontrar los recursos que los ayuden, no pueden detenerse por sí mismos. Los chicos que se cortan a menudo se clasifican en el segmento de los suicidas. Pero la mayoría lo hacen como una forma de recuperar el control de su vida, no como una forma de morir. Lo usan para tratar con las emociones fuertes, para ocultar el dolor emocional (ya que ellos pueden enfocarse en el dolor físico), para controlar sus cuerpos o para castigarse a sí mismos. Además, suelen hacerlo en secreto (a diferencia de los chicos que claman por atención tratando de quitarse la vida).

> *Los chicos que se cortan lo hacen como una forma de recuperar el control de su vida.*

Observa que la mayoría de las personas de cuarenta años de edad no tratan de cortarse. Es un comportamiento bastante peculiar de los adolescentes. ¿A qué se debe? Se debe a que los adolescentes experimentan altos altos y bajos bajos. Los chicos que se cortan tienden a ser algo deprimidos y retraídos; pasan mucho tiempo solos en su habitación. Sienten que no tienen control de nada en la vida. Estos chicos necesitan desesperadamente alguien con quien hablar, aun cuando no sean buenos en cuanto a relaciones. Su ira contra sí mismos se dirige hacia adentro.

Los padres a menudo tienden a descartar tales cosas, describiéndolas como una «etapa», por lo que dicen: «Ah, es solo una etapa que está pasando». Pero el infligirse incisiones o cortes no es una etapa. Al igual que la anorexia nerviosa y la bulimia, el corte y otras autolesiones son graves. Y suceden por una razón sicológica o emocional profunda.

Si hubiera un elefante sentado en el sofá de la sala de estar, ¿caminarías pasándole por un lado fingiendo que no existe? ¿O te sientas en el sofá junto al animal y le preguntas por qué está ahí y qué es lo que está pasando?

Si tu hijo se está cortando, eso no es un reflejo de que —como un padre— «fallaste». Pero es un llamado de alerta de que algo está pasando en la vida de tu hijo y de que él o ella necesita ayuda. Ahora es el momento para obtener ayuda profesional para tu hijo o hija.

SALVAVIDAS

Enterrar tu cabeza en la arena no va a lograr nada.

Autoridad. Figuras de autoridad

Si has hecho las cosas bien como padre hasta que tu adolescente llega a los años de la agitación hormonal, responder con respeto a las figuras de autoridad no debería ser un problema para él o ella. Sin embargo, para un adolescente al que no se le ha enseñado a respetar a la autoridad (es decir, el exigente que se salía con la suya mientras crecía mordiendo por doquier; de lo que hay un montón por ahí), la vida puede golpearlo fuerte. Si ignora a un policía que lo ha detenido por obviar una señal de tránsito, él está en un gran problema. Si insulta a un maestro, a un entrenador de baloncesto o al padre de su novia, él va a pagar por ello en grande.

Si crías un adolescente que tiene dificultades con las figuras de autoridad, dile: «Sé que no te gusta que te digan qué hacer. Pero el que tiene autoridad se gana la vida diciéndote qué hacer y cómo hacerlo. Ahora, yo no soy tú, y en base a mi experiencia en la vida, a ti no te tiene que gustar que te digan qué hacer. Pero tienes que vivir con ello y mostrar por lo menos el respeto mínimo que se debe dar a una persona con autoridad».

> *Los militares no admiten ningún tipo de tontería, por tanto ¿por qué tendrías tú que hacerlo?*

Los chicos que realmente se meten en problemas con las figuras de autoridad son los que tienen temperamentos fuertes. El chico que, a los quince años, arroja una raqueta de tenis en la cancha cuando no anota un punto es el mismo buitre poderoso que, a los cuatro años lloriqueaba, se quejaba y se enfurecía hasta que sus padres cedían para mantener la cordura y un poco de paz en el hogar. Pero, ¿qué crearon esos padres? Un monstruo que ahora se está rebelando contra toda autoridad, incluida la de ellos.

Si tu hijo o hija de once o doce años está mostrando signos de que es poderoso y no considera la autoridad, es el momento de corregir ese comportamiento, y cuanto antes mejor. Si tienes un joven de diecisiete años que no siente ningún respeto por la autoridad, ya está en problemas y muestra señales de que va a estar en muchos más en el futuro; las consecuencias que vengan como resultado de su rebelión, probablemente serán un mejor maestro en la vida que cualquier cosa que puedas decir o hacer en este momento. Si tu hijo recibe multas por exceso de velocidad, va a pagar algunas muy severas y a pasar un rato en los tribunales. Dependiendo de cuántas multas reciba, su licencia puede ser revocada. Si tu hija no presta atención y tiene un accidente, lo cual duplica su seguro del auto, una consecuencia natural sería: «Bueno, supongo que vas a tener que irte a pie, ya no tienes acceso a un auto».

Algunos chicos aprenden muy tarde en la vida y de la manera más difícil.

Curiosamente, algunos de esos chicos de carácter fuerte han llegado a mi oficina y me dicen que van a alistarse en la milicia.

Yo me ahogo de la risa. ¿Saben realmente lo que ocurre allí?

Pero luego recobro la compostura cuando los oigo decir: «Bueno, si me voy a la milicia, me ayudarán a enderezarme, porque no aceptan tonterías».

Ah, los que dicen eso, dan en el clavo.

Los militares no admiten ningún tipo de tontería, por tanto, ¿por qué tendrías tú que hacerlo?

SALVAVIDAS

Todos los chicos aprenden.
Algunos lo hacen de la manera más difícil.

Batallas con las tareas

Las notas de mi hija menor me son transmitidas cada trimestre a través de mi computadora. Me basta con hacer clic en su boletín de notas, y ¡*voilá*!, aparecen las calificaciones. Sí, yo soy el padre, por lo que entiendo por qué la escuela cree que tienen que enviarme sus notas. Pero la realidad es que son las notas *de Lauren*. Son el resultado de *su* tarea. No son míos.

Como Dios es mi juez, no puedo recordar que alguno de mis hijos me pidiera alguna vez: «Papá, ¿me puedes ayudar con mi tarea?».

Ahora bien, ellos me han pedido que corra a la tienda y compre algunas cartulinas y otras cosas como esas para hacer un proyecto. Pero la realidad es que la tarea es eso, su tarea. Ya yo fui a la escuela e hice la mía. (Bueno, más o menos. Decir que yo no era un estudiante premiado sería quedarme corto. Pero, algunos de ustedes ya conocen esa historia si han leído mis otros libros).

> ## ¿De quién es la tarea?

Esto es lo que sucede en muchos hogares. Después de la cena, se inician las batallas de las tareas. Y no terminan hasta las 11 de la noche, dos horas después de la hora de dormir de los de trece años, con lágrimas por parte de mamá, portazos por parte del adolescente y la voz alta por parte de papá, con unos cuantos comentarios como: «No le hables a tu madre de esa manera».

Déjame preguntarte una cosa: ¿de quién es la tarea?

«Bueno, estoy tratando de ayudar», dices tú. «Después de todo, tengo una licenciatura en educación. Y soy bastante bueno en matemáticas».

Tú no debes estar allí. No es tu trabajo. Es el trabajo de tu hijo.

Así que déjame preguntarte: ¿por qué te involucras en la tarea de tu hijo o hija?

¿Es porque crees que tu hijo tiene que obtener puras A para triunfar? ¿O porque necesitas obtener alguna gratificación sicológica de la gente que te da palmaditas en la espalda para decirte cuán inteligente es tu hijo? Pero, ¿qué pasa si tu hijo no es más que promedio? Cada persona tiene sus gustos y disgustos, sus talentos naturales y las áreas en las que luchan. Así que si estás demasiado involucrado con la tarea de tu hijo adolescente, sería bueno que te preguntaras por qué. ¿Crees que ella no puede hacerla por su cuenta? ¿Tienes miedo de que fracase? ¿Estás buscando la perfección?

Padre, madre, necesitas salir y dejar que tu hijo haga su propio trabajo.

Entonces, ¿en qué *puedes* ayudarle?

- Establece un tiempo para que los chicos hagan la tarea (por ejemplo, de 6:00 a 8:00 p.m.), y crea un espacio en que puedan concentrarse sin distracciones.

- Ayuda a los adolescentes que luchan con la organización a aprender a darle prioridad a lo que tienen que hacer. En las escuelas de hoy, por lo general, puedes ir a la computadora y averiguar cuáles son las tareas de tus hijos.

- Consulta con los maestros cuando veas a tu hijo o hija luchando con la tarea.

Si te fijas en el último año escolar, es una buena indicación de lo que será el año que viene. Es probable que vayas a pasar por las mismas molestias, solo que ampliadas. Con esto en mente, consíguele a tu hijo un poco de ayuda, ¡pero tú te mantienes fuera! En su lugar, contrata a un tutor para que ayude a tu hijo, un estudiante universitario o aun un estudiante inteligente de la escuela secundaria que venga a tu casa y ayude a tu hijo periódicamente. Lugares como el Centro de Aprendizaje Sylvan, no solo ayudan a los niños a aprender las habilidades que necesitan para elaborar, a partir de ellas, temas específicos, sino que también ofrecen programas de técnicas de estudio que pueden hacer un impacto duradero en los hábitos pedagógicos de los chicos.

Las personalidades de tus hijos se parecen a un sismógrafo durante un terremoto en el sur de California.

No permitas que la tarea se convierta en una lucha de poder. No dejes que tus hijos te involucren innecesariamente a participar en una batalla por la tarea.

Y no permitas que tu hijo o hija se quede hasta tarde para terminar la tarea. Cuando los adolescentes no duermen, están de mal humor con todo el mundo (eso te incluye a ti) al día siguiente. Así que, hazte un favor a ti y a todos en tu casa. Establece el tiempo de la tarea, insiste en que se hagan lo más posible durante ese periodo de tiempo, y luego declara la hora de dormir, por el bien de todos.

La prioridad es siempre la responsabilidad ante la casa, luego ante la tarea escolar y luego ante otras cosas como los trabajos de medio tiempo, música, deportes y el tiempo con los amigos. Así que A (casa) viene antes que B (tarea escolar) y luego C (otras actividades, si hay tiempo) puede ocurrir. Si tu hijo no es capaz de llevar a cabo su tarea sin frustración, necesita menos actividades fuera para que pueda enfocarse en ella.

Tú ya terminaste la escuela elemental, ya terminaste la secundaria. Es el turno de tu hijo o hija. Deja que así sea.

No es tu tarea; es la de tu hijo.

Bulimia

No tienes que ser un genio para darte cuenta de los signos de la bulimia. Ver cajas de laxantes en la habitación de tu hija adolescente o en el baño es una pista. Escucharla vomitar (y no estoy hablando de la gripe ocasional) cuando está batallando con el peso, es otro buen indicador de una adolescente que lucha con la enfermedad.

¿Qué es la bulimia?

La bulimia es un trastorno alimentario. Una persona con bulimia puede atracarse de comida y luego vomitar (también llamado purga) en un ciclo de atracones y purgas. Atracones de comida se refiere a comer grandes cantidades de alimentos en períodos cortos de tiempo. La purga consiste en forzar el vómito, usar laxantes, hacer ejercicio excesivo o ayunar en un intento por bajar el peso que podría haberse obtenido de la ingestión de alimentos o atracones[3].

Al igual que la anorexia nerviosa, la bulimia no es algo que se ve en mujeres de cuarenta años, a no ser que comenzaran con la enfermedad cuando eran adolescentes. Una vez más, este trastorno se asocia con jóvenes mujeres adolescentes. Yo creo que la bulimia, al igual que la anorexia nerviosa, es socialmente inducida por la búsqueda de la perfección, debido a todas las imágenes con las que las mujeres jóvenes son bombardeadas. La persona con bulimia siente a menudo una pérdida de control de su alimentación, así como sentimientos de culpa por su comportamiento (que por lo general se percatan de que es anormal). Sin embargo, lo que diferencia a una bulímica de una anoréxica es que alguien con bulimia es con frecuencia de peso normal o casi normal. Al comer doce rosquillas dulces en una sesión y luego purgar el contenido de su estómago a través de vómitos o laxantes, ella obtiene la satisfacción de los atracones, pero mantiene el control de su peso, al mismo tiempo. Es por eso que la persona bulímica no siempre se nota tan pronto como la anoréxica. Pero el progenitor inteligente ve las señales de las grandes cantidades de comida que desaparecen en secreto (sobre todo la comida chatarra, nunca he oído decir que una bulímica coma lechuga en exceso) y va directamente al origen.

> *La bulimia no es algo que se ve en mujeres de cuarenta años.*

Si ves señales de que tu adolescente pudiera ser bulímica, abordarla de manera directa es lo mejor. «Cariño, vi una docena de rosquillas en tu habitación y después encontré la caja en la basura. Sospecho que te las comiste todas y que estás luchando con la bulimia. ¿Es posible que eso sea verdad?».

La bulimia tiene grandes consecuencias sicológicas, emocionales y sociales para tu adolescente. Cuando ella se atraca de comida, se siente mal por su falta de control, pero parece incapaz de ayudarse a sí misma. Por tanto, se siente culpable y esa culpa gobierna su vida, lo cual nunca es bueno. La persona con bulimia presenta conductas autodestructivas; eso afecta todo lo que ella es y hace.

Padre, madre, debes intervenir. No, tu hija puede que no esté literalmente consumiéndose como una persona con anorexia, pero la bulimia es igual de grave. Busca ayuda profesional ahora. Si no sabes por dónde empezar, habla con tu médico. Tu hija necesita que te mantengas firme, por su propio bien, tanto ahora como más adelante.

El abordaje directo siempre es lo mejor.

Cabello y arreglo personal

Apuesto que lo primero en que piensas cuando digo «cabello» es en las chicas, ¿no? Cabello y arreglo personal son especialmente importantes para las mujeres, eso se inicia a una edad temprana. Los niños pequeños no se pasean con lazos en el pelo, pero las niñas sí; y en ciertas ocasiones se los cambian un par de veces al día para que combinen con sus atuendos. ¿Saben muchachos? Si sus madres pueden hacer que dejen de torturar a las hormigas en el patio y logran sostenerlos el tiempo suficiente, puede ser que consigan pasarles el peine por la cabeza una vez. Los chicos no se preocupan por el pelo, por arreglarse ni por la higiene. Es por eso que las mamás se vuelven expertas en eso de la «prueba del olfato» para los niños antes de que salgan. Pero luego llega el día mágico en el que los niños comienzan a notar el sexo opuesto y todo cambia. Ellos podrían pasar casi tanto tiempo como una niña frente al espejo, comprobando su apariencia, su aliento, su cabello, etc.

En el mundo de las hormonas —donde el acné aparece, donde la «gente perfecta» parecen ser los populares— tú necesitas ser porrista de tu hijo. No, no del tipo exagerado de la variedad de pompones, pero esa del tipo que se interesa en el mundo de su hijo adolescente y cultiva su corazón.

Eso significa que tú, como padre, necesitas reducir tu velocidad lo suficiente como para observar a tu hija, su estado de ánimo, lo que habla. Eso es mucho más importante que lo que ella usa o cómo se ve a la larga.

Las tendencias en ropa y peinados cambian cada año. En estos momentos en el baloncesto universitario, los shorts de los jugadores son largos, hasta las rodillas y enormes. A veces te preguntas si se les van a caer justo en el centro de la acción, dándoles a todos un juego memorable. Mira los juegos de baloncesto profesional veinte años atrás, y vas a pensar que es extraño ver chicos jugando en pantalones muy cortos. Pero créeme, un día no muy lejano vamos a volver a eso. Y en veinte años, a partir de hoy, tus hijos van a reírse de sí mismos por usar pantalones anchos como cuando estaban en la escuela secundaria.

Así que, los estilos cambian, pero el sentimiento —cómo piensa un chico, cómo se relaciona con los demás, cómo se comporta— permanece. No pierdas el sentir de tu hijo entre la ropa, el corte de pelo o batallas por la higiene.

> *Nadie quiere estar alrededor de un chico que huele como a un calcetín sucio y sudado.*

Es raro que tengas que decirle a una chica que se tome una ducha porque huele mal. A menudo, ella es la que se ducha dos veces al día y se cambia de ropa varias veces. Sin embargo, pudieras arquear una ceja ante los peinados que ella decide adoptar. Pero, te pregunto, ¿será realmente importante dentro de diez años si, durante todo un año, ella llevó el flequillo tan largo que no podías ver sus ojos? (Cuando finalmente se canse de mirar a través de su flequillo, ella hará que se lo corten). ¿O si, por un tiempo, ella insiste tener un mechón de pelo con un espléndido color rosa?

Con los chicos que aún no han notado a las niñas (e incluso algunos que las han notado, pero no tienen ni idea de qué es lo que las atrae), puede ser que necesiten algo de ayuda. Nadie quiere estar cerca de un chico que huele como a un calcetín sucio y sudado. Y él no va a llamar la atención de una chica si parece que no se ha peinado el cabello al menos una vez en este siglo. Así que si tienes un hijo que se resiste al agua y no se lava la cara por un mes o no se ducha a menos que tú lo hagas ducharse, todavía tienes que ser el padre. Tú sabes que una buena higiene es importante. (Lavarse la cara es probable que signifique menos granos, por los que él *se preocupará*, y tomar una ducha puede hacerlo más aromático ante los amigos potenciales en la escuela). Así que, necesitas sacar la banderilla paterna, detener la acción y decir: «Bueno, necesitas tomar una ducha». Y la vida no continúa hasta que la ducha se haya efectuado.

Debido a que las narices de ustedes las madres suelen estar un poco más afinadas que las de nosotros los padres, ustedes son a menudo las que sacan la bandera amarilla de la ducha. Dios las bendiga. Pero incluso cuando tienen que sacar esa banderilla, aprendan a dejar pasar algunas cosas. Nada es perfecto en la vida. La limpieza es buena, pero en realidad no está al lado de la piedad. Siempre mantén el equilibrio. El pelo con mechón color rosa no siempre estará ahí, pero tu hija sí. Así que mantén el enfoque en lo que es importante a largo plazo —la relación de uno con el otro— y deja pasar las cosas pequeñas.

Y para entretenimiento mientras tanto, saca las fotos de como solías lucir cuando eras un adolescente. Serán excelentes para unas buenas carcajadas... y un poco de perspectiva.

De repente el flequillo de tu hija no se ve tan mal después de todo.

SALVAVIDAS

Los estilos son fugaces, pero el corazón sigue latiendo.

Castigo

«Muy bien, jovencito, ¡estás castigado!», anuncia el padre o la madre debido a la ira y la frustración. Pero, en realidad, ¿qué significa tal cosa? ¿Quiere decir eso que, cuando a ustedes los invitan a la casa de la abuela para comer carne asada en un fin de semana, el chico de dieciséis años que se encuentra en la caseta del perro no va con ustedes puesto que está castigado?

En cuanto a mí, eso es exactamente lo que significa. Si vas a castigar a un chico por una infracción, hazlo por veinticuatro horas. Si se trata de una infracción mayor, prohíbele salir durante cuarenta y ocho horas. Eso es una eternidad para cualquier muchacho. Pero castigado significa que no va a ir a ninguna parte. Y eso quiere decir que no va ir a la casa de la abuela a cenar, no va a ir al concierto para el cual tiene una entrada, no va a ir tampoco al grupo de jóvenes de la iglesia.

No soy un aficionado al castigo, pero si vas a utilizar el castigo como disciplina, no lo uses como la mayoría de los padres lo emplean. Yo llamo a eso «castigo selectivo», es decir, castigar o prohibir a los chicos ir a lo que ellos quieren. Si lo vas a castigar, sácale la mayor ventaja a la situación. Tu hijo no va a ninguna parte. Y eso incluye a la escuela. Si la infracción ocurre en el fin de semana y necesitas que tu hijo adolescente se quede en casa el lunes y no vaya a la escuela, él o ella es totalmente capaz de llamar a la institución, conseguir las tareas y hacer el trabajo en casa. Y si castigarlo a él o a ella en un día de escuela te crea todo tipo de problemas —ya que trabajas fuera de casa— entonces, no lo hagas. No lo castigues en absoluto. Pero si lo castigas, hazlo en un período específico de tiempo y cíñete a ello.

Nada es sagrado. Ni siquiera la iglesia. Si tu hijo se prepara para salir por la puerta contigo a la iglesia el domingo por la mañana, vuélvete a él y dile:

—Hijo, ¿a dónde vas?

—Voy a la iglesia —te va a decir él.

—No, estás castigado, no vas a ninguna parte.

Él podría decir:

—¡Está bien! —pero cuando ya están todos ustedes fuera de la puerta sin él, él sentirá la curva que le lanzaste... sobre todo si no va a ir a su restaurante favorito con todos ustedes después de salir de la iglesia.

Así que saca al muchacho de la almohadilla de la vida por unos segundos, hazle saber que se está tratando con él.

Contrasta esto con el ridículo receso para reflexionar que le imponías enviándolo a su habitación.

¿Por qué no querría irse a su alcoba, cuando el chico promedio tiene todos los aparatos electrónicos imaginables allí? Eso, en verdad, no tiene dificultades. Lo más probable es que el chico esté pensando: *¡Qué bien! Toda una noche para mí solo y sin problemas.*

Así que si vas a castigar a tu hijo, no arrojes palabras airado como: «¡Estás castigado de por vida!». Eso es ridículo, porque no puedes mantener ese castigo y tu hijo lo sabe. Él tiene tu número. En vez de eso, castígalo por veinticuatro horas y asegúrate de que no vaya a ninguna parte. Ahora, *eso* sí va a dejar una impresión en él.

Sácale la mayor ventaja a la situación.

A mí me resultó

¡Este es un ejemplo de una nueva perspectiva sobre el castigo! Cuando castigamos a nuestro hijo Adán, después que lo encontramos bebiendo de nuevo, tomamos su consejo. No fue a ninguna parte —no fue a la escuela, no fue a su trabajo, no fue a su práctica de baloncesto ni a los juegos— por dos días completos. También perdió su teléfono celular y los privilegios de la computadora, así que no podía ponerse en contacto con sus amigos. Ya cuando el viernes y el sábado terminaron, él era un desastre. Cuando le devolvimos su teléfono la mañana del domingo, dijo con mansedumbre: «Gracias» y eso fue todo.

Una semana más tarde, los chicos con los que él suele salir fueron capturados con alcohol detrás de la escuela y fueron suspendidos. Pero, ¿adivine dónde estaba Adán? En casa, por su propia voluntad, pasando el rato en la cocina conmigo. Usted tiene razón. Este es el tipo de amor firme que da resultados.

Nancie, Colorado

Comida chatarra

Tengo una pregunta: ¿de dónde viene toda esa comida chatarra que hay en tus gabinetes?

A mí me parece que la respuesta es muy simple. Nuestra sociedad, básicamente, anima a la gente a comer mal. (Aunque debo reconocer que ahora veo a más gente en el supermercado leyendo la letra pequeña de los productos). El azúcar y el sodio son dos contribuyentes enormes a muchas de las enfermedades prevalecientes en la actualidad. Los padres y las escuelas no ayudan. La mayoría de los distritos escolares publican su almuerzo en la Internet o llega a la casa en un calendario mensual. Echa un vistazo al menú, considerando que ese es el *sistema educativo*.

Los profesionales de la educación te dirían que alimentamos a nuestros hijos con trocitos de pollo empanizado, pizza y pan con salchicha porque esas son las únicas cosas que ellos comen. Pero los malos hábitos comienzan con lo que alimentamos a los bebés en nuestra sociedad. Hay tantas cosas que compras en los estantes para alimentos de bebés que no son precisamente nutritivas, sino que les dan a los pequeñuelos gusto por el azúcar. La mayoría de los chicos desarrollan malos hábitos alimenticios a temprana edad. Incluso leí acerca de alguien que demandó a McDonald's porque McDonald's lo «hizo» gordo. ¡Un ejemplo extremo de evadir la responsabilidad! Pero en nuestra sociedad, las cosas nunca son culpa de nadie. El hecho de asumir la responsabilidad propia ha seguido por el camino de la extinción. Los padres creen en la disciplina hasta que disciplinas a su hijo en la escuela; enseguida, aparecen ellos con un abogado a cuestas.

> *Si tú eres el que la está trayendo a casa desde la tienda de comestibles, no lo hagas más. Busca alternativas saludables para tu dieta.*

Así que, si la comida chatarra es un gran problema para ti, no culpemos a nadie más. Si tú eres el que la está trayendo a casa desde la tienda de comestibles, no lo hagas más. Busca alternativas saludables para tu dieta. Sí, me doy cuenta de que es un reto hacerlo con los horarios agitados y las comidas rápidas tan fáciles de conseguir. Pero si tienes que elegir la comida rápida, busca el tipo más saludable que puedas encontrar o elige un par de productos sanos en el menú.

Tú, como padre y la autoridad en el hogar, tienes el control de lo que se consume allí. Lo más probable es que tú mismo la estés comprando. Así que, ¡compra cosas saludables! La ingesta de mucha comida chatarra lleva a todo tipo de dificultades con la salud, por no mencionar los problemas de peso. La gente hoy en día está cada vez más gorda y en peores condiciones físicas que nunca antes en nuestra historia. Uno pensaría que con toda la atención en los gimnasios estaríamos más adelantados.

Pero entonces, si le echas un vistazo a mi silueta, estarás pensando que yo debiera leer mi propio libro. Particularmente, solo tengo que decírtelo, yo siempre disfruto de un plato de gramos de grasa o carbohidratos...

SALVAVIDAS

Si entra basura, sale basura.

Compañeros. No se integra bien con sus compañeros

Jimmy era un estudiante mayormente de calificaciones sobresalientes, músico brillante y amante de los libros. Era un muchacho equilibrado que parecía agradarle a todo el mundo. Pero sus padres estaban preocupados puesto que él pasaba mucho tiempo solo. «Queremos que encuentre un grupo con el cual él salga y pase el rato, ya sabes, donde tenga amigos y pueda integrarse... ser como los otros chicos», me dijeron.

Yo te voy a preguntar lo mismo que les inquirí a esos padres: «¿Realmente quieres que tu hijo sea como cualquier otro chico del grupo? ¿Qué tanto quieres que se integre?».

Si tu hija es como cualquier otro adolescente, lo más probable es que pierda su virginidad en su adolescencia; fume un poco de Spice (droga sintética) o incursione con la marihuana; haga trampa en un examen para obtener una mejor calificación; te mienta en cuanto a dónde se encuentra un viernes por la noche.

Eso es así porque la mayoría de los adolescentes son como los *lemmings* [seguidores que se suicidan colectivamente]. No toman decisiones por sí mismos, sino que siguen el pensamiento del grupo. No pueden defender lo que es correcto porque no se les ha enseñado cómo hacerlo. Así que siguen a las masas, sea bueno o malo.

> *La mayoría de los adolescentes son como los lemmings*. No toman decisiones por sí mismos, sino que siguen el pensamiento del grupo.*
>
> ** seguidores que se suicidan colectivamente*

Nunca te preocupes porque tu hijo adolescente no encaje en un grupo en particular (a menos que, por supuesto, lo veas o la veas deprimirse como resultado). En lo que respecta a Jimmy, era hijo único; los solitarios tienden a ser hijos únicos. Tienden a ser personas introspectivas, gente muy capaz, que no necesita una fiesta cada segundo. Son muy buenos para entretenerse a sí mismos.

Si tu adolescente no es parte del grupo popular de la escuela, bueno, ¡mejor! Echa una mirada retrospectiva a tu propia clase de la escuela secundaria. Muchos de los Señores Disparos Calientes y de las Señoritas Populares en la escuela secundaria no se han convertido exactamente en los adultos más exitosos y felices, ¿verdad? Pero, ¿y los chicos que descartaste y pensabas que nunca llegarían a nada? Sorpresa, sorpresa. Uno de ellos es un cirujano de cerebro, otro es astrofísico, una acaba de ganar una medalla de Newbery por su ficción innovadora, otro es un especialista en restauración de aviones de la Segunda Guerra Mundial.

Como siempre digo: «Si un hombre es dueño de un hermoso caballo, debe recordar que la belleza está en el caballo, no en el hombre». Así que enseña a tus adolescentes sobre lo que realmente importa en la vida: lo que hay en el interior de ellos... la parte que va a durar más allá de los grupos de la escuela secundaria que cambian cada semana. Habla con tus hijos en cuanto a lo que son y acerca de las decisiones que han hecho. Refuerza sus buenas acciones y comportamientos con palabras que digan: «Yo no podría estar más orgulloso de la forma en que lidiaste con esa situación. Me hace muy feliz llamarte mi hija (hijo)».

Tus palabras de aliento hacen toda la diferencia en la percepción de tu hijo adolescente. Podrías pensar que un grupo de compañeros es influyente, pero, ¿adivinen qué, mamá y papá? Ustedes son mucho más influyentes en la vida de sus hijos que los compañeros.

Incluso aunque parezca que no está prestando atención a tus palabras, ella está escuchando todo lo que le dices. Así que asegúrate de aumentar el estímulo (no el falso elogio).

Tu hija es única en su género. Así que déjala ser exactamente lo que es.

De todos modos, nadie necesita otro clon alrededor.

SALVAVIDAS

Deja que tu adolescente sea lo que es.

Culpa

Alto ahí, padre o madre. ¿Sabías que la culpa es lo que te impulsa a hacer la mayoría de tus malas decisiones como padre o madre?

La culpa gobierna la vida de demasiados de nosotros, y los chicos son muy buenos en amontonarla en nuestro camino. Las mamás, sobre todo, caen mucho en esa trampa. Los ojos suplicantes, los: «Pero, mamá»..., inician el derrumbe.

Pero volvamos a la naturaleza intencional de la conducta, ¿sí? Tu hijo adolescente conoce tu punto débil, él sabe cómo manipular a mamá y a papá. Y si resultó la última vez, puedes apostar que va a intentarlo de nuevo. Él no es tonto.

Y tú tampoco debes serlo. Cualquier persona puede tomar decisiones sencillas. Pero decirle a tu hijo no cuando todo el mundo le está diciendo sí o cuando todo el mundo está haciendo lo que tú que no quieres que él haga, eso no es sencillo. Una vez más, ¿quieres que tu hijo sea como todos los demás? En realidad, no. Las mejores decisiones que has de tomar son a menudo las más difíciles, pero tienes que hacer lo correcto, tanto para el adolescente como para tu familia.

> *Cualquier persona puede tomar decisiones sencillas.*

No dejes que la decepción, el fracaso o la ira de tu hijo o hija debidos a que no estás haciendo la vida a su manera, te ponga en un viaje de culpabilidad: «¡Mala, mala mamá, mal papá!».

No te «culpes» a ti mismo. No te estés diciendo «yo debería». Sé práctico, pragmático y equilibrado.

La culpa solo conduce a ceder... y a excusas para ceder... y esas excusas solo hacen al débil más débil.

Así que, anímate. Haz lo correcto. Si lo haces, tú y tu hijo o hija van a ganar cada vez más.

SALVAVIDAS

No dejes que las culpas gobiernen tu vida.

Culto. Lugar de culto

¿Tiene que ir tu adolescente a tu lugar de culto contigo? (Si no eres una persona de fe, puedes omitir esta sección y pasar a la siguiente). Hay dos escuelas de pensamiento acerca de este tema.

Primera perspectiva

Cuando tu hija llega al punto en que ella dice: «No quiero ir contigo», ¿qué le respondes?

«Está bien, cariño, dime. ¿Por qué no quieres ir?».
Deja que ella te diga específicamente por qué no quiere hacerlo:

- «El pastor es aburrido».

- «Yo no recibo nada de los mensajes».

- «Los chicos son un grupo de *tontos*».

- (Llena el espacio en blanco, porque probablemente ya has oído un montón de razones más).

Sé franco. «Estoy de acuerdo contigo», le dices a tu adolescente. «El predicador tiene un largo camino por recorrer. Algunos días me encuentro a mí mismo cabeceando. Y sí, algunos de los chicos son *tontos*. Pero, ¿sabes qué? Adoramos juntos porque tenemos una profunda fe en Dios como familia, y hemos acordado que hacerlo es muy bueno para todos.

»El otro día estuve pensando que no hay muchas cosas que te decimos que tienes que hacer semanalmente. Así que considerando ahora tus sentimientos negativos al respecto, quiero que sepas lo mucho que te agradezco que te vistas por la mañana y vayas con nosotros. Yo sabré cuando te vea sentada a dos asientos del mío que a pesar de que realmente no quieres estar allí, respetas y amas a esta familia como para acompañarnos».

A mi modo de ver, esta es probablemente la mejor manera de lidiar con la situación.

Segunda perspectiva

Algunos lugares de culto tienen grupos juveniles que son terriblemente aburridos... pero otros tienen los que son francamente divertidos, y tienen pastores de jóvenes espabilados en la onda de la cultura juvenil. La adoración se convierte, en ese grupo de jóvenes, en una experiencia divertida con música y temas con los que los chicos se puedan relacionar, así como estupendas actividades colectivas. Si tu adolescente participa en un grupo, ¡fabuloso! Sin embargo, muchos padres se molestan porque su adolescente insiste en ir a otro lugar de culto que ellos, porque quiere ir allí debido al grupo de jóvenes que ministra.

Padre, si ese es tu caso, dale gracias a Dios que tienes un chico que quiere ir allí. Así que, ¡deja ya de quejarte! Haz todo lo posible para que tu hijo adolescente vaya al otro lugar tan a menudo como lo desee. Visita el grupo tú mismo y proponte decirle al pastor de jóvenes: «Nosotros vamos a [nombra el lugar de culto], pero a nuestro hijo realmente le encanta tu grupo de jóvenes. Debes tener grandes cosas en marcha, porque siempre quiere venir. Gracias por proporcionar un lugar para él».

Un buen y activo grupo de jóvenes es un magnífico apoyo y estímulo para un adolescente. Es ese saludable «tercero» del cual tu hijo puede obtener sabiduría y dirección. Así que, haz todo lo posible por mantener a tu hijo en ese fluir.

¿Puedo recordarte que el noventa por ciento de los estadounidenses dice que son cristianos? Pero lo que realmente quieren decir es: «Bueno, lo dice en la moneda: En Dios confiamos». ¿No preferirías que tu hijo adolescente creciera con una relación personal, saludable y en vías de desarrollo con Dios? El lugar donde ocurra eso no importa, es la experiencia lo que cuenta.

Así que, gana la cooperación de tu hijo adolescente permitiéndole que tome algunas de sus propias decisiones, como la de querer ir al grupo de jóvenes. Permitirle que elija lo ayudará a «poseer» su fe y tomar decisiones en cuanto a cómo desarrollarla, incluso antes de que se vaya de su nido.

SALVAVIDAS

Gana la cooperación de tu adolescente.

Depresión

Amanda era una chica burbujeante, feliz, siempre andaba cantando en voz alta las canciones de la película más reciente. Era conocida por su risa, su creatividad y su amor por la actuación de sus propios musicales delante de sus padres y amigos. Amanda cumplió once años. A los pocos meses de su primer periodo menstrual, las hormonas comenzaron a enloquecer. Por eso lloraba en la escuela al menos dos veces al día. Se sentía abrumada con las tensiones de la vida. Se tornó silenciosa y se alejó de sus amigos. Tenía la vista fija en la distancia. Cada mañana le rogaba a su padre que no la enviara a la escuela, porque antes le gustaba, pero ahora la odiaba. Sentía que nadie gustaba de ella, a pesar de que estaba rodeada con el mismo grupo amoroso de amigos.

Amanda estaba deprimida.

La depresión no es algo temporal, como «estar decaído».

La depresión es una enfermedad de «todo el cuerpo», que involucra tu cuerpo, estado de ánimo y tus pensamientos. Afecta la manera en que comes y duermes, el modo en que te sientes contigo mismo y la manera en que piensas acerca de las cosas. Un trastorno depresivo no es lo mismo que un estado de ánimo pasajero. No es un signo de debilidad personal o una condición que se puede querer o desear alejar. Las personas con una enfermedad depresiva simplemente no pueden «recobrar el ánimo» y reponerse[4].

La depresión no desaparece así de sencillo. Es un problema médico.

Las personas que se deprimen, a menudo se sienten tristes sin una razón en absoluto. No les gusta hacer las cosas que solían ejecutar. Son indiferentes y apáticos con la vida. Tienen problemas para enfocarse o concentrarse. Piensan que no le agradan a la gente. Se retiran de los grupos con los que acostumbraban salir y pasar el rato.

Si estás viendo estos tipos de cambios en la conducta o comportamiento de tu adolescente y ha durado más de unos días, eso es una señal de que tu hijo o hija podría estar lidiando con la depresión. Puesto que las emociones en los que tienen las hormonas agitadas pueden estar en un sube y baja intenso, muchos padres piensan: «Ah, solo está un poco desanimada en este momento. Ya se le pasará». Pero la depresión no desaparece así de sencillo. Es un problema médico y necesita ser abordado de inmediato por tu médico. Además, ten en cuenta que la enfermedad mental tiende a darse en algunas familias. ¿Hay alguien en tu círculo familiar que lucha con la depresión?

Cuando veas cambios importantes y bruscos en la personalidad y el comportamiento de tu hijo o hija —la mayoría de los adolescentes que están deprimidos dan un cambio de 180 grados en su comportamiento y personalidad— presta especial atención. Cuanto más rápido encuentres ayuda profesional, mejor será para tu muchacho y para toda tu familia.

SALVAVIDAS

El cambio no siempre es bueno.

Desarrollo físico (o ausencia del mismo)

El desarrollo físico es un tema difícil para ambos sexos. Los adolescentes siempre hablan de los extremos: el chico bajo siempre desearía ser siete centímetros más alto; la chica alta desearía ser siete centímetros más baja. Claro, desde la perspectiva de cualquier padre: «Tú eres lo que eres. Único en tu clase. No como los demás». Pero en un mundo en el que es difícil sobresalir en cualquier forma, los chicos que son «diferentes» (adelantados o atrasados en el desarrollo físico) pueden pasarla mal. ¿Cómo puedes ayudar? Aprueba a tu hijo o hija por lo que son, presta atención a los sentimientos de ellos y haz de tu hogar un refugio seguro. Pero también usa la cabeza para darte cuenta de cómo tu hijo podría ser tratado en el grupo de compañeros como resultado de su desarrollo físico (o la ausencia del mismo).

Chicos

Los varones que están *detrás* de la curva de crecimiento son los que la pasan más difícil de todos. En primer lugar, suelen estar un año detrás de las niñas en su proceso de maduración. Eso significa que si es un poco lento en el desarrollo físico, habrá niñas en su clase diez centímetros más altas que él. Es posible que tenga una voz chillona, mientras que los otros compañeros de clase tienen las axilas peludas y todas las marcas de los hombres. Cuando está tratando de ser macho y competir con otros chicos, el ser más bajo o más pequeño puede ser muy castrante.

> *Cuando está tratando de ser macho y competir con otros chicos, el ser más bajo o más pequeño puede ser muy castrante.*

Randy, por ejemplo, un chico técnicamente brillante que tiene catorce años, pero luce de diez. Todos sus compañeros atléticos se extienden hacia el aro de baloncesto y parecen estudiantes principiantes o incluso de finales de secundaria. Sin embargo, ¿Qué pasa con Randy? Un controlador de juegos recientemente pensó que él estaba en un grado mucho menor (lo que es peor, lo dijo frente a sus compañeros de clase). Ese mismo día, una chica de su clase decidió darle dos nuevos apodos: «Chico femenino» y «Corto». ¿Cómo crees que se sintió Randy cuando fue a su casa ese día? ¿Y por qué crees que se hizo el enfermo al día siguiente para no tener que ir a la escuela?

El hecho de no sentirse lo suficientemente grande como para competir en un mundo de jóvenes grandes puede tener una gran cantidad de efectos emocionales y sicológicos en los chicos. Es por eso que les digo a los padres que son sabios cuando retrasan a los chicos un año en el jardín de infantes, sobre todo si no parecen estar listos y están cerca de la edad de empezar a estudiar. Si le das a tu hijo la ventaja de un año para madurar, va a ser menos propenso a quedarse atrás del grupo en el desarrollo físico.

¿Cómo puedes ayudar? Darle a ese chico la oportunidad de hablar con sinceridad acerca de sus sentimientos y los acontecimientos que suceden en su día es muy importante. Tal vez puedas hacerlo durante la noche mientras te sientas en el borde de su cama. Cuéntale historias sobre amigos tuyos (o quizás tú mismo), que fueron burlados o criticados por ser bajos o pequeños, y luego en su reunión de ex alumnos, diez años más tarde, eran más grandes que los otros chicos que se burlaban de ellos. Por ejemplo, conozco a un tipo que ahora mide 1,80 metros, pero que medía 1,45 en la secundaria, ¡parecía un muchacho de sexto grado con un libro de química! Y luego creció más de veinticinco centímetros en un verano. Historias como esas no ayudan con todas las críticas mientras tanto, pero pueden contribuir a que tu hijo tenga cierta perspectiva del asunto.

Puesto que el nombre del juego para los chicos es competencia, por su propia naturaleza, cuando eres el pequeño del grupo, eres al que van a molestar. Recuerdo una fiesta a mis dieciséis años; en aquellos días las fiestas eran bastante tranquilas, pero por lo general había alguien saliendo a escondidas con una cerveza, y yo estaba con algunos chicos en una sala de recreación. Lo siguiente que supe, de repente, es que recibí un puñetazo en la mandíbula y caí al suelo. Alguien había retado a un tipo a golpearme, ¡y esa persona lo hizo! ¡Y por ningún motivo! Ese es el mundo de los varones. Todos los adolescentes hacen cosas tontas, en especial los varones.

Pero aquí hay algo más que pasa en el mundo de los varones. Al final del año escolar, él puede lucir como un chico de once años de edad. Pero cuando regrese a la escuela, se ha disparado hasta doce centímetros, tiene una voz profunda y se ve de catorce.

Los chicos que se desarrollan rápidamente parecen tener todas las ventajas: lucen como hombres, suenan como los hombres e incluso pueden llamar la atención de las niñas mayores. También tienen la ventaja competitiva en los deportes. ¿Qué más se puede pedir? Pero su falta de madurez a veces puede llevarlos a situaciones en las que no deberían estar. Por ejemplo, podría lucir suficientemente mayor para pasar por dieciocho años de edad, lo que significa que puede comenzar a andar con un grupo de mayor edad. A una edad temprana, pueden meterse en alguna fiesta peligrosa, beber, o hasta en situaciones de drogas ilegales. Además, las chicas más grandes creen que son mayores y pueden aprovecharse de ellos. Los hombres no son los únicos depredadores sexuales en los tiempos que corren.

Chicas

La mayor dificultad para las niñas son las que están más adelante de la curva en el desarrollo físico. Las niñas por lo general maduran un año antes que los varones. Si tu hija tiene trece años y está en un paquete pequeño y agradable (incluido un busto de noventa centímetros) que la hace pasar por una de diecisiete o dieciocho años de edad, eso es un problema en una botella. Aun cuando su madurez emocional es de solo trece años, su madurez física sin duda atraerá a los hombres mayores. Y puesto que se ve más madura, es más probable que ella vea al grupo de compañeros de su misma edad como muy inmaduro.

> *Las niñas por lo general maduran un año antes que los varones.*

Su migración natural será hacia los grupos de mayor edad... y eso puede tener consecuencias. La diferencia entre una chica cuyo desarrollo es temprano y un chico con desarrollo igualmente temprano es que la niña va a ser observada por los hombres; la mayoría de los varones que se desarrollan temprano solo obtienen una mirada al pasar las chicas. Es por eso que los riesgos son mayores para las jovencitas de desarrollo temprano.

Si tu hija tiene una figura que captará el interés de los varones, asegúrate de discutir con ella por qué es importante que el tipo de ropa que use sea controlado cuidadosamente.

¿Qué pueden hacer los padres por una hija que parece mayor de lo que es? Estar atentos a que no caiga en un grupo de compañeros mayores. En definitiva, no quieres que ella empiece temprano a salir con chicos. Estimula la interacción con las chicas de su edad.

Las jóvenes que están poco desarrolladas tienen problemas similares a los chicos que están poco desarrollados, excepto por una cosa: que en nuestra sociedad es más aceptable una chica poco desarrollada que un chico. Para los padres de las niñas poco desarrolladas, tengo un consejo importante. Si tu hija tiene once años y todas las otras niñas en la clase tienen su primer sostén o ajustador de entrenamiento (o más), cómprale a tu hija uno de entrenamiento también, aunque ella no tiene nada para entrenar (¡y me refiero a nada!). Las salas de armarios de los gimnasios son un mundo cruel para los chicos y las chicas.

Todos los chicos quieren estar en el medio, ningún adolescente quiere sobresalir por ninguno de los dos lados. En el mundo de la escuela secundaria en particular, todo tiene que ver con no ser diferente, es decir, ser uno de la multitud. Si un chico tiene acné, se desarrolla antes o después, tiene una discapacidad, o tiene una nariz u orejas grandes, él o ella podría convertirse en una persona insegura que sirve de saco de boxeo. Cualquiera que sea diferente, se abalanzarán sobre él y será ridiculizado. Y eso nunca se siente bien.

Es por eso que el grado al cual tu hija se sienta segura de sí misma al entrar en la adolescencia hace toda la diferencia para ayudarla a navegar por los muchos laberintos de la adolescencia. Cada día en el que ella es diferente puede ser insoportable y parecer no tener fin. El progenitor tiene que estar consciente de lo doloroso que es eso. (Este es un buen momento para recordar tu propia adolescencia y la vez que se burlaron de ti por ser diferente, para volver a vivir esas emociones).

¿Estoy diciendo que debes mimar y sentir pena por tu hijo que es diferente en alguna manera? No, debes tranquilizarlo asegurándole que, en poco tiempo, va a cambiar. Haz pareja con tu hijo para escuchar sus problemas, alentarlo en todas las cosas en las que es bueno y ayudarle a centrarse en lo que él es, sobre todo en su interior.

SALVAVIDAS

Tú eres la frazada sicológica de tu adolescente.

Dilación

En 1985 publiqué un libro llamado *El libro de orden de nacimiento*. Me tomó un tiempo para convencer a la editorial que la gente estaría interesada en algo así como el orden de nacimiento. Estuve hablando y hablando de ello desde 1966, y obtuve mi doctorado en 1974, once años antes de que publicara ese libro. Bueno, de nuevo en 1985, me invitaron al show de *Phil Donahue*. Está bien, tienes que ser viejo para recordar a Phil, pero él fue antes de Oprah. En aquel entonces, si tenías un segmento en *Donahue*, era como tenerlo en el programa de Oprah hoy. Y no solo yo estaba en *Donahue*, sino que el show completo fue para mí, un espacio generalmente era reservado para actores famosos, actrices y actores. Mi aparición en el show es lo que lanzó la obra a ocupar el puesto de uno de los diez libros más vendidos.

Curiosamente, la parte del libro que llamó la atención de los lectores más que cualquier otra fue la dilación. Hablamos de la naturaleza intencional de la conducta —que existe por una razón— y yo le ofrecí un par de explicaciones. Una de ellas fue el crecer con padres de ojo crítico, esas personas que saben específicamente cómo debe ser la vida... y sobre todo cómo debe ser *tu* vida. El tipo de padres que nunca están satisfechos con tu rendimiento. No importa qué tan alto saltes, siempre es un metro menos de sus expectativas. Y nunca dejar pasar la oportunidad de decirte que podrías haberlo hecho mejor. Como resultado, la naturaleza crítica de los padres se incorpora a tu vida en la forma en que te ves a ti mismo, nunca eres lo suficientemente bueno.

Cuando expliqué eso, los adultos en todo el país que leían mi libro y me oían hablar vieron una luz que se encendió en sus cerebros. *Vaya, ese soy yo. Comienzo un montón de proyectos y no los termino.*

Cuando estoy caliente, estoy caliente, pero cuando estoy frío, casi no valgo nada. Empiezo un proyecto, logro hacer el noventa por ciento en un tiempo récord, pero luego paro y no completo la tarea. ¿Por qué?

Yo expliqué lo siguiente: «Es porque temes ser evaluado y, más específicamente, tienes miedo de recibir críticas. Por lo que tu proceso de pensamiento es: «Si no completo la tarea, no puedo ser criticado. Puedo mentir y decir que si tuviera más tiempo o energía —o lo que sea— entonces podría hacer eso».

Bueno, recibí miles de respuestas de los lectores y oyentes sobre esa parte del libro por sí sola. Eso me dijo muchísimo acerca de cuántos de nosotros vivimos con padres críticos.

> *Todos somos imperfectos, por lo que no es difícil elegir uno de los defectos de tus hijos.*

Así pues, padre (madre), si tienes un adolescente que deja las cosas para más tarde, y tienes que empujarle para que haga todo, podría tener un montón que ver con tu capacidad para encontrar la falla.

Créeme, todos somos imperfectos, por lo que no es difícil elegir uno de los defectos de tus hijos. Pero si tu hijo está pagando el precio de tu búsqueda de fallas a través de su falta de logros, bajo rendimiento o dilación diaria, es el momento para un cambio... de *tu* parte.

De lo contrario esos adolescentes crecerán para ser los adultos que siempre van a golpear el jonrón, pero nunca correrán. Las personas que emigran de un trabajo a otro, diciéndose en cada punto a sí mismos la mentira: *Esta vez voy a ganar el premio gordo.* Pero nunca se sacan la lotería y siguen siendo víctimas de pensamientos negativos.

Es por eso que las palabras que decides usar —o no utilizar— con tu hijo adolescente, marcan toda la diferencia en el mundo.

SALVAVIDAS

Tus palabras marcan toda la diferencia.

Dinero. Asuntos de dinero y trabajos

Si les hubiera hecho caso a todos los que hablaron de mí cuando era un chico, no me habría resultado difícil concluir que yo no iba a ninguna parte. Era mediocre en la vida y en la escuela. Pero, al recordar, en realidad era un chico emprendedor. Rescataba las pelotas de golf que caían en el arroyo del club de campo local y tenía un puesto de frutas.

Sin embargo, los tiempos han cambiado desde aquel puesto de frutas. Hoy, el futuro financiero no solo de los individuos y las familias, sino de nuestro país está en peligro. Países enteros en Europa están al borde del colapso financiero.

Lo que pienses acerca del dinero y de cómo tratarlo son grandes cosas que afectan toda la vida. (Curiosamente, el dinero se menciona más de cien veces en la Biblia). Las cuestiones de dinero nos rodean a todos: la enorme deuda a la que está atada nuestro país, las luchas económicas, el alto costo de la educación universitaria, el fracaso de la jubilación, con ciudades saliendo en público a decir que no pueden pagar los cheques de jubilación de sus trabajadores.

> *Lo que pienses acerca del dinero y de cómo tratarlo son grandes cosas que afectan toda la vida.*

En tal ambiente, es importante que les enseñes a tus hijos a ahorrar dinero (y, si eres una persona de fe, a dar el diezmo del dinero) y a gastar el que tienen con sabiduría.

Enseña a tus hijos acerca de las finanzas lo antes posible. Compra algunas acciones o bonos en nombre de tu hijo, esa es una buena manera de educar a los chicos en referencia al mercado de valores y cómo opera. Y al hacerlo, estás transmitiendo lo siguiente: «Hay que entender estas cosas, porque el gobierno no se va a hacer cargo de eso por ti».

La seguridad social, tal como la conocemos va a ser tremendamente diferente en veinticinco años a partir de hoy. La edad de jubilación subirá con el fin de hacer más fácil para el gobierno enfrentar a la gran cantidad de la generación de la posguerra que está llegando a esa edad. Tus hijos adolescentes necesitan entender que será mejor que se encarguen de su bienestar financiero.

Por eso, si los adolescentes están dispuestos a poner cinco dólares en una cuenta de ahorros, iguálalos con tus propios cinco dólares. Deja que tus hijos vean que el dinero crece y crea intereses. Pero la voluntad tiene que empezar con ellos.

«Pero, doctor Leman», dicen algunos, «el dinero es la raíz de todo mal. La Biblia lo dice. ¿No está usted entonces poniendo demasiado énfasis en él?».

No, la Biblia lo que dice es que el amor al dinero es la raíz de todo mal. Compruébalo tú mismo en 1 Timoteo 6:10. Tú necesitas criar hijos listos que se den cuenta de que su seguridad financiera tiene más que ver con sus decisiones acertadas en cuanto al dinero que cualquiera que el gobierno federal o un empleador puedan hacer por ellos a través de un fondo de retiro.

Mesadas

Creo firmemente que los chicos deben recibir sus mesadas.

Puedo oír a algunos de ustedes en este momento: «Doctor Leman, eso es fácil de decir para usted, pero nosotros estamos apenas sobreviviendo».

Sin embargo, gastas dinero en tu hijo, ¿no? Tú le compras ropa para la escuela, le das dinero para el almuerzo o le compras alimentos para el almuerzo. ¿Por qué no poner un poco de eso en forma de subsidio? Dale a tu chico algo de control sobre el dinero y cómo se gasta. Si lo haces, va a aprender el valor de un dólar, ya que pasará a través de su mano... muy rápidamente las primeras veces. Pero a medida que más se acostumbre a manejar el dinero, va a ser más inteligente en cuanto a cómo administrarlo.

También te brinda algunos momentos de enseñanza y provecho en otras situaciones en el hogar. Si tu hijo no completa sus tareas de la casa y tienes que pedirle a su hermana menor que las complete, la mesada que recibe la próxima vez estará un poco más corta. Todo lo que tuviste que pagarle a tu hija para que hiciera el trabajo de tu hijo se ha deducido de su mesada.

Los chicos aprenderán rápidamente cuando utilizas esa simple solución. Te lo garantizo.

Trabajos

¿Debería un adolescente tener un trabajo fuera del hogar?

Es saludable que los chicos tengan trabajos de tiempo parcial. Pueden hacer una fortuna cuidando chicos. Siempre les digo a los padres que la mejor niñera que puedes conseguir es una niña de doce años de edad que aún no ha descubierto la maravilla de los chicos. Y son mano de obra barata.

> *El trabajar es un privilegio que se gana.*

Los chicos pueden cortar el césped, limpiar patios, hacer limpieza en la casa, etc., incluso antes de que tengan quince o dieciséis años de edad. Es bueno para los adolescentes de cualquier edad el tener que escuchar a alguien más —el jefe— que hable sobre cómo hay que hacer un proyecto. Les da una pequeña muestra de lo que se trata la vida... y el conocimiento práctico de que no están siempre en el asiento del conductor. De que no siempre llegan a tomar los descansos cuando quieren, sino que los toman cuando se les indique.

Sin embargo, es importante que se den cuenta de que el trabajo es un *privilegio*, no un *derecho*. Las prioridades son siempre en este orden: hogar, escuela, otras cosas (incluido el trabajo). Por lo que tu hijo adolescente debe trabajar solo si está contribuyendo en la casa de una manera adecuada, y si su desempeño en la escuela es aceptable (ten en cuenta que no dije *perfecto*). Entonces el trabajo puede convertirse en una de las «otras cosas» que él o ella hacen. El trabajar es un privilegio que se gana si las otras dos áreas principales de la vida son atendidas.

Si tu adolescente está trabajando fuera del hogar, pero ahora tiene problemas en casa, porque no está haciendo lo que debe hacer en la casa (por ejemplo, le has dicho tres veces esta semana que saque la basura, y son tres veces de más), ¿cuándo le recoges la cuerda? Si estás en esa posición, llama al gerente de la tienda y dile: «Mi hijo ha estado trabajando para usted durante siete meses y le gusta. Por lo que entiendo, usted está satisfecho con su trabajo. Pero para ser justo con usted, yo quería avisarle que no va a poder trabajar mucho más tiempo. Tiene responsabilidades aquí en casa que no está atendiendo, y creemos que su primera responsabilidad es aquí, luego la escuela y después las otras cosas, las cuales incluyen su trabajo. Y, por cierto, esto no es una conversación confidencial, siéntase libre de hablar con mi hijo e informarle que le llamé».

Puedo leer tu mente ahora mismo. Has de estar pensando: *¿Qué quiere decir, llamar al gerente de la tienda? ¿No debería hablar con su hijo y darle una advertencia primero?*

Bueno, las advertencias no son parte de este plan de juego. Si realmente quieres un nuevo adolescente para el viernes, estos son los tipos de acciones que llamarán la atención de tu hijo. Acciones que lo detendrán en seco y le harán decir: *Frena, mis padres están realmente hablando en serio.*

Ten en cuenta que, en la mayoría de los hogares, los padres advierten, convencen, sobornan y amenazan; sin embargo, no se produce un cambio de comportamiento. Bueno, *Tengan un nuevo adolescente para el viernes* no es un libro ordinario. Pero te garantizo que si comienzas a hacer las cosas de otra manera, *tendrás* un nuevo adolescente para el viernes.

Padre, madre, no están indefensos. Ustedes tienen todos los ases. A veces hay que sacar uno y usarlo.

A mí me resultó

Siempre he sido un gran creyente en que nuestros hijos trabajen fuera del hogar de alguna manera, una vez que lleguen a la edad de trece años; ya se trate de cortar el césped o de embolsar comestibles. Crecí trabajando cuando era un chico, y quería que nuestros hijos comprendieran el valor del trabajo duro. Dos de nuestros muchachos lo han hecho bien, haciendo malabarismos con el hogar y la escuela con su trabajo. A nuestro hijo del medio le encanta su trabajo, pero sus calificaciones comenzaron a declinar y su actitud en la casa cayó en picada. Tomamos su consejo y lo sacamos de su puesto de trabajo. No estaba feliz, pero no tenía opción. Usted tiene razón. A veces un padre tiene que sacar la carta del as y usarla.

Jeff, Nevada

Ahorro/Planes de pensiones

Cuando era un jovencito de catorce años de edad, era visto como un tonto. Pero este tonto en realidad era caddie en el Country Club de Búfalo, acarreaba dos bolsas de golf a la vez (le decían «doble»). Y estaba recibiendo cheques de setenta dólares a la semana, un montón de dinero en esos días. Reflexionando en ello, me di cuenta de que estaba ganando casi igual que mi padre. Yo también era un cuidadoso ahorrista. Trabajaba duro y guardaba dinero.

Viendo cómo esa mentalidad valió la pena para mí, he animado a mis hijos a hacer lo mismo.

Cuando nuestros hijos trabajaban en los campamentos de verano y ganaban dinero, yo les hacía efectivo su cheque, actuando como su banco. Pero lo que realmente hacía era poner su cheque en una cuenta para ellos. Yo les pagaba el monto total de su cheque de pago para que obtuvieran el dinero que habían ganado como resultado de su arduo trabajo, y entonces les depositaba ese cheque en su cuenta, igualando así lo que ganaban. Eso les mostró que ahorrar un poco cada vez podría aumentar más rápido de lo que pensaban. Todos nuestros hijos tenían cuentas de jubilación para darles un buen comienzo. Con muchos bancos e incluso algunas acciones y bonos, todo lo que se necesita es cien dólares para poner en marcha el ahorro. ¿Por qué no intentarlo?

Colegio universitario o universidad

Sostén una conversación franca con tu hijo o hija acerca de las becas, subvenciones y préstamos de dinero para financiar la universidad. Conozco personalmente a algunos jóvenes que están saliendo de las universidades con una deuda de ¡$240.000! Para los padres en los rangos de ingresos modestos que tienen hijos a los que les va bien en la escuela, es extraordinario, qué bendecidos son. Tu hijo va a solicitar ayuda financiera o dinero de subvención y no tendrá que devolverlo. Pero para aquellos que no encajan en esa categoría, permítanme preguntarles: ¿Vale la pena que su hijo vaya cuatro años a una escuela y se sienta abrumado por tan grande deuda, a menos que él o ella tenga un objetivo muy específico en mente, como el de convertirse en un médico? ¿Por qué no ser creativo? Haz que tu hijo vaya al colegio universitario primero para clases generales, averigüe lo que quiere hacer, y luego se transfiera a una escuela con una carrera en la que tenga interés particular. Además, no hay nada malo con que tu adolescente trabaje un año o dos después de la secundaria si no está seguro de lo que quiere hacer.

Y permíteme hacerte una petición personal aquí. Si estás capacitado financieramente para pagar la universidad de tus hijos o una parte de ella, hazlo. No dejes que salgan del colegio universitario o la universidad con el peso de una deuda insuperable para iniciar la vida solo por el «principio» de que ellos deben pagar sus propios gastos. Ayuda en la manera que puedas. Pero también mantén una comunicación franca con tu estudiante universitario para saber que tu inversión se está haciendo de forma sabia (es decir, tu hijo se está dirigiendo a un lugar específico: hacia la obtención de un título real y de un potencial de empleo, en lugar de simplemente comprobar cosas con todo ese dinero que estás gastando).

SALVAVIDAS

El dinero cuenta… y mucho.

Discusiones

Si se mira el lado positivo, ¡discutir es un gran ejercicio para los pulmones de uno!

En el lado negativo, puede ser molesto y agotarte como padre. Cuando la gente discute, usa frases extremas como «tú siempre» o «tú nunca», las cuales montan la competencia entre ambas partes.

Así es. Usé la palabra *montan,* porque eso es exactamente lo que quiero decir. La mayoría de las discusiones con los adolescentes son montaje. Tu amorcito, simplemente dicho, te está manipulando y ella lo sabe hacer muy bien.

> *La mayoría de las discusiones con los adolescentes son montaje.*

¿Qué es lo que tu adolescente está realmente diciendo cuando discute? «Oye, no me gusta lo que pasó y quiero pelear porque me da la gana».

Pero discutir es voluntario. Asimismo, no se puede hacer con una sola persona en la habitación, se necesitan dos para discutir. Así que si mantienes tus narices fuera de los asuntos de tu hija —yéndote con elegancia a otra habitación o manteniendo tu boca cerrada— la discusión no va a continuar. Eso es, ¡si tú como padre no avivas las llamas!

Como Darlene, de once años, le dijo a un amigo: «Yo no discuto con mi mamá. No resulta».

Ah, ahora lo entendiste.

Cuando los chicos comienzan a discutir, tienes que tomar una decisión: ¿vas a empeorar el combate o a calmar la situación?

Qué pasa si, en lugar de decir: «Estoy harta de tu discusión. ¡Basta ya, señorita!», dices: «Ah, esa es una perspectiva interesante. Háblame más al respecto». Luego observa la mirada de ciervo encandilado de tu hija, porque eso es exactamente lo que vas a ver. La paraste en seco, detuviste la discusión. Así vuelve a la conducta intencional. Si su comportamiento no le permite lograr los resultados que ella quiere —una pelea que la ayude a sacarse la molestia de su mal día en la escuela— entonces no lo va a seguir utilizándolo.

Con los adolescentes más jóvenes, tienes más tiempo para entrenarlos. Ellos van a aprender, como Darlene, que discutir no da resultado, por lo que tendrás hijos bastante cooperadores. Pero para los chicos que tienen una actitud buena, simplemente con decirles: «Umm, podrías estar en lo cierto. ¿Por qué no pensé en eso?», seguido de la invitación: «Háblame más al respecto», hará maravillas con la relación de ustedes.

Si tu adolescente se enoja y está desahogándose, le podrías decir: «Apuesto a que hay un montón de razones por las que estás molesto por eso». Entonces, siéntate y escucha. Deja que tu hijo se desahogue un poco, siempre y cuando no te ataque personalmente, mantenlo en el tema en cuestión.

La otra manera de cortar de raíz la discusión es permanecer en silencio y esperar; tarde o temprano tu adolescente va a preguntarte qué es lo que está pasando.

«Te lo diré», respondes. «Mamá está triste». Y entonces sales de la habitación.

Lo más probable es que ese chico te siga y, un poco confundido, te pregunte: «¿Por qué?».

En ese momento tendrás la oportunidad para enseñarle. «Porque no me gustó la forma en que me hablaste. Fue una falta de respeto y una mala educación».

Pero, madre, aquí está la parte difícil. Cuando tu hija voltee esos ojitos azules hacia ti y te diga: «Lo siento, mamá», acepta la disculpa. Pero *nunca, bajo ninguna circunstancia, vayas a ceder.*

Cuando tu adolescente te diga: «Ahora puedo ir al cine, ¿verdad?», le respondes: «Dejemos pasar esta noche». En otras palabras, no dejes que tu hija piense que un simple «lo siento, mamá» lo arregla todo y la vida puede volver a la normalidad. Tiene que haber consecuencias por su acción y eso significa no ida al cine esta noche con sus amigos. Si te mantienes firme, ella no va a estar muy propensa a intentar la misma táctica otra vez, porque no le resultó.

Así que tu no, sea no y tu sí, sea sí. Si hablas tonterías, lo que estás es promoviendo la discusión ya que tu hija sabe que si discute lo suficiente, vas a cambiar de opinión.

No argumentes si no quieres discutir.

SALVAVIDAS

Se necesitan dos para discutir.

Distraído

Seamos francos. Algunos chicos tienen más espacio entre las orejas que otros. Tienen dificultades para permanecer concentrados en la tarea y no tienden a cumplir con sus responsabilidades porque su vida mental está en otros lugares.

Pero estoy convencido de que los chicos que parecen distraídos han sido enseñados a serlo. Si no podían encontrar algo, mamá, papá o un hermano lo encontraban para ellos.

> *Si tu chico está distraído, ¿por qué está así? ¿Porque lo hace evadir la responsabilidad?*

«Ah, ¿la camisa no está colgada en tu armario? ¿Estás seguro?», pregunta mamá.

El chico asiente con la cabeza. «Claro que estoy seguro».

Así que, aunque mamá sabe que acaba de lavar la ropa y colgó esa camisa allí, ¿adivina quién va al armario para comprobarlo?

No, no el hijo. Mamá es la que lo hace. Ella se aleja de *su* proyecto a mitad de camino para ir a ver qué pasa con el proyecto de *él*, que de repente se ha convertido en encontrar su camisa favorita.

«Ah, querido, está aquí mismo en medio de tu otra ropa», anuncia ella.

Chico distraído ha ganado de nuevo. No solo consiguió que ella lo encontrara por él, algo que fácilmente habría podido haber hecho por sí mismo si hubiera mirado más de un segundo en su armario, sino que consiguió desviar su atención de su tarea. En otras palabras, mamá saltó a la entera disposición de Chico distraído. ¡Cielos! ¿Puede la vida ser mejor? No es de extrañar que Chico distraído siga siéndolo. Tiene el futuro resuelto de por vida.

Muchos chicos son distraídos porque han decidido que es más fácil que otras personas hagan las cosas por ellos. Es una manera de evadir la responsabilidad, y es muy manipuladora.

Nunca es bueno hacer cosas que ellos pueden hacer por sí mismos. ¿Significa eso que nunca te vas a levantar a traerle una bebida a tu hijo? No, el hacerlo demuestra el amor, la bondad y la gracia. Sin embargo, hacer la tarea de tus hijos, rescatarlo siempre de situaciones apretadas o no enviarlo a que busque de nuevo esa camisa «perdida» no le está haciendo ningún favor. En cambio, le está permitiendo ser distraído y no hacerse cargo de sus responsabilidades. Y eso no le está haciendo bien a nadie, ni a ti, ni a él, ni al resto de los miembros de tu familia, ni a sus maestros en la escuela, sus amigos ni a cualquier otra persona con la que interactúe.

Algunos chicos son distraídos debido a que tienen TDA (Trastorno por Déficit de Atención) o TDAH (Trastorno por Déficit de Atención e Hiperactividad). Sin embargo, soy de la opinión profesional —después de años aconsejando chicos, adolescentes y a sus padres— que la gente pega esas etiquetas demasiado rápido en lugar de trabajar con la naturaleza intencional de la conducta. Si tu chico está distraído, *¿por qué* lo está? ¿Porque lo hace evadir la responsabilidad? ¿Su hermana se disgusta cuando él se olvida y hace su trabajo por él? ¿O tiene que ser responsable de hacer su propio trabajo, incluso cuando no es conveniente para él? Así que antes de visitar a su médico y al sicólogo, haz un poco de trabajo detectivesco. ¿Es tu hijo distraído, desorganizado y no se puede enfocar todo el tiempo, o es simplemente cuando se requiere algo de él?

Muchos chicos andan con medicamentos para el TDA o TDAH cuando lo que necesitan en lugar de eso —o en conjunción con la medicina por un corto plazo— es alguien que les enseñe a ser responsables, a rendir cuentas, y a cómo concentrarse en un proyecto. Debido a que algunos chicos han sido diagnosticados con TDA o TDAH, algunos padres toman licencia con eso y excusan la conducta inapropiada de su propio hijo como: «Ah, él tiene TDAH, no puede evitarlo». No, él sí puede, y necesita hacerlo. Si no aprende a controlar su comportamiento ahora, que Dios lo ayude —y a los que le rodean— cuando se convierta en un adulto.

Ahora es el momento de darles a tus hijos adolescentes las herramientas que necesitan para vivir como adultos sanos, que retribuyen al hogar y a la comunidad, en lugar de actuar como compradores.

SALVAVIDAS

Nunca hagas por ellos lo que ellos
pueden hacer por sí mismos.

Divorcio

El divorcio no es fácil para nadie... sobre todo para los hijos implicados. Los adolescentes se sienten como los huesos de la suerte —que los halan en todas direcciones— estirándose para complacer a ambos padres. Ellos no quieren tener que tomar partido entre la gente que aman.

Los padres inteligentes mantienen a sus hijos adolescentes fuera del campo de tiro entre ellos. Para los padres que no pudieron conseguir paz a lo largo de su matrimonio y están en guerra entre sí durante su divorcio, sé que esto es una expectativa elevada. Pero, de nuevo, ¿quién es el adulto aquí? Sus hijos no eligieron el divorcio, lo decidieron ustedes, tú y tu ex esposo. Así que mantengan las tensiones entre ustedes dos. No impliquen a sus hijos.

Eso quiere decir que tú no hablas mal de tu ex (por muy tentador que sea), *nunca*. Aun cuando tu ex sea un canalla, las palabras que hables mal de él o ella volverán en tu contra aumentadas. Dale a tu adolescente algo de crédito para que averigüe quién está diciendo la verdad en la situación, ya sea ahora o más adelante. No tienes que ser el trompetista que más alto suene en la situación.

Permíteme ser franco. Los tradicionales arreglos en los acuerdos de divorcio son brutales, por ejemplo, hacer que tu adolescente viva una semana en tu casa y una semana en la casa de tu ex. Yo pregunto de nuevo, ¿eligieron tus hijos el divorcio? No, lo hicieron tú y tu ex. Así que, ¿por qué es que tus hijos están siendo volteados de un lado a otro como una tortilla de maíz? ¿Qué pasaría si, en cambio, los padres cambiaran de casa? Eso sería mucho mejor para los niños, en mi opinión.

Curiosamente, una gran cantidad de padres en proceso de divorcio o ya divorciados han visto la luz y están haciendo exactamente eso. Pero eso puede que no sea viable en tu situación específica, sobre todo si se trata de un divorcio complicado, acalorado.

> *¿Eligieron tus hijos el divorcio? No, lo hicieron tú y tu ex. Así que, ¿por qué es que tus hijos están siendo volteados de un lado a otro como una tortilla de maíz?*

Todo lo que estoy diciendo es que, a pesar de que estás obligado por acuerdos legales, es preferible hacer cualquier esfuerzo que puedas para facilitarles las cosas a tu hijo o hija. Y si hay alguna manera de hacer que la visita al padre o a la madre sea más voluntaria por parte de tu hijo, hazlo. Darle a tu hijo o hija la libertad de decidir cuánto tiempo va a pasar en la casa del otro es una buena cosa para el chico.

Algunos de ustedes se enojan simplemente al leer estas palabras, porque son la última cosa que quieren oír. Solo ves a tu hija una vez al mes, los fines de semana. Pero obligar a tu hijo a pasar tiempo contigo por obligación no contribuye en nada al desarrollo de una relación de por vida.

Hay suficiente estrés en la vida de un adolescente sin añadir el del divorcio. Sin embargo, es una realidad en nuestra sociedad. Pero, eso no quiere decir que tú como adulto en esa situación no debieras hacer todo lo que esté a tu alcance para quitar mucho estrés de la situación como sea posible.

Hace poco recibí una llamada telefónica desgarradora de un padre. Su ex esposa, una alcohólica, lo arrastró al tribunal, calumniándolo. Lo pintó ante el sistema judicial tan tenebroso como pudo para recibir la custodia absoluta de su hija, con excepción de los sábados. El problema es que ese padre por lo general tiene que trabajar los fines de semana, así que le es difícil encontrar el tiempo para ver a su hija. El tipo se echó a llorar cuando me contó su situación.

«Doc», me dijo, «yo amo mucho a mi hija, pero la estoy perdiendo. Y solo tiene catorce años de edad».

La madre había envenenado tanto a su hija contra él, que no quería verlo ya; ella creía las mentiras que su madre le dijo.

Esto es lo que le dije a ese padre desesperado:

Esta es la buena noticia. He pasado por esto cientos de veces con cientos de familias diferentes y he visto un montón de finales felices. Aunque al principio no te va a gustar lo que voy a decir. Deja de tratar de obligar a tu hija adolescente a que te vea. Retrocede, no insistas. Quédate en silencio. Sí, ya sé que, mientras tanto, eso te va a matar, pero espera y sé paciente. Cualquier chica de catorce años de edad que vive con una madre deprimida y alcohólica, no va a ser feliz con su vida en un escenario así por mucho tiempo. Y si te retiras y dejas de ser el saco de boxeo sicológico para ambas –y, sin rodeos, eso es todo lo que eres para ellas en este momento, a pesar de que solo estás tratando de ser un buen padre–, te sorprenderás al ver lo que sucede.

Dios no te puso en esta tierra para que te masticaran y te escupieran. Aun cuando el tribunal te diga que tienes visitas un sábado cada dos semanas, a partir de este momento hasta ese momento, ¿estarías en desacato a la corte si no fueras? Tienes que hablar con tu abogado acerca de eso, pero yo no lo creo. Tienes la *opción* de ver a tu hija, aun cuando no tienes que hacerlo. Así que retírate del conflicto. Si retrocedes lo suficiente, al menos ya sabes que cuando tu hija te llame, es porque *querrá* hablar contigo. No caigas en la trampa de ser un padre tipo Disney, que trata de hacer cualquier cosa para ganarse el favor de su hija. Ambos lados de la relación tienen que estar operando.

El divorcio es un asunto desagradable, de cualquier forma que se mire. Pero si tomas ese camino y no hablas mal de tu ex —nunca—, estarás haciendo absolutamente lo mejor que puedes hacer por tu hijo adolescente. Sé de muchos hijos que, una vez que estuvieron fuera del nido y por su propia cuenta, han desarrollado una perspectiva más amplia sobre lo que estaba pasando en casa y han hecho todo lo posible para pasar tiempo con el otro progenitor.

SALVAVIDAS

Mantén a tu adolescente fuera de la zona de fuego.

Dormir constantemente

Sin duda, los años de las hormonas agitadas son agotadores. La comunidad médica podría decirte que los adolescentes que están pasando por períodos de crecimiento necesitan dormir más tiempo; su cuerpo lo requiere. Además, la vida de los adolescentes puede ser bien emocional, y el sueño también ayuda a la mente a reagruparse y despertar fresca.

Sin embargo, complicando esos problemas de la vida real, está el hecho de que muchos adolescentes tienden a adquirir cualidades como el mapache, es decir, están despiertos la mitad de la noche, sobre todo en el verano, cuando la escuela no es parte de su vida.

La semana pasada, Lauren estaba en casa; no fue a la escuela porque tenía un resfriado y no se sentía bien. A las 2:30 de la tarde, finalmente oí movimiento en su dormitorio, así que llamé a la puerta y la abrí, y allí estaba ella, todavía en la cama, apoyada en los codos y mirando algo en la pantalla de su computadora.

«Lauren», le dije, «¿te traigo algo de desayuno? ¿Te gustaría desayunar en la cama? Y, por cierto, el banco llamó y me dijo que estabas unas cuantas horas retrasada...». Esa fue mi forma gentil, y con humor, de decirle a mi hija: «Santo cuervo. ¿Son las dos de la tarde y todavía estás en el estante?». Ten en cuenta que yo no fui allí y le dije: «¿Por qué no fuiste a la escuela si te sientes lo suficientemente bien como para acostarte en la cama y mirar tu computadora?».

> *Los años de las hormonas agitadas son agotadores.*

El humor es la forma en que hacemos la vida nosotros los Lemans. Puede que no seas muy bueno en eso del humor. Pero mi punto es que tienes que encontrar alguna manera de comunicarte con tu adolescente, esa que amas y te preocupas por ella sin parecer un antipático sentencioso. Si tu hija no se siente amada, te puede dar servicio de labios (ya que habrá otras consecuencias si no lo hace), pero sus palabras no se conectan con su corazón.

Así que, cuando está durmiendo mucho, pregúntate: *¿Podría el chico estar creciendo? ¿Están quedándole los pantalones cada vez más cortos? ¿Es su voz cada vez más profunda?*

Si es así, deja que duerma cuando lo necesite. Simplifica sus actividades para que pueda descansar un poco más.

Pero luego están esos jóvenes para los que dormir constantemente es el resultado de la pereza, una manera de escapar de una vida que puede ser abrumadora, o los signos iniciales de depresión. Si tienes alguna duda, pregúntate: *¿Sigue él cumpliendo con lo que tiene que hacer alrededor de la casa, encargándose de sus responsabilidades en la familia? ¿Está actuando desanimado o deprimido? ¿Como que la vida es muy difícil de llevar?*

Es entonces cuando mamá o papá debe intervenir para resolver la situación. Llévalo a su médico para un chequeo a ver si todo lo demás está bien. De lo contrario, vamos a dormir, e interactuar con él cuando esté totalmente alerta.

Una vez más, la navegación en los años de las hormonas agitadas tiene que ver con asociarte con tu hijo o hija y con cautivar su corazón.

SALVAVIDAS

Dormir le hace bien al cuerpo... a menos que esté muerto.

Dormir. Seguir durmiendo después de la alarma

«Ah, yo sé lo que Leman va a decir en cuanto a este caso: "Bueno, se quedó dormido con todo y la alarma que sonó, pues el tontito puede sacar su cola de la cama y caminar a la escuela"».

Estás equivocado. Mi consejo es que te ofrezcas para *conducir* a tu hijo o hija a la escuela.

Con eso en mente, vamos a cambiar la escena un poco. Esta es la tercera vez en una semana que tu adolescente ha fallado en levantarse a tiempo para ir a la escuela. Ahora estamos hablando de un caballo de un color diferente. Cada chico en el planeta se ha olvidado de su almuerzo o de un proyecto de tarea en un momento u otro. Así que si vas a pasar por la escuela una hora más tarde, no hay nada malo con traer el almuerzo o las tareas de tus hijos. Eso es algo amable. Todos nos olvidamos de algo. Cada paso en la vida no tiene por qué ser un momento de enseñanza. La crianza de los hijos debe ser atenuada con la gracia, la bondad y la afirmación de que todos somos imperfectos.

> *Hay que ir al plan B.*

Algunos chicos que son pesados durmientes se quedan tendidos a pesar de que sus relojes con alarma funcionen. Pero yo estoy hablando de uno que es crónico en eso de no levantarse. Se trata de un jovencito que, aun cuando lo despiertas y tratas de conseguir que se ponga en movimiento, no se levanta. Así que, hay que ir al plan B: decirle al administrador de la escuela que tu hijo adolescente no tiene ninguna razón para llegar tarde. Pídele a la persona encargada que llame a tu hijo una vez que llegue a la escuela y le pida que explique por qué está llegando tarde. Casi siempre es mejor tener la presión proveniente de un tercero.

Si tu hijo tiene que caminar a la escuela por una razón u otra, que así sea. Si terminas siendo el conductor, nota que tu hijo puede tratar de pelear contigo en el trayecto a la escuela. Después de todo, de alguna manera esto es culpa tuya porque él no se levantó. Cuando eso sucede, solo sonríe. Cuando él salga del auto, dile: «Ten un buen día, cariño».

Y la vida continuará. No te dejes embaucar: no participes en la batalla. No te subas a tu pedestal: «No entiendo por qué tú, un joven de quince años de edad, no puede ser lo suficientemente responsable como para ir a la escuela».

Aguanta la respiración. Deja que el director, el decano de estudiantes, la persona encargada y los maestros hagan el trabajo por ti.

Se le quedará más.

Aguanta la respiración.

Dormitorio desordenado

Este ha sido un problema para los padres desde siempre. Estoy seguro de que incluso al hijo del hombre de las cavernas le recordaron que recogiera sus pieles de la sala principal. Si yo fuera a la habitación de Lauren, mi hija menor, ahora mismo, vería cosas por el suelo, incluida una pistola de pegamento, papel y artículos brillantes. Lauren es una trabajadora muy detallista, y siempre está haciendo cosas. Se pasa horas elaborando regalos hechos a mano para miembros de la familia, no solo para los cumpleaños y la Navidad, sino para otras ocasiones. A veces entro en su habitación, meneo la cabeza, y digo: «Esta es una obra maestra». Es mi manera de decir: «Oye, Lauren, me doy cuenta de lo que es tu habitación».

Aquellos que sienten que la habitación de su hijo adolescente debe ser limpiada todos los días y estar en punto como una patena, bueno... puedes ir allí, pero probablemente no sea una buena idea. En mi opinión, esa batalla no vale la pena. Si el desorden realmente te molesta, cierra la puerta. Pero si es una gran cosa para ti el tener a tu hijo o hija limpiando su habitación un par de veces a la semana, dile: «Sé que este es tu espacio, tu habitación, pero tú eres un miembro de esta familia, y tu habitación es parte de una casa que nos pertenece junto con el amable prestamista que nos financia. Por lo tanto, respetuosamente solicitamos que lo limpies dos veces por semana. Escoge los días». Preferiblemente uno sería el sábado, cuando el chico tiene más probabilidades de estar en casa.

> *A veces entro en su habitación, meneo la cabeza, y digo: «Esta es una obra maestra».*

Si tu adolescente no tiene en cuenta tu instrucción, entonces contrata a un hermano para ir a limpiar la habitación, y le pagas con dinero de la mesada de tu hijo adolescente. O contratas a un joven vecino para ir a limpiarla. O incluso págate a ti mismo un buen salario de la mesada de tu hijo adolescente para hacerlo. Eso hará que llegue el mensaje de forma rápida (sobre todo porque a los adolescentes no les gusta que nadie toque sus cosas).

Esa solución simple también representa la vida real. Puedes llevar tu automóvil al túnel de lavado y pagar nueve dólares o puedes lavarlo tú mismo en tu propia entrada de tu casa y mantener los nueve dólares. De la misma manera, tu hija puede pagar a alguien para limpiar su habitación, o la puede limpiar ella misma y guardar el dinero.

No hay lugar para discusión allí.

SALVAVIDAS

Deja que tu hogar refleje el mundo real.

Drogas y alcohol

Cuando piensas en heroína, ¿en qué piensas? ¿Algún vagabundo de barrios bajos inyectándose a sí mismo? ¿Viviendo la vida en una bruma? ¿Pidiendo dinero en las esquinas?

Bueno, piensa de nuevo. Uno de los grandes problemas en las escuelas secundarias pudientes (por ejemplo, una cerca de mí en Tucson, donde los niños vienen de hogares ricos) es el consumo de heroína. Es el chico que se viste con ropas de última moda o vestido gótico —aunque no siempre puedes juzgar por la manera en que un chico se ve o por la ropa que lleve— quien puede caer en la trampa de usar heroína. Nadie es inmune. El consumo de heroína llegó para quedarse, así como usar marihuana, cocaína, metanfetamina y otras drogas, así como beber cerveza y otras bebidas alcohólicas más fuertes.

La madre lista no entierra la cabeza en la arena, quejándose de que los tiempos han cambiado. En vez de eso, se da cuenta de que las drogas y el alcohol están de hecho en todas partes y son de fácil acceso, por lo que, es muy probable que sus hijos pronto sean abordados (si no lo han sido ya) para que prueben las drogas o el alcohol.

Las drogas y el alcohol implican grandes peligros y costos para tu hijo y los demás. Si no me crees, llama a tu agente de seguros. Él no solo te va a explicar los hechos, sino que también te dirá cuánto te va a costar añadir a tu hijo de quince años en la póliza de tu auto familiar. Pon el auto a nombre de tu hijo de dieciocho años y observa cómo se dispara la prima en cuestión de segundos. Y si tu hijo recibe una multa por conducir intoxicado siendo menor de edad, con toda probabilidad que va a perder su licencia. Cuando alguien recibe una multa por conducir intoxicado, ya sea menor de edad o un adulto, él o ella pasan a través de un sistema judicial, y para obtener representación legal esa persona va a necesitar unos diez mil dólares para empezar. La pérdida de vidas debido a las drogas y al alcohol es enorme.

¿Por qué, entonces, son tan aceptadas socialmente?

Tal vez es porque vivimos en una sociedad en la que una gran cantidad de padres fuman marihuana y consumen alcohol. Una amiga me dijo que estaba en la fiesta de cumpleaños de un chico en el que dos de las mamás estaban charlando en la esquina del garaje mientras fumaban marihuana. Muchos padres creen que es correcto servir alcohol a los chicos menores de edad en el hogar, ya que ellos mismos beben, lo consumen y tienen un gabinete de licores espectacular. Pero padres, ustedes no viven en Francia, donde los padres les dan alcohol a sus hijos con la cena.

Los chicos que consumen drogas y alcohol por lo general tienen acceso a una cosa: dinero.

Marian creció en un hogar con dos padres trabajadores, influyentes, ricos. A los once años de edad regresaba a una casa vacía día tras día y encontraba el mueble de licores para mayor comodidad. Un trago o dos de vodka y nunca más se sintió sola. Para ocultar su adicción cada vez mayor, ella rellenaba la botella con un poco de agua. No fue sino hasta dos años más tarde, cuando regresaba de una fiesta en medio de la noche, con moretones, despeinada y borracha, que sus padres se preocuparon, después de que habían llamado por teléfono frenéticamente por todas partes para encontrarla. No tenían idea de que ella estaba bebiendo ni incluso de que había estado bebiendo mucho durante dos años y directamente de su propio bar en la casa.

Ocho semanas después, sus padres recibieron otro impacto. Marian, de trece años de edad, estaba embarazada; había sido violada en la fiesta cuando estaba borracha, y ni siquiera recordaba quién lo hizo. El remordimiento que esos padres sentían siete meses después,

> *La pérdida de vidas debido a las drogas y al alcohol es enorme. ¿Por qué, entonces, son tan aceptadas socialmente?*

al ver a su hija llorando firmar los papeles de adopción para su bebé, no se podía calcular.

Por lo tanto, padres, presten atención a las señales de que su hijo puede tener problemas. Hagan algo *ahora*. No esperen.

También hay algo nuevo en el mercado que puede que conozcas o aún no, pero de lo que tienes que estar consciente: el Spice. Hace poco estuve hablando con un grupo de cincuenta padres de familia en una habitación, y pregunté: «¿Quién sabe lo que es Spice?». Solo uno levantó la mano. Es por eso que incluyo esta información aquí para ti.

Spice o K2 no es realmente una droga, sino que actúa como tal. Te puede dar un zumbido bastante bueno; es popular entre los jóvenes de hoy por un par de razones: (1) es muy barato, y (2) lo puedes comprar en cualquier tienda de incienso. Algunos estados ahora están apurados para hacer esta sustancia ilegal, pero sigue estando disponible hasta la fecha de este escrito. Aun más, no se puede detectar en una prueba de drogas.

> *Los chicos que consumen drogas y alcohol por lo general tienen acceso a una cosa: dinero.*

Una gran cantidad de escuelas secundarias están sometiendo a pruebas de drogas a sus estudiantes. Esto está empezando en el sector de la escuela privada, ya que es más fácil de sacar allí, pero dentro de poco tiempo creo que las pruebas de drogas serán parte integral de la educación de tu hijo.

La opción a usar drogas y alcohol siempre rodeará a tu adolescente. Y no puedes cambiar ese hecho; no puedes protegerlo en una burbuja o estar a su lado en todo momento como una mamá suspendida en el aire o el papá Oso. Entonces, ¿qué vas a hacer para que tu hijo se distinga? ¿Qué vas a hacer en tu casa ya para asegurarte de que tu hijo o hija no van a fumar esa hierba, inhalar cocaína ni hacer algo ilegal?

El que tu hijo sea capaz de oponerse a las drogas y al alcohol o no, tiene mucho que ver con tu apoyo, promoción y fe en él. Nuestros muchachos, cuando eran abordados con drogas o alcohol, respondían simplemente lo que les enseñamos: «Hey, yo soy un Leman, y los Lemans no hacen eso». Entonces los instigadores se volteaban y se iban.

Cuando un chico se siente fuerte en lo que él es como parte de su familia, sabiendo que tiene un lugar seguro, firme en ella, puede decir no a las cosas que falsamente le harán «sentirse bien» o que de otra manera lo atraerán para que sea parte de un grupo que no es saludable para él. Él ya es parte de un grupo —tu familia, su familia— y se siente bien con eso.

Si has hecho las cosas bastante bien como padre mientras tu hijo ha crecido, tu hijo —con toda probabilidad—, no terminará consumiendo drogas y alcohol. Pero si has exagerado las cosas —siendo demasiado prescriptivo, tratando de intimidar a tu hijo para que sea lo que tú querías que fuera, o has sido demasiado permisivo, permitiéndole hacer lo que él quisiera sin consecuencias— él pudiera rebelarse.

Cuando nuestros cinco hijos eran pequeños, cada vez que pasábamos la escena de un accidente, yo meneaba la cabeza y decía: «Drogas», lo suficientemente fuerte como para que los chicos me pudieran escuchar. Más tarde, cuando nuestros hijos se encontraban con las escenas del accidente, me preguntaban: «Papá, ¿crees que fueron las drogas?». Imprimir las consecuencias del consumo de drogas y alcohol en tus hijos tan temprano como sea posible hará una impresión en ellos. Cuatro de mis hijos ya están fuera del nido, y cada uno de ellos me ha dicho: «Papá, yo nunca he probado la hierba (marihuana), a pesar de que me lo pidieron, porque no tenía necesidad de hacerlo para ser popular».

Ahora bien, ¿era yo un perro guardián incansable? No, porque no puedes estar suspendido encima de tus hijos cada minuto como el mismo Dios todopoderoso. Eso no es posible. En vez de ello, he tratado a mis hijos con respeto. Ellos siempre supieron que nosotros, los Lemans, no éramos drogadictos. Sabían que la droga tenía consecuencias (y a menudo les decían a sus amigos eso mismo). Sabían que ningún consumo de alcohol o de drogas sería tolerado en nuestra casa.

Contrasta eso con los padres que piensan que es genial alquilar un par de habitaciones de motel para que sus hijos puedan festejar allí «seguros» en la noche del baile de graduación. Disculpa, pero esos padres hacen parecer a Jim Carrey, en la película *Una pareja de idiotas*, como un astrofísico.

Si estás leyendo este libro y estás diciendo: «Doctor Leman, mucho de esto es simplemente sentido común», gracias por notarlo. Este libro tiene todo que ver con el sentido común; precisamente, lo que muchas personas carecen hoy es de sentido común. Por desdicha, a menudo son los padres de los adolescentes los que se han pasado de la raya en sus propias actitudes, comportamiento y carácter. Y, ¿adivina de quién aprendieron los muchachos? En algún momento, asiste a una competencia atlética de niños, y te sorprenderá de lo vergonzoso que actúan algunos padres. Ellos hacen el ridículo. Mientras los chicos en el campo están bien (de hecho, están allí volteando los ojos al cielo avergonzados por el comportamiento de sus padres).

> *Padre, madre, tú tienes las cartas, y las que puedes jugar son ases.*

Así que antes de empezar a dictar conferencias a tus hijos sobre drogas y alcohol, echa una buena mirada en el espejo primero. En la medida que lo hagas tú, lo van a hacer ellos.

Ahora bien, ¿qué haces si tu hijo o hija son encontrados fumando hierba o bajo cualquier otra influencia? Hazte esta pregunta primero: «¿Dejaría a alguien adicto a drogas conducir mi auto?».

Yo, en verdad, no lo haría.

Recuerda, padre, madre, tú tienes las cartas, y las que puedes jugar son ases. Si tu hijo está fuera de base, va en una dirección diferente a la que tú quieres que vaya, tienes que levantarte y sacar la bandera roja, diciendo: «Esto no es aceptable en nuestra casa». Cuando tu hijo tiene dieciocho o diecinueve años y esté fuera de la casa, va a hacer lo que quiera. Nada de lo que hagas o digas va a cambiar a ese chico. Pero si está residiendo en tu hogar, está bajo tus reglas. Y si no las sigue, pierde sus privilegios como miembro de la familia (que van desde las mesadas, dinero para gastar y la conducción del auto). Recuerda que las drogas no son baratas. Cuestan mucho dinero y tu hijo solo puede sacarles poquitos a sus amigos por un poco de tiempo. Así que, ¿de dónde sale el dinero? Sale de ti, así que corta el flujo ya.

Si tu hijo está consumiendo drogas, requiere de una confrontación. «Yo sé que estás bebiendo o consumiendo drogas. Necesitas ayuda y yo, como tu padre, voy a hacer que la recibas. Así que aquí está la manera como se va a jugar». Sé firme. No batalles. Solo establece los hechos.

Un padre me dijo hace poco que lo más difícil que había tenido que hacer en su vida fue llevar a su hijo a rehabilitación de drogas hace un año, pero estaba consciente de que eso fue lo correcto. Su hijo gritaba obscenidades y hasta le dijo que lo odiaba. Pero hoy en día, padre e hijo tienen una buena relación; juegan ráquetbol dos veces por semana y los viernes en las noches ven películas juntos. Esas noches de películas han mantenido al hijo lejos de su antiguo grupo drogadicto. La semana pasada, el padre, con ojos llorosos, afirmó: «Ayer, Sean me expresó algo que nunca olvidaré. Me dijo: "Papá, tú sabes que nunca te odié. Yo solo estaba hecho un lío"».

Padre, párate en la brecha. Obtén la ayuda que tu hijo necesita si está usando drogas y alcohol. Haz todo lo que puedas en tu casa para educar a tus hijos respecto de las drogas y del alcohol, y sus efectos.

Las drogas y el alcohol no son un grano de arena; son montañas dignas de tu tiempo y esfuerzo intenso. Son los tipos de cosas que derrumban a un chico, que destruyen la motivación de tu hijo y su capacidad para pensar y razonar. Y en esos años críticos, esa es ciertamente una situación álgida. Un padre listo *siempre* presta atención a los síntomas de consumo de drogas y alcohol. Nada es una garantía en la vida, pero pensar lo mejor de tus hijos, esperar lo mejor de ellos y hablar lo mejor de ellos puede ayudar mucho a que se comporten de manera apropiada en todos los ámbitos de la vida.

SALVAVIDAS

Tal como lo hagas, lo van a hacer ellos.

Embarazo

Es probable que, para el momento en que te enteres del embarazo de tu hija o el de la novia de tu hijo, ella vaya a tener por lo menos tres o cuatro meses de gestación. Después de superar el impacto inicial, las preguntas te asaltan: «¿Y ahora qué hacemos?».

Hace poco dos parejas de progenitores, en esa posición, me pidieron que me sentara con ellos y los futuros jóvenes padres y que participara en su discusión. La joven se mantuvo firme en cuanto a no hacerse un aborto, lo cual aplaudí. Sin embargo, a medida que la discusión progresaba, se hizo muy claro lo que la joven y su familia tenían en mente. La chica de quince años de edad daría a luz, y el bebé sería criado en su casa con su mamá y su papá.

Lo que pensé fue: *¿De quién es este bebé? ¿Quién va a criarlo? ¿Quién es la mamá del bebé? Estamos hablando de una niña de quince años de edad. No tiene la edad suficiente para conducir un automóvil, pero es la mamá.*

> *¿De quién es este chico?*

En ese momento podía decir qué iba a suceder. Ese niño iba a ser criado por los abuelos. La chica de quince años seguiría por la vida como si el bebé fuese su hermano o hermana, no su hijo o hija. La joven terminaría el año estudiando por correspondencia o se transferiría a otra escuela para terminar la secundaria. Entonces se iría a la universidad. ¿Con su hijo a cuestas? No, el niño permanecería con la abuela y el abuelo.

Algunas personas dirán: «Bueno, ¿qué hay de malo con eso? Usted mismo aplaudió la decisión de la joven de no abortar al bebé».

Sí, pero hay algo esencial que falta: ¿Qué es lo mejor para ese bebé que está creciendo en el vientre de una joven de quince años?

En segundo lugar, ¿qué es lo mejor para el joven y la joven, los padres del bebé?

A medida que iba trayendo esas cosas a colación ante las dos familias y los futuros padres, pude ver en los ojos del joven que estaba de acuerdo. Él no estaba contento con el giro que la conversación estaba tomando. Antes de salir de la habitación ese día, señalé con mi dedo a cada individuo y le dije lo mismo a cada uno de ellos: «Eres un egoísta». Digamos que sus expresiones no reflejaron gratitud. En efecto, la mirada en los ojos de la abuela (la madre de la chica embarazada) era lo más cercano al veneno puro que he visto.

Pero, de nuevo, la familia me había pedido que me sentara y diera mi opinión. Así que incluso si tú, lector, no estás de acuerdo conmigo, voy a dar mi aporte.

El mejor lugar para que un niño crezca es un hogar con una pareja madura, una mamá y un papá que se aman.

Los abuelos de hoy están criando niños en gran número debido a que sus hijos han sido irresponsables en su manera de vivir. Pero volvamos a la pregunta principal: ¿es eso realmente lo mejor para el *niño*?

Creo que lo ideal que cualquier chica embarazada fuera del matrimonio puede hacer es encontrar una pareja amorosa que tenga la misma fe, los mismos principios básicos y los mismos valores importantes para ella, y luego les dé el único regalo —la adopción— a ese bebé y a la familia adoptiva. Es un maravilloso acto de amor el de una pareja que trae el niño de otra pareja a su casa y lo cría como propio. Y hay tantas dignas parejas que están esperando en las trincheras esperando esa sola oportunidad.

Un año más tarde hablé con el padre del bebé.

—¿Cómo van las cosas? —le pregunté.

Él inclinó su rostro.

—No muy bien. Ellos no quieren que yo vea al niño. Me quieren fuera del panorama por completo.

—¿Te acuerdas de aquel día que nos sentamos? —le pregunté.

Miró con ojos preocupados.

—Lo recuerdo bien.

—¿Recuerdas cuando nos fuimos que le pregunté a todo el mundo lo que pensaban que debíamos hacer y tú estuviste de acuerdo con ellos? Pude ver en tus ojos que no estabas de acuerdo con eso, ¿verdad?

—No.

—¿Por qué no hablaste y dijiste eso?

Dejó caer la cabeza.

—Estaba asustado. No supe qué hacer. Pero sabía en mi corazón que lo que usted dijo era lo correcto.

Ahora, antes de que empieces a enviarme las cartas de odio, déjame decirte un par de cosas. Yo sé que dentro de muchas sociedades en los Estados Unidos, es contracultural ofrecer a un niño en adopción, y hay muchos abuelos que han criado a sus nietos con éxito. Pero la realidad es que los abuelos no están diseñados para ser padres. Ellos deben ser abuelos. Hay una diferencia significativa entre los roles.

Muchos abuelos tienen limitaciones físicas en materia de energía y puede ser menos probable que disciplinen a los chicos. Por eso deben disfrutar sus años siendo abuelos. Todos los abuelos quieren malcriar a sus nietos «solo un poco». Pero cuando un abuelo desempeña el papel de padre, ese malcriar «un poco» puede conducir a un chico egoísta que solo piensa: «Yo, yo, yo». Los abuelos ya cumplieron su tiempo de criar a sus hijos, no deberían ser puestos en el papel de criar nietos porque sus hijos han decidido sacar el cuerpo y ser irresponsables. Pero una vez más, ¿de quién es este hijo? ¿Y por qué no es el bienestar de ese hijo tomado en cuenta en esa mezcla?

Vivimos en una sociedad donde dar a luz a un hijo fuera del matrimonio no es gran cosa. Las actrices de Hollywood llaman a su publicista y le dicen que prepare una declaración: «Estoy embarazada». La noticia es entregada sin una pizca de vergüenza ni preocupación. Muchas mujeres hoy en día viven con la idea siguiente: *¿Para qué necesito un marido?*

Cualquiera que entienda el comportamiento humano se da cuenta de que cada chico necesita una buena dosis de feminidad y otra buena dosis de masculinidad. Ese concepto es tan antiguo como el tiempo mismo.

Pero en toda esta búsqueda de «mis derechos», son los mismos bebés que aún no han nacido los que son arrastrados hasta el último lugar en la lista de prioridades, cuando sus necesidades debieran ser las primeras.

Haz lo correcto… siempre.

Escuela (bajo rendimiento)

Los chicos no empiezan de repente a salir mal en la escuela; por lo general eso se remonta a los años de escuela primaria. Es allí donde a menudo las cosas empiezan a ir por mal camino. Por ejemplo, cuando los chicos no están aprendiendo los principios de cuarto grado, pero nunca nadie se detuvo y dijo: «Oye, tú necesitas quedarte un año más en el cuarto grado», hay un efecto acumulativo de este abandono. Es igual que los adultos que nunca se han hecho una limpieza dental. Con toda probabilidad, van a acabar con las encías enfermas. Parte de la enfermedad puede ser reversible, pero por lo general requiere algunas cirugías delicadas que son costosas y prolongadas.

Algunos chicos no están orientados académicamente en lo absoluto, pero son muy buenos en el trabajo manual. Sin embargo, vivimos en una sociedad que dice que los triunfadores son los del tipo académico. ¿Qué pasa con los chicos mecánicos que no han tenido éxito en sus primeros once años de la escuela pública? ¿Esperamos que cambien en el penúltimo año de la escuela secundaria? Es dudoso que eso suceda.

> *Un sentimiento de nostalgia estremeció mi espina dorsal, y pensé: ¿Qué voy a hacer ahora?*

Pero eso no significa que no intentes ayudar a un adolescente que realmente quiere hacer un cambio a través de la tutoría, instrucción especial, visitas adicionales a la escuela en vacaciones o trabajo después de la escuela con un profesor. El sistema escolar por lo general tiene un plan para tratar con chicos que no alcanzan las metas.

Recuerdo que en mis años de crecimiento, siempre me gustó el deporte y los practicaba cada temporada. Pero solo jugaba las primeras seis semanas de la temporada, porque después de ese punto, los formularios de elegibilidad necesitaban ser firmados por todos los maestros, y nunca fui elegible. Así que, aunque era un fanático de los deportes, eso no era suficiente motivación para que lo hiciera mejor. Simplemente asumí que solo jugaría las primeras seis semanas de cada temporada. No me di cuenta de que no iba a terminar en ninguna parte hasta que mi clase estaba de pie como grupo el «Día de ascenso», cuando cada clase se movería de su lugar en el auditorio al lugar de su nueva clase. Los del último año cantábamos una canción sobre «nuestra época de oro llegando a su fin». Fue un poco extraño... pero un descubrimiento casual que nunca olvidaré. Un sentimiento de nostalgia estremeció mi espina dorsal, y pensé: *¿Qué voy a hacer ahora?*

En ese momento fue cuando todo se puso en marcha en cuanto a mi futuro.

Resultó que no fui aceptado en la universidad sino hasta nueve días antes de que el semestre comenzara. Y entonces mi aceptación estaba condicionada a que tomara solo una carga de doce créditos. Fue entonces cuando este chico, que tuvo bajo rendimiento en la escuela, finalmente comenzó a tomar las cosas en serio.

Cuando un muchacho no se preocupa por la escuela, puede ser difícil motivarlo. Pero te garantizo que cuando la motivación entra en acción, él va a trabajar duro para hacer algo de sí mismo.

Yo debería saberlo.

Cuando reflexiono en mi vida, noto que una cosa se mantuvo constante. Tuve dos padres que me amaron, dos padres que creyeron en mí. Ten en cuenta que ellos no tenían ninguna razón para hacerlo. Después de todo, ser expulsado de los chicos exploradores no es realmente un signo de grandeza, ni tampoco lo es el levantar ornamentos tradicionales del árbol de Navidad con una pistola de perdigones y culpar al gato. Es por eso que siempre he tratado de rendir un homenaje especial a mis padres, ahora en el cielo, porque se lo merecían.

Estoy muy agradecido porque vivieron el tiempo suficiente para ver a su hijo más joven recibir su doctorado.

No importa qué, padre/madre, no dejes que tu fe en tu hijo adolescente vacile.

Los retoños tardíos también florecen.

Facebook y otras invenciones sociales

Como sicólogo y escritor, estoy un poco fuera de lo convencional. Yo hago mi propia cuenta de Facebook (FB). Te puedo decir los nombres de todo tipo de gente que contratan a otras para que hagan su FB por ellos... pero no lo haré. Yo disfruto cuando los padres me lanzan una pregunta difícil, responder a la campana cuando suena *clin* y ayudar a esa mamá o a ese papá a darle vuelta a la vida de su niño o de la familia. Hasta el día de hoy, tengo cerca de 10,000 seguidores, y me encanta la carrera de la tecnología y su uso como herramienta docente para parejas y padres. Además, mi naturaleza de nacido de último llega a hacer también un poco de entretenimiento, ya que yo hago las cosas divertidas para todos en FB, ¡incluyéndome a mí mismo!

Los padres leen en esto de FB más de lo que necesitan. Algunos padres piensan que si su hijo está en FB, vendrá un anciano lujurioso y los secuestrará y mutilará de por vida. Pero, como todas las cosas, el sentido común debe prevalecer. Si tu hijo o hija tiene una cuenta de FB y no da información personal a extraños (es decir, individuos a quienes no conocen personalmente y con quienes no interactúan), y se les enseña a no hacer «amigo» a alguien que no conozcan en persona, entonces las invenciones sociales como FB son bastante inofensivas. Puede ser una actividad divertida para tu hijo adolescente en la que se relacione con su grupo de amigos (y te puede ahorrar una enormidad en facturas de teléfono celular también, si no estás en un plan familiar).

Sin embargo, los muchachos necesitan que se les enseñe a ser cuidadosos con quién aceptan como «amigo» en Facebook. Así que asegúrate de establecer pautas con tu hijo adolescente (ten en cuenta que no dije: «pronunciar directrices acerca de ellos») para el uso seguro de FB. No deben iniciar amistad con extraños ni incluso con los amigos de sus amigos que no conocen. Por ejemplo, si tu hija recibe una solicitud en FB de un amigo común de otra amistad en un estado diferente, no sabes si esa persona es realmente amigo de la amiga de tu hija o no. Así que enseña a tus hijos a ser listos. Deben abstenerse de hacer «amigo» a alguien que no conocen en persona.

> *Los muchachos necesitan que se les enseñe a ser cuidadosos con quién aceptan como «amigo» en Facebook.*

Claramente, FB y otras invenciones sociales llegaron para quedarse. A los chicos les encantan todos los artilugios y dispositivos nuevos. Vivimos en un mundo de alta tecnología. ¡Imagínate lo que va a ser dentro de unos veinticinco años!

La clave es tener equilibrio (cualquiera que esté en su cuenta de FB seis horas al día tiene que hacer algo con su vida y encontrar otras cosas que hacer) y usar el sentido común. Tú puedes enseñarle a tu hijo ambas cosas.

SALVAVIDAS

La tecnología llegó para quedarse, así que alerta con ella.

A mí me resultó

Soy tan poco aficionada a la tecnología como el que menos. No he descubierto todavía la manera de pagar las cuentas en mi computadora (sí, sé que es triste). Así que me asusté realmente cuando mi hermano le compró un iPhone a mi hijo de regalo de cumpleaños por Navidad.

Todas las cosas de Internet y lo que he oído acerca de lo peligroso me puso nerviosa. No quería que mi hijo de catorce años tuviera una cuenta de Facebook, ni que estuviera viendo imágenes en la Internet.

Entonces lo escuché hablar a usted cuando afirmó que la tecnología llegó para quedarse y la forma en que los padres tienen que ser más inteligentes y estar mejor informados al respecto. Así que le pedí a mi hijo que me enseñara a operar todo eso. Él pensó que era muy bueno que su «vieja» mamá quisiera saber y se le acercara para que la ayudara a descubrir cómo funcionaba. Ahora mi hijo me enseña cosas que descubre en la Internet e incluso los mensajes graciosos de sus amigos. La tecnología que más temía, en realidad nos ha dado más que hablar.

Karyn, Minneapolis

Fiestas

Hay fiestas que son inofensivas, pero hay otras que son peligrosas. Cuando tu hijo adolescente habla de ir a una fiesta, el primer par de preguntas que haces son:

1. ¿A casa de quién vas?
2. ¿Estará un adulto allí?

Padres, tengan cuidado con la casa que visita tu hijo por cualquier motivo. En el mejor de los casos: si tu adolescente va a pasar tiempo en casa de alguien, tienes que conocer a los padres bien y visitar el lugar tú mismo para saber si se trata de un ambiente seguro para tu hijo o no.

Pero seamos realistas. Van a haber fiestas a las que tu hijo adolescente asistirá de las que tú no sabes, sobre todo porque esos eventos tienden a ocurrir de manera espontánea. Los adolescentes por lo general no son de las personas que más planifican por adelantado. Y la mayoría de las fiestas se llevan a cabo en lugares donde los adultos no están ni cerca. En ellas hay drogas, alcohol, música y sexo; los chicos se están enfangando, vomitando y participando en todo tipo de actividades bajo apariencias que no necesito describir en este libro.

En general, la mayoría de las fiestas no son buenas para los adolescentes... nunca. Una vez que los chicos llegan a los quince o diecisiete años, las fiestas que tienen no son las divertidas e inocuas que tenían a los nueve años, cuando le ponían la cola al burro. Las apuestas ahora se plantean en grande.

Cuando los padres se van durante un fin de semana y dejan en casa a un joven o una jovencita de quince años de edad, sin duda se la están jugando.

> *Con las fiestas, puedes esperar lo inesperado... incluso con chicos buenos.*

Incluso los chicos buenos hacen cosas tontas. Toma, por ejemplo, unos amigos míos que dejaron a su hijo de diecisiete años —muy responsable, buen hijo— en casa cuando salieron por un fin de semana. Adán era sin duda el tipo de chico que tú no tendrías por qué preocuparte. Sus padres decidieron que podía traer a un compañero a pasar la noche con él para que lo acompañara.

Bueno, resultó que Adán y su amigo decidieron que querían tener a unas cuantas personas más. Se corrió la voz de que los padres de Adán se habían ido ese fin de semana. Pronto toda la escuela se presentó, trajeron cervezas y empezaron a beber. Unas horas más tarde, el muchacho se sorprendió al ver el daño hecho a su casa y a la preciada alfombra de su madre, y al descubrir que incluso habían robado algunos artículos de la casa.

Recientemente, mi hijo, que tiene más de treinta años de edad, se encontró con un amigo suyo en Disneyland. Su amigo le presentó a la joven que lo acompañaba.

—Kevin Leman —dijo la mujer—. Ah, sí, tú vives en Tucson. Yo estuve en una fiesta en tu casa.

Kevin, que creció con la posición que sostenemos los Leman en cuanto a ninguna fiesta, dijo:

—No lo creo.

—¿Tenías una casa con escalones que bajaban hacia una gran sala familiar en la planta baja?

Kevin se sobresaltó.

—Bueno, sí.

—Entonces yo estuve en una fiesta en tu casa.

Ahora Kevin sí estaba intrigado.

—¿Ah, sí? ¿Cuándo?

—Cuando mi amigo Jake estuvo cuidando tu casa por tus padres.

¡Nos dimos cuenta trece años más tarde de que, sin saberlo nosotros, el joven que habíamos dejado en nuestra casa para cuidar de nuestros animales celebró una enorme fiesta mientras nosotros no estábamos!

Todo para demostrar que, con las fiestas, puedes esperar lo inesperado... incluso con chicos buenos.

Sabiendo que algún día tu hijo terminará en una fiesta en la que no quiere estar, es importante que tengas un pacto anticipado con tu hijo para que si alguna vez está en esa situación, pueda llamar y tú vendrás por él, sin hacer preguntas. Si es una fiesta espontánea que ocurre en tu propia casa y él no quiere que sea de esa manera, vas a llamar a los vecinos de confianza... o a la policía.

Como ves, es una cuestión de seguridad.

Tus hijos adolescentes también necesitan saber algunas reglas básicas acerca de las fiestas:

- Si alguna vez en una fiesta donde un chico está bebiendo profusamente —por ejemplo, bebiendo con rapidez una quinta parte de un vino bourbon— hay una alta probabilidad de que se mate. Eso ocurrió cuando yo era decano de estudiantes de la Universidad de Arizona. Si ves algo así, debes llamar a la policía inmediatamente.

- Dile no a las drogas o al alcohol de cualquier tipo. Ni siquiera empieces a recorrer ese camino. Limítate a decir: «Soy un Smith, y los Smith no bebemos ni consumimos drogas».

- Nunca dejes tu bebida en ninguna parte, mantenla en la mano y delante de tus ojos. Si se te olvida mantener el ojo en ella, bótala y obtén una nueva cuando lo necesites. No todo el mundo es como tu mamá o tu papá o tu dulce tía que hace pastel de manzanas para ti. Hay gente en la vida que te maltratará, te violará, te usará y te matará.

- Llama a mamá o a papá de inmediato, sin hacer preguntas, si la fiesta está comenzando a salirse de control en alguna manera.

Los chicos siempre quieren reunirse. Pero es importante saber quién está supervisándolos, dónde está tu adolescente y que tu hijo o hija sepan las normas básicas de comportamiento en las fiestas.

Aun mejor, si tu adolescente se está muriendo por ir a una fiesta, tenla en tu propio territorio, donde puedas establecer las reglas y ser el guardián siempre presente, listo para dar la alarma si algo empieza a salir mal.

Más aun, ayuda a tu adolescente a hallar actividades sanas en las que él o ella puedan interactuar personalmente con chicos que tengan opiniones semejantes o en grupos pequeños en ambientes más controlados y menos peligrosos en potencia.

SALVAVIDAS

Confía en tu adolescente, pero marca las cartas.

Fumar

Me sorprende cuando veo a los adolescentes de hoy fumando. Los chicos de mi generación fumaban, pero entonces, éramos estúpidos y no teníamos toda la información sobre el tabaco que en la actualidad está tan fácilmente disponible, como la forma en que conduce al cáncer de pulmón y el enfisema, y cómo acorta tu vida útil. Eso debería ser suficiente para que alguien dejara de fumar, pero también sé de primera mano que tales hábitos son duros de matar.

Cuando yo era adolescente, solía agarrar a hurtadillas las colillas de mi padre —él fumaba Lucky Strikes, un cigarrillo fuerte, sin filtro— de dondequiera que los dejara. Las escondía en mi bolsillo y las fumaba de camino a la escuela. Para facilitar las cosas, varios de los padres de los chicos con los que yo andaba permitían que sus hijos adolescentes fumaran en la casa... ¡a los quince años de edad!

Así que he estado allí, yo era un fumador. Pero tipos como yo que alguna vez fumaron y dejaron de hacerlo son probablemente los mayores guerreros contra el tabaquismo.

Si yo tuviera un chico que estuviera fumando, sin duda quisiera cortarlo de raíz de inmediato. Es un mal hábito muy poco saludable, no solo para tu hijo o hija, sino también para todos aquellos que tienen que soportar el humo de segunda mano. Sin embargo, ahora que tu hijo es un adolescente y cualquier cosa que digas puede ser usado en tu contra, insistir sobre los males del tabaco probablemente no vaya a lograr tu propósito de hacer que tu hijo deje de fumar. Pero una visita amistosa a tu médico de cabecera (a quien tú ya has alertado, por supuesto, de que tu hijo está fumando) ayudaría a establecer el escenario, o una cena con una tercera persona a quien tu hijo respete.

Hay otra manera de cortar el flujo también. Los cigarros cuestan mucho dinero. ¿De dónde está tu hijo adolescente obteniendo el dinero para su hábito de fumar? ¿Es de ti? ¿De su mesada? ¿De su trabajo? Si es así, corta el flujo. Y sí, incluso si eso significa informar a su empleador que él ya no tiene tu permiso para trabajar. Recuerda, padre, madre, todo esto es acerca de tener un nuevo hijo adolescente para el viernes. Si quieres cambio, tienes que seguir el plan, sin advertencias ni amenazas. Simplemente actúa.

Tu adolescente solo puede fumar a costillas de sus compañeros por un corto tiempo, antes de que ellos se cansen de eso. Sin el dinero, el hábito se diluye.

Padre, madre, no te aguantes esta. Las repercusiones a largo plazo en la salud son demasiado grandes para que puedas hacer otra cosa. Necesitas actuar ahora.

SALVAVIDAS

Si no te gusta, corta el flujo.

Hablar mal de otros

Mientras crecía, mis padres me enseñaron algunos conceptos básicos de la vida. Uno de ellos era: «Aunque una persona no te agrade hállale, al menos, una cualidad que te guste». Con todo y lo viejo que es ese consejo, sigue siendo válido en el siglo XXI. Cuando hablas mal de alguien —o pones a una persona por el suelo— estás mirando con desprecio a alguien que el mismo Dios Todopoderoso creó. Este solo hecho debiera causar cierto respeto. De lo contrario, cuando menosprecias a otros, lo que estás diciendo, en esencia, es: «Oye, Dios, hiciste algunas creaciones muy malas».

La realidad es que nadie es mejor que otro. A veces nos engañamos pensando lo contrario porque somos de determinado grupo étnico o de tal fe o vivimos en un país que es rico. Pero Dios todopoderoso nos ve a todos como iguales... personas imperfectas que tienen mucha necesidad de, ¿adivinen qué? De gracia.

Cuando tu hijo habla mal de alguien, ¿qué está haciendo realmente? Intentando, en una forma inmadura, sentirse mejor consigo mismo. Y poner a alguien por el suelo para escalar un peldaño hacia el éxito.

Si tu hija se enfrenta a las habladurías y los chismes en la escuela, el explicarle por qué otros hacen eso puede quitar un poco la molestia. «La gente habla mal de los demás solo cuando no se siente muy bien consigo misma. Esa persona no debe estar muy segura de sí misma si tiene que meterse contigo».

Si tu hijo es el que está hablando mal de otro, aclara las cosas. «Supe por la mamá de fulana de tal que hoy estabas hablando mal de ella otra vez. ¿Realmente te sientes tan mal contigo mismo que tienes que hacerle eso a otra persona para sentirte mejor?». A continuación, cierra la boca y vete. Deja que tus pocas palabras hablen por ti... y deja que comiencen la vergüenza bien merecida y los sentimientos de culpa.

¿Se puede realmente detener el hablar mal de otros entre los adolescentes? Tal vez no. Pero seguro puedes lograr que dejen de hacerlo dentro de los confines de tu hogar, el cual debe ser una zona libre de estrés.

Digamos que tus hijos de trece y catorce años entran en una competencia de gritos en la mañana del martes. Ahora sería un buen momento para tomarlos a ambos por el brazo, escoltarlos a una habitación diferente de la casa (la menos cómoda y lo suficientemente pequeña para que tengan que estar cara a cara), y decirles: «Ustedes necesitan resolver esto. Estaré de vuelta en veinte minutos para comprobarlo». Después que cierres la puerta, vete y disfruta de tu desayuno en paz.

> *La gente habla mal de los demás solo cuando no se siente muy bien consigo misma.*

Aun mejor, si tienes la suerte de vivir en un clima cálido como el que yo tengo en Tucson, Arizona, escolta a tus hijos al patio para que discutan su pelea fuera de tu casa.

Por cierto, esos dos chicos mimados tuyos tratarán de estar fuera de la habitación en dos minutos, diciendo que todo está bien.

Diles con firmeza: «No, yo quiero que piensen bien esto. Estoy harta que hablen mal uno del otro; quiero que resuelvan esto. Así que, regresen allí y los veré en dieciocho minutos». Si la demora de veinte minutos hace que lleguen tarde a la escuela, mucho mejor. Porque ahora tienes la oportunidad de escribir una nota a la oficina de la institución que diga:

Mis hijos no tuvieron razón para llegar tarde. Solo decidieron hablar mal el uno del otro en la mesa del desayuno. Siéntase libre de hacer lo que crea oportuno. Pero por mi parte, como su representante, creo que no tienen absolutamente ninguna razón para llegar tarde.

Gracias,

Señor/Señora Smith

¿Te duele mucho tener que llevar a tus hijos adolescentes a la escuela porque perdieron el autobús? Sí, así es. Pero tengo noticias para ti. El simple hecho de tener hijos es un gran inconveniente y una interrupción, y tú decidiste ser padre o madre. Esto es parte y parcela de tu responsabilidad.

El punto es mantener el balón en la cancha correcta. Si tu hijo adolescente habla mal de alguien, el balón está en su cancha. No te apropies de lo que no es tuyo ni te metas en el medio.

Aunque sea van a aprender a no hablar mal de los demás en casa, frente a ti.

Y, por supuesto que tampoco lo harán durante el desayuno en los días escolares.

¡Buena esa!

SALVAVIDAS

No te apropies de lo que no es tuyo.

Hora de llegada a casa

Cada vez que hablo con los padres sobre este tema, se sorprenden al descubrir que, en la familia Leman, ninguno de nuestros hijos tuvo nunca una hora tope de llegada.

«Doctor Leman, he leído sus libros, y todos están orientados a la acción y a abordar las situaciones con un amor firme. ¿Quiere decirme que no tenía ninguna hora tope de llegada para sus hijos?»

Así es, no la teníamos. He aquí por qué.

Cuando tu hija está con una amiga y conduce el auto de la familia, ya has expresado tu confianza en su responsabilidad y su habilidad para tomar decisiones. De lo contrario, ¿por qué la dejaste salir de la puerta con un auto en el que podría potencialmente dañarse o matarse a sí misma y a otros?

Así que crees en tu adolescente. Ahora es el momento de poner la pelota en el lado de la cancha que le corresponde. Cuando tu hija te pregunte: «¿A qué hora debo estar en casa?», responde: «A una hora razonable».

Te dirás: «Doctor Leman, si yo le dijera eso a mi hijo, ¡llegaría a casa a las 4:30 de la mañana!».

> *Cuando tu hijo te pregunte: «¿A qué hora debo estar en casa?», responde: «A una hora razonable».*

Entonces yo diría que esa sería la última vez por un tiempo muy, muy largo, que él andaría por fuera con mi auto.

¿Qué estoy diciendo? Espera lo mejor de tu adolescente. Las expectativas positivas logran mucho más que las declaraciones negativas contra las cuales están propensos a rebelarse (incluso si las piden ellos).

Puede que te sorprendas al saber, como Sande y yo, que tus hijos van a estar en casa mucho antes de la hora de llegada que les has dado. En nuestra familia, yo también dejo en sus manos lo de las reglas para usar el auto familiar. Esas reglas fueron mucho más estrictas que las que nosotros, como padres, les impusimos.

La mayoría de los adolescentes, cuando tú dices: «Llega a casa a una hora razonable», volverá con: «Dame una hora».

Repítete hasta que lo memorices: «Llega a casa a una hora razonable».

Aunque los chicos quieren que tú fijes la hora para ellos —por ejemplo, «A la 1:00 a.m. o te convertiré en una rana»—, el mensaje que quieres transmitirle a tu adolescente es: «Confío en que harás lo correcto». Este es un momento de enseñanza que no puedes darte el lujo de perder.

SALVAVIDAS

Espera lo mejor.

Hormonas. Cambios hormonales

La peor edad para una mujer, citando a mi dulce esposa Sande, es de diez a once años. Los sicólogos lo llaman el «principio de la adolescencia». En la actualidad, las niñas están iniciando sus ciclos menstruales antes de lo que lo hacían en generaciones pasadas. A pesar de que las hormonas afectan tanto a varones como a niñas, el impacto de ellas parece más pronunciado en las jóvenes. Siempre me refiero a los adolescentes cariñosamente como *hormonas agitadas* ya que las hormonas determinan gran parte de lo que tus hijos hacen durante estos años. Los cambios hormonales establecen cambios rápidos del estado de ánimo que aparecen en frases como: «Nunca me dejas hacer esto» o «Tú siempre haces eso». Las hormonas establecen los extremos desde los cuales operan los adolescentes.

En esos años críticos, las personalidades de tus hijos se parecen a un sismógrafo durante un terremoto en el sur de California. Tus hijos no siempre controlan sus emociones, lo cual significa que cuando están en la batalla, ya sea entre ellos mismos o contigo, alguien tiene que hacer sonar la alarma sicológica. «¡Muy bien! Cada uno a las esquinas neutrales. Vamos a tomar un descanso y regresemos cuando todo el mundo esté calmado. Entonces, sea cual sea el problema que inició esa explosión familiar, vamos a llegarle».

Y cuando se reúnan de nuevo, hablen racionalmente. Permitan a cada persona la oportunidad de expresarse sin interrupciones, y darse unos a otros la oportunidad de aclarar lo que se dijo para que no haya malas interpretaciones. Dejar salir un poco de aire de los neumáticos de cada uno ayudará a prevenir que irritaciones menores se conviertan en grandes explosiones. También enseña a tus hijos adolescentes que las mejores decisiones se toman cuando todo el mundo está tranquilo y no en un estado de agitación.

Especialmente para niñas

Los ciclos menstruales establecen toda clase de emociones: ellas están de mal humor, están abrumadas, adoloridas, demasiado emocionales. Lo más inteligente que cualquier madre puede hacer es preparar a su hija a una edad temprana para experimentar la menstruación (ya que las niñas pueden comenzar su período tan temprano como a los nueve o diez años), para que la joven no se sienta abrumada ni sorprendida cuando suceda. Si esta etapa se presenta como una parte normal de la vida y un paso para convertirse en una jovencita, como lo es el desarrollo de las mamas, del vello púbico y el vello en las axilas y en las piernas, tu hija va a estar bien preparada. Pero no te detengas solo en su preparación para los cambios físicos y cómo tratarlos. También háblale acerca de los cambios emocionales por los que va a pasar durante ese ciclo. Algunas chicas luchan en gran medida con el síndrome premenstrual, sintiéndose hinchadas y deprimidas. Otras no se ven afectadas en absoluto. Si ves a tu hija que lucha con esos síntomas, consulta a tu farmacéutico o a tu médico. Hay todo tipo de productos que pueden ayudar durante esa semana crítica.

También es importante que tu hija sienta que puede expresarles a ustedes cualquier tipo de emociones —en una manera respetuosa, por supuesto— sin ser juzgada. Sus hormonas cambiantes también la están preparando para interesarse en los chicos (en mayor o menor grado) y para la maternidad. De repente, tu hija de doce años, que antes no les daba a los bebés un segundo vistazo, ahora piensa que son «lindos». Ese cambio es una preparación natural para el noviazgo, el matrimonio y el hecho de algún día tener hijos. Las muchachas que saben qué esperar y pueden hablar de los cambios emocionales con sus madres, y que tienen padres comprensivos, navegan sus años de crecimiento con una intensidad mucho menor.

Especialmente para varones

Confía en mí, no hay un hombre en esta tierra que no te pueda hablar de un sueño húmedo que tuvo. Para los que están mal informados, un sueño húmedo es el que culmina en un chico joven que experimenta un orgasmo durante el sueño, asociado con un sueño que sería demasiado gráfico para describir en este libro. Para aquellas de ustedes señoras que están diciendo: «¿Qué es todo esto? ¡Mi hijo no podría tener uno de esos!», traiga a su esposo a un lado y pregúntele si alguna vez tuvo un sueño húmedo. Dependiendo de su nivel de necesedad o valentía, él podría hablar contigo.

Sería sabio de tu parte preparar a tus muchachos, incluso a la edad de once años, acerca de lo que va a pasar con ellos y por qué. Puedes decir algo como: «Algún día podrías despertarte con semen en tu ropa interior, algunas ideas salvajes y un corazón acelerado, y estar sorprendido preguntándote qué acaba de suceder. Puedes tener la tentación de encontrar un fósforo y quemar tu ropa interior. Pero no desperdicies una buena ropa interior, solo échala en la lavadora. Los sueños húmedos son aceptables; son normales. Las chicas tienen períodos, tú tienes sueños húmedos».

Entonces, cuando tu hijo tenga su primer sueño húmedo, lo conectará en su mente. *Oye, mamá y papá no están tan despistados como yo pensaba. Recuerdo que me hablaron de esto.* Incluso si tienes el chico de once años más dulce del mundo, algún día va a pensar (aunque sea brevemente) que eres un idiota ambulante, simplemente porque él es un adolescente y lo sabe todo.

El nombre del juego es preparación. Si tienes un hijo o una hija, es necesario que tengas una conversación con él o ella a tenor de algo como esto:

«Muchas cosas van a ocurrir en tus años de adolescencia, de las cuales no estás seguro. Es probable que te digas: "Yo nunca podría hablar con mamá o papá sobre este asunto". Por tanto, déjame decirte de plano que todo lo que sea que estés pensando, yo lo considero un privilegio si hablas conmigo al respecto. Y eso significa todo lo que venga a tu cabeza en los próximos años. Vas a tener chicos malos en la escuela que te tratarán con menosprecio. Te sentirás fuera, como que a nadie le importas. Pero debes saber que yo me preocupo por ti y por todo lo tuyo. Si alguna vez estás en una situación en la cual no debieras estar o no quieres estar, llámame. Yo voy a buscarte, sin hacer preguntas.

»Yo no estoy a cargo de tu vida. No administro tu vida. Tú eres quien lo haces. Pero quiero que sepas que tengo confianza en que tomarás buenas decisiones en la vida. Siempre tendrás la tentación de ser popular. Los chicos van a decir: "Sé como nosotros, inhala esto, bebe aquello, fuma esto". Pero yo creo que tú eres lo suficientemente fuerte como para mantenerte firme debido a las cosas que creemos como familia. Y estoy orgulloso de ti».

Preparar a tus hijos adolescentes para los cambios hormonales de la adolescencia, esperar lo mejor de ellos y tener un sano sentido del humor son necesidades para vivir con el grupo de hormonas agitadas.

SALVAVIDAS

Esto también pasará.

Hurto en las tiendas

Esto es lo que hay que entender acerca de los hurtos. La policía, los ejecutivos de ventas de las tiendas y los jueces tienen una forma sencilla de enfrentar a los ladrones. Así que si recibes una llamada de la estación de policía diciendo que tu hija está bajo custodia por hurto, y la evidencia es clara, pide hablar con tu adolescente (si no fue ella la que llamó). Dile: «Cariño, me siento tan mal por ti, esta es una situación terrible en la que tú misma te metiste».

Yo sé que quieres sacarla de apuros, pero no de inmediato. Si ella tiene que sentarse en esa cárcel un tiempo, que así sea. De hecho, cuanto más tiempo pase allí, mejor. Mucho del aprendizaje y en cuanto a pensar en las consecuencias se llevará a cabo durante ese tiempo intenso.

> *Deja que la chica enfrente su problema.*

Si tu hija termina yendo a la corte —y con toda probabilidad va a ir—, esta es mi sugerencia. Ve si puedes presentarte ante el juez y saber si puedes estar en la sala, pero *en la parte posterior* del recinto. En verdad, no debes estar sentada junto a tu hija adolescente. Después de todo, ¿eres tú la persona que robó? Deja que la chica enfrente su problema.

¿Qué le estás diciendo a ese juez con tus acciones? «Señor juez, mi hija es la que robó, no yo, así que me gustaría que usted se comunicara con ella y la tratara sin mi intervención. Si me necesita, estoy en la parte posterior de la sala». ¿Va a ser una experiencia emocionalmente perturbadora para ti y para tu hija? Por supuesto. Y así debe ser, para que el punto sea claro y enfático.

Sin embargo, ¿tendrá un final feliz? Ah, sí, va a tener un gran final. Si una adolescente tiene que enfrentarse a su problema por su cuenta, lo más probable es que sea la última vez que robe en las tiendas.

SALVAVIDAS

*Un poquito de realidad puede ser
una gran llamada de atención.*

Insultos

Cuando los adolescentes insultan a alguien, normalmente lo hacen a su hermano o hermana. Eso me recuerda a dos nutrias jugando en un lado del río. Se abofetean entre sí, corren, se regresan en un círculo, y luego, cuando las bofetadas se vuelven demasiado intensas, uno o ambos de ellos se toman un nado de descanso.

¿Cuál es la naturaleza intencional de los insultos? ¿Lo hacen porque realmente no les gusta su hermano o su hermana? Pudiera ser eso. Pero lo más probable seguramente es que no les guste su hermano o hermana todo el tiempo. Estar cerca de alguien todo el día puede ser cansador.

Pero el quid de la cuestión es la competencia. Los insultos son un deporte competitivo. Todo lo que tus hijos buscan es continuar con ese toma y dame entre sí lo suficiente como para lograr implicarte en la competencia. Eso significa que sus peleas e insultos son realmente un acto de cooperación.

El progenitor inteligente saca de la escena a los hermanos que se están insultando y los conduce a ellos solos a una habitación o, mejor aun, afuera, si viven en un clima moderado. ¿Por qué es mejor afuera? Porque les muestra dramáticamente a tus hijos que los insultos no se permiten en tu casa. Si quieren insultarse entre sí, lo pueden hacer fuera de la casa y fuera de tu presencia. (Lo cual, por supuesto, arruina la diversión).

Así que, después de conducirlos afuera por la puerta trasera, diles: «Me decepciona tanto que, a los quince y dieciséis años de edad, se comporten como chiquillos persiguiéndose uno al otro. Esto ya está cansón. Es hora de que los dos crezcan. Necesitan resolver esto. Si continúan insultándose uno al otro y peleándose por cualquier cosa, voy a intervenir y encargarme de ello. Pero a ustedes no les gustará mi solución».

Entonces cierras la puerta con firmeza. Llevar la batalla fuera de tu audiencia puede bajar la temperatura en tu hogar. Y no te fastidias, ya que no tienes que escuchar eso. Tus hijos tienen menos probabilidades de estarse insultando si creen que los van a sacar fuera de la puerta para hacerlo.

Que reine la paz.

SALVAVIDAS

Las peleas son un acto de cooperación.

Internet y su uso

Vuelve cinco años atrás, y es posible que encuentres a gente como yo, dándoles consejos a los padres para que se aseguren de que la computadora esté en un lugar neutral, un lugar público, en el hogar. Que escuches a los expertos decir cosas como: «No deje que sus hijos tengan una computadora en su dormitorio. La idea es estar al tanto de lo que está pasando, para poder caminar por allí y ver la pantalla en cualquier momento».

Hoy les digo a los padres que probablemente esa es la menor de sus preocupaciones. Los adolescentes tienen teléfonos y computadoras con acceso a Internet las veinticuatro horas del día si así lo desean. Tú no puedes saber todos los sitios de Internet a los que ellos están entrando. Sí, hay botones en las computadoras para ver la historia de los sitios a los que entraron y sí, puedes ser el PEH (Padre por encima del hombro) y echar un vistazo a lo que tus hijos están haciendo de vez en cuando. Pero hoy en día muchas familias no tienen solo una computadora; tienen múltiples fuentes para el uso de Internet, incluidas varias computadoras y teléfonos celulares.

Eso significa que, en su mayor parte, tus chicos de once a diecisiete años de edad pueden obtener acceso a cualquier cosa en Internet que ellos quieran... con o sin tu permiso. No solo eso, los chicos recurren a la Internet para todo, desde las tareas escolares, para descargar o escuchar música, a buscar acerca de hechos que son curiosos o interactuar con sus amigos. Hay escuelas en Tucson, Arizona, y en otras áreas del país donde todo se hace por computadora. No hay libros de texto, solo la Internet. ¿Quieres leer el capítulo 5 de tu libro de estudios sociales? Ve en línea y léelo en la computadora o en el iPad.

Padres, aquí es donde el trabajo duro que has invertido en tu hijo paga dividendos. Sí, puedes darles directrices a tus hijos, incluyendo la de no divulgar información personal o de la familia entre extraños en Internet, y serías muy inteligente si lo haces. Sin embargo, el tener expectativas positivas y confiar en tu hijo o hija en cuanto a que haga lo correcto va a ir más allá de las reglas cuando se trate del uso de Internet. Si has inculcado los valores familiares a tus hijos —de una forma saludable y equilibrada— y has vivido esos valores delante de tus hijos, ellos tienen una mayor probabilidad de absorción de los mismos que si se los sacas de tu bolsillo trasero y comienzas a sermonear a tu hijo adolescente (aunque en secreto hagas lo contrario con tu propia vida).

Permíteme incluir aquí una breve nota acerca de los juegos (jugar en computadora a través de Internet con un grupo de personas). No sé mucho sobre esta área ya que yo no juego en Internet, y ninguno de nuestros cinco hijos lo hacían. Sin embargo, un buen amigo nuestro lo practica. Él y su hija adolescente juegan en la Internet con un grupo de gente de igual gusto durante dos horas cada viernes por la noche. Es su «tiempo de papá e hija», y juegan con un grupo de otros diez amigos en un sitio en Internet cuidadosamente monitoreado donde un selecto grupo de personas ha acordado las normas, el tipo de lenguaje que puede y no puede ser utilizado, y los comentarios y comportamientos que son y no son aceptables. Si alguien se sale de los límites, se le prohíbe participar en el juego de nuevo.

> *Aquí es donde el trabajo duro que has invertido en tu hijo paga dividendos.*

Muchos adolescentes expertos en Internet, a los que les gusta el mundo interactivo de los juegos, se sienten atraídos por estos. Puede ser un mundo complejo y laborioso, estimulante para muchos chicos. Como cualquier otra cosa, si se juega en «sitios seguros», donde la jugada se controla y los delincuentes son expulsados, puede ser un momento divertido y relajante (sobre todo para los jóvenes que son solitarios y tienen dificultad para hacer amigos en la escuela). Pero, como todas las cosas, cualquier asunto llevado a un exceso no es bueno. Jugar una o dos veces a la semana durante unas pocas horas de un necesitado descanso es una buena cosa. Jugar cada noche y entrar en el mundo del juego tantas veces que vives allí constantemente en tu cabeza, eso no es bueno. Puede crear una brecha emocional en la familia y con los amigos, y una dependencia sicológica de un mundo irreal.

La Internet llegó para quedarse. Enseña a tu chico a ser sabio al respecto, fomenta el equilibrio en todas las cosas y comprende que tú no puedes controlar todo en su vida. Solo recuerda que tus palabras de aliento, de confianza en él o ella y de seguridad son más importantes para tu hijo que lo que piensas. Tu hijo o hija se elevará por encima de tus expectativas.

SALVAVIDAS

El equilibrio es importante, en todas las cosas.

Interrupciones

Tú esperas interrupciones de un chico más joven cuando estás hablando por teléfono, pero, ¿qué pasa si tu hijo o hija de catorce o diecisiete años te lo hace difícil metiéndose en tu cara cuando estás hablando por teléfono?

Le dices a la persona con la que estás hablando: «Disculpa un minuto»; cubres el teléfono y le dices a tu hijo: «En unos minutos hablo contigo». Vuelves a la conversación. Cuando esta ha terminado, le dices a tu hijo: «Me decepcionó absolutamente el hecho de que vinieras a interrumpir mi conversación telefónica». Dale «una mirada» a tu hijo.

Recuerda, padre o madre, que tu hijo desea complacerte, y a él no le gusta que te decepciones con su comportamiento. Ten en cuenta que no estás siendo cortante con *él*, le estás diciendo que estás decepcionado con *su comportamiento*, con las palabras que salieron de su boca y con su insistencia.

Y luego, déjalo así. Con un poco de suerte, tus palabras de decepción traerán una disculpa del chico. Y si no, va a pensarlo mejor la próxima vez antes de interrumpirte.

Si el comportamiento continúa, yo le infligiría cierta disciplina a ese adolescente. Si tiene un teléfono celular, bloquéaselo por un par de días para que pueda pensar en respetar el tiempo por teléfono de los demás en la familia.

> *Dale «una mirada» a tu hijo.*

SALVAVIDAS

Enseña respeto, mesura y responsabilidad.

A mí me resultó

Nuestra casa es una locura. Tenemos dos perros, un hurón y dos adolescentes muy escandalosos con un año de diferencia. Nunca he podido tener una conversación telefónica sin ser interrumpida. Uno de los chicos siempre estalla en forma instantánea y constantemente «necesita» algo. Como la única mujer en la casa que soy, necesito desesperadamente algún tiempo para las amigas, así que probé su consejo.

A los dos minutos de estar yo en el teléfono, mi hijo mayor entró en la habitación y gritó: «Mamá, necesito…».

Entonces le dije «Disculpa» a mi amiga, cubrí el teléfono, y le dije a él que le hablaría cuando terminara mi llamada.

Un minuto más tarde, me volvió a interrumpir. Esta vez lo ignoré, me fui a otra habitación, cerré la puerta y continué con mi conversación. Los chicos comenzaron a pelear en el pasillo justo frente a la puerta y así se mantuvieron. Yo apenas podía escuchar a mi amiga por el alboroto, pero le conté lo que estaba haciendo.

«Eso lo explica todo», dijo. «Espero que te dé resultado». Y se rió.

Cuando terminé, abrí la puerta, los encontré luchando en el pasillo y les di a ambos «una mirada». Les dije en voz baja lo decepcionada que estaba de ambos, que uno me había interrumpido en medio de mi único tiempo para mis amigas, y que ambos tuvieron que luchar frente a la puerta donde yo estaba hablando.

Luego me di media vuelta y me alejé.

La lucha se detuvo. Hubo un silencio mortal.

Por lo general, yo les gritaría y les diría que ya basta. Esta vez me mantuve calmada y fui a la cocina a lavar los platos.

Una hora más tarde escuché a los chicos decirle a su papá: «Eh... ¿está mamá enferma o algo? Está actuando un poco extraña».

Lo de «un poco extraña» se grabó. Y solo tuve que jugar la escena de la interrupción de la llamada de teléfono una vez más la noche siguiente, antes de que ellos captaran la idea: dejar tranquila a mamá si está en el teléfono. Qué alivio. ¡Gracias por el dato!

Annie, de Seattle

Ira

Hace poco recibí una carta de un padre que estaba en las últimas y despistado:

Mi hijo siempre fue rabioso, pero ha empeorado. Ya tiene quince años y la semana pasada abrió un agujero en la pared de la cocina porque no lo dejé salir con sus amigos. Mi esposa llora y huye cuando Michael se enfada. Yo le digo cuatro cosas. Su comportamiento está destruyendo nuestra familia. Necesitamos un consejo, y lo necesitamos rápido.

Jason, New Jersey

Jason no es el único. Cuando hablo con los padres, cara a cara por todo el país, la ira aparece por doquier como un tema preocupante entre los padres de adolescentes. La ira es una emoción muy natural, todos la experimentamos. Hay momentos en que es *bueno* enojarse, por ejemplo, cuando se ha cometido una injusticia.

Sin embargo, también puede ser utilizada de una manera manipuladora y poderosa por los adolescentes que aprendieron en su temprana edad que la ira produce lo que ellos quieren de los adultos: resultados. ¿Quieres ese nuevo iPod? Simplemente quéjate porque tu hermanito recibe de todo y zapatea con enojo en dirección a su habitación, y si mamá se siente lo suficientemente culpable, tal vez compre un nuevo iPod en línea esa misma noche. Eso se remonta a la conducta intencional de la que ya hablamos en esta obra. *La ira produce resultados,* piensa tu adolescente, *¿por qué, entonces, no aumentar la apuesta inicial un poco y obtenerlos mayores —y mejores— con más rapidez?* Así es como la ira se intensifica en un hogar.

> *La ira produce resultados,* piensa tu adolescente, *¿por qué, entonces, no aumentar la apuesta inicial un poco y obtenerlos mayores —y mejores— con más rapidez?*

Pero aquí hay algo que recordar: la ira es producida, fabricada y distribuida por la persona que se enoja. Las personas a menudo dicen: «¡Vaya, él me hizo enojar!». En realidad, tú *decides* enojarte (o no) por algo que alguien diga o haga.

Por eso, enseñar a un hijo —incluso a una edad temprana—, a lidiar con el enojo de una manera adecuada es muy importante. Un pequeño pero poderoso «muerdelotodo» que lanza rabietas a los dos y tres años y se sale con la suya, se convertirá en un pequeño y poderoso buitre a los ocho años... y más tarde en un adolescente aún más poderoso y furioso a los trece. Enojarse y manipular podría dar buenos dividendos si tu hijo o hija termina en un tribunal como abogado, pero en la mayoría de los casos augurará todo tipo de problemas en tu casa, en la escuela y en todos los ambientes donde él esté.

Cuando se enoje, déjalo quieto. Si batallas con él, siempre perderás. Él no tiene nada que perder. Nada. Cuando comience a hablarte en voz alta y de mala manera en un centro comercial o cualquier otro lugar público, la gente lo va a estar viendo y pensando: *Ah, ¡qué obra de arte!* Pero, ¿sabes qué otra cosa va a pensar? *¿Qué clase de padre es ESE que produce un chico así?* Por tanto, ¿quién estará más incómodo y más propenso a ceder a las exigencias de un adolescente enfadado? ¡Tú!

> *Si batallas con tu hijo adolescente, siempre perderás.*

Pero no caigas en la trampa. Todos nos enojamos, es parte natural del crecimiento. Incluso Jesús se enojó. Pero las cosas que decimos y hacemos con ira necesitan ser tratadas. Una vez que las palabras de enojo salen de tu boca, no pueden recogerse. (Y estoy hablando de ambos lados de la cerca aquí, padres: lo que tu hijo te dice y lo que tú le dices a tu hijo adolescente).

Entonces, ¿cómo puedes sacarle el chispero de la furia a tu adolescente? ¿Y el tuyo?

¿Recuerdas cuando eras chico y estallabas los globos por diversión? Una de tus actividades favoritas era molestar a tu hermana con el terrible chillido que hace el globo cuando se le deja salir un poco de aire poco a poco. Para una persona con problemas de ira, hablar de lo que le molesta es como dejar salir el aire de un globo poco a poco.

Si dejas que los pequeños problemas se acumulen, continúas soplando el globo hasta que se hace más y más grande, y más y más tenso. Con el tiempo, se pone tan duro y tenso que explota. Pero, ¿qué pasaría si, en cambio, dejas salir algo de aire hablando con tu adolescente acerca de lo que le molesta? Un globo blando es más flexible, no explota.

Dale a tu adolescente la oportunidad de hablar acerca de lo que le enoja. Mantén la boca cerrada y simplemente escucha sin juzgar ni hablar por encima de tu hijo. Recuerda que la perspectiva de él no necesariamente refleja la realidad («tú *siempre* haces esto», «tú *nunca* me dejas hacer eso»). Sus palabras reflejan su propia realidad, la forma en que está pensando y sintiendo en ese momento.

La próxima vez que tu hijo explote, llévalo a un lugar donde puedas hablar solo con él, sin interrupción. «Cariño, no me agrada mucho lo que pasó en la cocina con tu hermana y tu papá. Tu reacción y las palabras que elegiste eran totalmente inadecuadas, pero quiero saber qué fue lo que provocó esa respuesta. ¿Qué te hizo sentir como que tenías que decir lo que dijiste y actuar como lo hiciste?».

A continuación, dale la oportunidad de hablar sobre sus sentimientos. Ten en cuenta que los sentimientos no son buenos o malos, son solo sentimientos. Pero la mayoría de los padres piensan que tienen que contrarrestar con: «Bueno, ¡no debes sentirte de esa manera!». Al contrario, valoriza los sentimientos de tu hijo.

«Estoy harto de la forma en que todos ustedes me tratan», espeta tu hijo. «Detesto tener que sacar la basura y estar siempre haciendo...».

Escucha a tu adolescente antes de abrir tu boca. Realmente escucha no solo lo que está diciendo, sino los sentimientos que yacen tras las palabras.

A continuación, sorprende a tu hijo. «Estoy dispuesta a reorganizar la lista de tareas en la casa. Después de todo, tienes quince años. Es hora de que haya algunos cambios. ¿Por qué no elaboras un nuevo plan para nuestra familia esta semana y lo llevas a la mesa de la cena el viernes? Vamos a verlo todos juntos. Ahora que pienso en ello, tu hermano menor sería un gran tipo con la basura».

Hay un gran término en el mundo de los negocios: *empoderar* o dar poder. Todos los buenos líderes desean capacitar a quienes están bajo su liderazgo para que hagan bien su trabajo, se sientan parte del grupo, sepan que sus contribuciones son escuchadas y apreciadas. Habla con cualquier maestra de primer grado y pregúntale cuán importante es para un niño de ese grado ser líder de la fila o vigilante en la puerta —el que tiene que decidir quién va en primer lugar en la fila. A los niños les encanta ese tipo de poder. Y lo mismo ocurre con tu adolescente. Necesitas capacitarlo para que no se sienta impotente.

Si alguna vez has estado en el teléfono, pasando de menú a menú, con voces automatizadas de computadora respondiendo, sabes lo frustrante que es no tener la oportunidad de decir lo que realmente quieres expresar.

Mantén eso presente con tu propio hijo. No permitirle la oportunidad de decir lo que hay en su mente conducirá a ese síndrome de balón explotado o a la frustración de nunca ser escuchado.

> *La ira es fósforo para la gasolina.*

La ira es fósforo para la gasolina; conduce a situaciones explosivas. Si no tratas con ella en tu casa, tendrás mayores problemas; como el padre que fue arrastrado a los tribunales cuando su hijo golpeó a un maestro en la escuela. O la madre que recibió una llamada porque su hija había matado a alguien con su auto a causa de una rabia en el camino.

Estos son los años críticos; por tanto, controlar la ira es extremadamente crucial para tu hijo adolescente. Es por eso que he pasado tanto tiempo tratándola en esta sección. Ella afecta todo lo que tu hijo va a hacer, tanto ahora como en el futuro.

Reflexiona en la situación existente en tu casa en cuanto a la ira. ¿En qué momento comenzó a escalar al punto en el que está hoy? Las personas que ahora se encolerizan sin control son las que antes se salían con la suya.

El tiempo para detener la ira es ahora.

SALVAVIDAS

La respuesta apacible desvía el enojo.

Lenguaje corporal

El lenguaje corporal transmite miles de palabras y frases. Todo, desde: «Tienes que ser la madre o el padre más tonto en todo el planeta» (con el masivo torcer de ojos y la exclamación de desdeño) a «Estoy muy afligido porque mi mejor amigo me dejó plantada hoy y ya no va a salir conmigo nunca más» (con esa mirada hundida, abatida, mirando al vacío fijamente por la ventanilla del auto), hasta «Estoy completamente abrumado y quiero pelear» (con los ojos entrecerrados, los brazos cruzados y una pose desafiante), y muchas más. Incluso «el gruñido» se proyecta alto y claro, ¿no?

Cuando oigas ese gruñido, esto es lo primero que te sugeriría que hicieras: grúñele tú. Casi seguro que eso va a romper el hielo y a hacer que ambos se rían (o te ganas, por lo menos, una nueva y hermosa mirada). Tienes que ser un padre listo, que reconozca los cambios en el lenguaje corporal. Ahora, antes de que empieces a reírte, déjame decirte que sé lo que estás pensando: *Hey, Leman, los cambios en el lenguaje corporal por nuestra casa no solo suceden a diario, sino a cada hora. ¿Cómo diablos se supone que voy a hacerle un seguimiento a todo eso?*

> El lenguaje corporal transmite miles de palabras.

El cambio es parte de la naturaleza de la bestia con hormonas alborotadas. Pero, padres, ese es uno de esos indicios relevantes que tienen que sintonizar, si quieren ser muy listos.

Cuando veas el lenguaje corporal que representa: «Me siento muy abatido, agotado o desanimado», es apropiado que digas algo como: «Cariño, hoy realmente pareces desanimado. ¿Hay alguna cosa que quieras expresar?».

Si tu hija adolescente niega con la cabeza o se encoge de hombros y se aleja, déjala. No te le acerques como un perro de presa, intentando olfatear la presa. La mayoría de los padres tratan de sacarles las cosas a sus hijos con palanca. Pero lo harías mucho mejor manteniendo los oídos abiertos para escuchar cuando esté lista para hablar. Entonces, por lo general, obtendrás mucha información en relación con lo que está pasando en la vida de ella.

Pero digamos que sigue callada al día siguiente y ves la misma actitud. Entonces dile con ternura: «Ayer te tomé la palabra, pero todavía te ves molesta (o disgustada o preocupada). Yo lo consideraría un real privilegio si me dijeras lo que te preocupa». Estas observaciones muestran que te das cuenta y que estás prestando atención a la manera en que ella se siente. Una gran cantidad de adolescentes en la actualidad no sienten que sus padres les prestan atención; sienten que les dejan a su suerte. Y los que no tienen apoyo de los padres les toca duro durante esos años críticos. Si invitas en lugar de empujar, tu adolescente se sentirá cómoda hablando... cuando ella esté lista.

Cuando ella exprese sus problemas —con la escuela, con su salud, con un noviazgo, con la escaramuza de un amigo o un problema con un maestro— no hagas conclusiones. No juzgues. Este es tu momento para mantener la boca cerrada y escuchar. A veces, solo con eso la ayudarás a resolver su propio problema.

A tu adolescente le importa lo que tú piensas más que nadie en el mundo. Es por eso que el que tomes tiempo para escuchar y preocuparte por las cosas de su mundo significa para ella más de lo que te imaginas.

SALVAVIDAS

Observa, luego invita; no demandes.

Lenguaje sucio

Hablar sucio y maldecir son cosas divertidas en una gran cantidad de círculos juveniles. Muchos adolescentes hacen del uso de las palabras soeces un hecho constante en su vocabulario. Lenguaje sexualmente explícito, bruto y lascivo sale de la boca de muchos. Y no nos olvidemos de tomar el nombre del Señor en vano, algo que me saca de quicio. Cada vez que utilizas el nombre de Dios como una mala palabra, estás llamando la atención de Dios, pero no de la manera que quisieras.

Espero que no seas lo suficientemente ingenuo como para pensar que son solo los chicos los que usan el lenguaje sucio, porque las chicas pueden darte tanto asco como cualquier tipo en cualquier día. Incluso los adolescentes que saben más que eso caen en el uso de las malas palabras debido a la presión de grupo. El impulso de querer ser como todo el mundo y de integrarse es intenso durante esos años críticos de secundaria. Así que cuando te topes con tu hijo o hija y un lenguaje soez, no te sorprendas.

Solo dispara directo a ellos: «Cariño, ¿hablas tú así? Debo decirte que me sorprendes. Es más, me impresiona que hables de esa manera».

¿Qué le estás diciendo en realidad? Lo que le estás diciendo es: «Yo creo que eres mejor que eso. Y no lo apruebo, ni tampoco lo aprecio». Estás rastrillándole la cabeza —al chico— con unas brasas (y con razón). Muchos padres se muestran reticentes a llamar las cosas por su nombre y decirles a los hijos cómo se sienten. Por esa razón tantos chicos se salen con las suyas con su mal lenguaje.

Tú no tienes que degradar a tu hijo adolescente cuando lo encuentras hablando con un lenguaje sucio. No es necesario que le digas: «Oye tú, bla, bla, bla, ¿cómo te atreves a hablar así? ¡Limpia tu lenguaje!». Solo tienes que mostrarle tu decepción.

> *A los chicos no les gusta cuando mamá o papá no están contentos con lo que han hecho.*

La conclusión es que a los chicos no les gusta cuando mamá o papá no están contentos con lo que han hecho. Se sienten culpables —por lo que deben, en este caso, dar un giro a su comportamiento—e incómodos. Y esa molestia derivará en cambio (al menos en tu presencia).

¿Se puede lograr que las palabras soeces dejen de salir de la boca de tu hijo? La realidad es que los niños hablarán de la manera que quieran. Pero no olvides que tú eres como un pastor, con vara y cayado. Tú ayudas a frenar a las ovejas y a dirigirlas en un rumbo determinado. Pero no tienes que golpearlas en la cabeza ni pegarles con la vara y el cayado.

Un simple: «Estoy decepcionado con lo que acabas de decir», hace más de lo que cualquier discurso haría jamás.

Di la verdad en amor.

Mangoneo

Los niños son mandones. Les encanta decirse unos a otros qué hacer, los hermanos sobre todo.

Holly, nuestra hija mayor, siempre le estaba diciendo a su hermanita de dieciocho meses, Krissy, lo que debía hacer. Muchas veces he tenido que recordarle a Holly que reme su propia canoa. «Tú no estás encargada de tu hermana más joven», le decía. «Ese es nuestro trabajo como padres».

Holly enfurecía a Krissy cuando jugaban Marco Polo —ese juego de piscina en el que alguien dice: «Marco», y otro responde: «Polo»—, con los ojos cerrados para conseguirse unos a otros. Las reglas dicen que tienes que estar dentro de la piscina. Bueno, Holly se paraba fuera de esta con un dedo del pie introducido en ella. Krissy, siguiendo las reglas del juego, nadaba de un lado a otro, tratando de hallarla. Finalmente abría los ojos y veía la sonrisita de su hermana. Cuando Krissy se enteraba de que estuvo siendo engañada, se salía de la piscina, cruzaba los brazos y decía en voz baja, pero con tono desafiante: «No juego más».

Entonces Holly la llamaba *«Quitsy»* [que huye] y la enfurecía más. Había momentos en los que yo, como padre, solo tenía que decir: «Ustedes se merecen una a la otra».

Con dieciocho meses de diferencia y siendo del mismo sexo, las dos eran competidoras acérrimas, y ambas tenían cierto carácter mandón en su vocabulario (especialmente Holly).

Cuando esta tenía catorce años y Krissy doce, las escuché dándose órdenes una a la otra por un rato en cuanto a quién usó el suéter de quién y lo trajo a casa sucio y lo que deberían haber hecho diferente. A medida que escaló el forcejeo verbal, yo saqué un decreto como Julio César: «No usarás más las ropas de otro». Lo hice por mi propia seguridad, no la de ellas. El mangoneo y la disputa llegaron a un abrupto fin. El silencio era música para mis oídos.

Dos chicas que son casi de la misma edad mangonean y pelean más; lo mismo ha de suceder con dos chicos cuyas edades sean cercanas. Si tienes dos adolescentes de diferentes géneros, lo más probable es que escuches menos mangoneo, aunque ningún hogar es inmune.

Si tus hijos están mangoneándose entre sí, pídeles que hagan una cosa: que lo abandonen en tu presencia. Es asombroso lo que conseguirán esas pocas palabras. Después de todo, la naturaleza intencional del mangoneo es llamar tu atención como padre o madre. Cuando no da resultado, el comportamiento se detiene... o, por lo menos, se va a la vuelta de la esquina y puedes leer tus correos electrónicos en paz.

SALVAVIDAS

Rema tu propia canoa.

Mensajes de texto/*Sexting* (texto de contenido sexual)

Los mensajes de texto llegaron para quedarse. Son parte del mundo de la tecnología que cada vez más tus hijos adolescentes conocen y aman. Pero también es importante que tu hijo adolescente sepa cuándo es adecuado usar mensajes de texto y cuando no.

Thomas L. Friedman se molestó cuando leyó un artículo en el *New York Times* sobre el uso que una adolescente hace de los dispositivos digitales: ella envía y recibe «27,000 textos en un mes... lleva a cabo hasta siete conversaciones de texto a la vez... envía textos entre clases... y, a menudo, mientras estudia». Como resultado, sus calificaciones están bajando. «Necesitamos mejores estudiantes que vengan a la escuela listos para aprender, no para enviar textos... [y] un esfuerzo de toda la sociedad... para fomentar una cultura de logros y excelencia»[5].

Los profesores de la Universidad Wilkes informan que los mensajes de texto son ahora la distracción número uno en la clase. «Nueve de cada diez estudiantes admiten que envían mensajes de texto durante la clase, y casi la mitad dice que es fácil de hacerlo sin ser detectado. Aun más preocupante, el diez por ciento dice que han enviado o recibido los textos durante los exámenes, y el tres por ciento admite que utiliza el teléfono para hacer trampa». La profesora de sicología Deborah Tindell declara: «Los estudiantes en estos días están tan acostumbrados a la multitarea... Ellos creen que son capaces de procesar información con la misma eficacia cuando están enviando mensajes de texto, que cuando no lo están». Ahora les dice a los estudiantes que si ella ve siquiera un teléfono celular durante una prueba, la persona recibirá un cero automático[6].

Algunas escuelas tienen una política que prohíbe usar teléfonos celulares durante el día escolar. Otros hacen las reglas para cuando es apropiado usar un teléfono celular, por ejemplo, en la sala de estudio y entre las clases, pero no durante las clases o exámenes. Si ella decide no adherirse a las reglas, toma medidas. El no tener teléfono celular durante una semana escolar es una eternidad para una adolescente que vive de los mensajes de texto.

Además, en el mundo actual es cada vez más importante el darse cuenta de la significancia de los tipos de mensajes que tu hijo o hija está enviando y recibiendo.

En 2008, la estudiante de secundaria Jessie Logan envió fotos de ella misma desnuda con su novio. Cuando se separaron, él envió las fotos a otras chicas de la escuela secundaria, que empezaron a acosar a Jessie. Miserable y deprimida, Jessie tuvo miedo de ir incluso a la escuela. Su madre no tenía idea de lo que estaba pasando hasta mucho más tarde. Jessie accedió a contar su historia en una estación de televisión de Cincinnati para que nadie más pudiera ser atrapado por los peligros del *sexting*. Dos meses después, incapaz de lidiar con el acoso continuo, se ahorcó en su habitación. Ahora su madre, Cynthia Logan, lamenta su pérdida y ha tomado la batalla de dar a conocer la historia de Jessie para advertir a los chicos sobre los peligros de enviar imágenes y mensajes de contenido sexual.

[*Sexting*] es un problema creciente que se ha traducido en cargos de pornografía infantil presentados en contra de algunos adolescentes de todo el país. Sin embargo, para Cynthia Logan, el «*sexting*» es algo más que una actividad criminal potencial: Se trata de vida o muerte.

El otoño pasado, la Campaña Nacional para Prevenir Embarazos en Adolescentes o Embarazos No Planificados encuestó a adolescentes y a jóvenes adultos sobre *sexting* —el envío de material de contenido sexual a través de mensajes de texto de teléfono celular— o la publicación de tales materiales en línea. Los resultados revelaron que el treinta y nueve por ciento de los adolescentes están enviando o publicando mensajes sexualmente sugerentes, y un cuarenta y ocho por ciento informó haber recibido ese tipo de mensajes[7].

Padres, ¿están viendo esas estadísticas? ¡Treinta y nueve por ciento de los adolescentes están *sexting*, y cuarenta y ocho por ciento los recibe! Eso significa que es muy probable que tu hijo adolescente ya haya participado en el *sexting* de un lado u otro. Así como un montón de otras personas, que deberían saber más que eso, debo añadir.

Mira a tu alrededor. Los adultos pierden sus carreras (un hombre de deportes de ESPN fue despedido por *sexting*), han presentado demandas contra atletas profesionales (incluyendo algunos que están en el Salón de la Fama) por lenguaje inapropiado en mensajes de texto, y hasta matrimonios se han roto por el *sexting*.

> *Los chicos necesitan saber que no importa cuán privada pueda parecer una conversación, no lo es.*

Antes de permitir a tus hijos tener un teléfono celular (siempre digo que cada adolescente necesita uno cuando comienza a conducir), o incluso si tiene uno ahora, imprime en ellos la forma de manejar el teléfono con cuidado. Los chicos necesitan saber que no importa cuán privada pueda parecer una conversación, no lo es.

Eso significa que necesitas enseñar a tus adolescentes a tener sentido común y a mantenerse dentro de las directrices para los mensajes de texto. Si es algo que no debe ser dicho o mostrado en persona, no debe ser dicho ni mostrado en un mensaje de texto cualquiera. Y si reciben mensajes que sean inapropiados, deben eliminarlos. Si esa persona es amiga, se le debe decir que el lenguaje es inaceptable, y si sucede otra vez, tu hijo o hija ya no enviará más mensajes de texto a esa persona.

Los adolescentes viven para enviar mensajes de texto. Solo vela sentada junto a su familia en un restaurante, haciendo caso omiso de ellos y enviando mensajes de texto a sus amigos como loca. Por otra parte, si un chico está sentado en la cena con su familia, los mensajes de texto no deben permitirse. Hay un tiempo para enviar mensajes de texto y otro para poner el teléfono celular a distancia. Y si ellos están enviando mensajes de texto durante todo el día en lugar de interactuar con otros en persona, algo está mal. Todo en la vida es cuestión de equilibrio.

Los mensajes de texto serán parte de la vida de tus hijos. Así que asegúrate de que sepan las pautas para lidiar con mensajes de texto seguros:

1. Nunca envíen mensajes de texto mientras conducen.
2. Mensajes de texto o imágenes sexuales nunca son aceptables.
3. Date cuenta de que cualquier mensaje que envíes pudiera llegar a ser público.
4. Hay un tiempo para poner el teléfono celular a distancia.

SALVAVIDAS

Piensa antes de enviar un mensaje de texto.

Mentir ser deshonesto

Cuando los chicos mienten, la respuesta ideal es sostener un diálogo sereno acerca de por qué lo hicieron. Algunos adolescentes pueden incluso no estar conscientes de por qué mintieron ni ser capaces de articular la razón. Pero la mayoría de los chicos que mienten en forma periódica tienen padres que ellos perciben como demasiado controladores, demasiado autoritarios. La única manera en que estos chicos piensan que pueden conseguir cualquier tipo de libertad en la vida es mintiendo. Tienen miedo de que si te dicen la verdad, se van a meter en problemas.

Pero la mentira rompe el respeto entre los dos. Así que si tu hijo o hija te está mintiendo, di: «El hecho de que me estés mintiendo es un problema, porque significa que no puedo confiar en ti. Ahora dime, ¿sería inteligente o estúpido de mi parte entregarte las llaves del automóvil y dejarte ir de viaje un de fin de semana con tus amigos si no puedo confiar en ti?».

Si tu hija de once años sigue mintiéndote, dale vitamina No para *todo* lo que te pida hasta que llegue a la conclusión de que algo está pasando. Cuando tenga una pista al respecto, lo más probable es que proteste: «Hey, ¿qué pasa? Tú siempre me dejas hacer...».

Ahora es el momento de la enseñanza. «Bueno, hemos tenido esa discusión acerca de la mentira, y mi nivel de confianza en lo que dices se ha reducido mucho puesto que continúas mintiendo. Así que por ahora no puedo creerte nada. Eso significa que no vas a ninguna parte hasta que aprendas que la honradez es la mejor política. «De hecho, la vida marchará mejor para ti y tendrás más libertad si podemos tener un diálogo franco. Aun si se tratara de algo que tú sabes que no quiero oír, yo te respetaré por decir la verdad. Mi voto por ti es que también te diré siempre la verdad, pero iré un paso más allá. Siempre quiero saber cómo te sientes al respecto, porque quiero ser más respetuoso contigo».

> *Dale vitamina*
> *No para todo*
> *lo que te pida.*

Gánate la cooperación de tu adolescente. A medida que tu hijo o hija comience a verte como un socio —con cada uno de ustedes diciendo la verdad al otro— la mentira se detendrá. Y cuando lo haga, tu hijo ha de ganar más libertad de nuevo.

SALVAVIDAS

La honradez es siempre la mejor política.

A mí me resultó

Me sorprendió la primera vez que me enteré de que mi hijo de catorce años me había mentido en cuanto a dónde estaba después de la escuela. Luego me enteré por otra madre que no era la primera vez que me había mentido. Seguí su consejo y le pregunté directamente por qué había mentido. Él puso la cara de «eh... estoy atrapado». Cuando finalmente me dijo la verdad —que mintió porque pensaba que de lo contrario no le dejaría hacer nada ni ir a ninguna parte— me di cuenta de lo asfixiante que soy como madre.

Ahora estoy aprendiendo a confiar en mi hijo y lo dejó ir (todavía es muy difícil, pero estoy progresando). Él está aprendiendo a decirme la verdad, incluso cuando sabe que no quiero oír algo. Estamos empezando a desarrollar una relación basada en la confianza.

Hannah, Dakota del Norte

Motivación, falta de/Vivir a la altura de tu potencial

La mayoría de los chicos que carecen de motivación lo hacen específicamente por una razón. Regresamos a la conducta intencional. ¿Cuál es la conducta intencional de un chico que no hace ninguna tarea? ¿De un jovencito que al parecer fracasa en todos los temas que toma? La ironía es que muchas veces los muchachos que no completan sus tareas, no participan en clase y no pasan los exámenes son en realidad muy brillantes. Ellos podrían hacer el trabajo, y hasta podrían hacerlo bien. Entonces, ¿por qué están tan desmotivados?

No tienes que buscar mucho más allá de ti mismo, padre o madre, para encontrar la respuesta. ¡Ay!, eso duele, ¿verdad? Pero ten paciencia conmigo por un minuto. Si eres uno de esos padres que ha presionado, que tiene altas expectativas con sus hijos, que es rápido para señalar todos los defectos, que dice: «Hey, ¿qué pasa con esa B en tu boleta de calificaciones?» (cuando es una B en una cadena de puras A), estás creando en tu casa el tipo de condiciones que catapultará a tus hijos a un estado de desmotivación… que los mantendrá allí.

Los chicos que viven con expectativas poco reales y perfeccionismo temen al éxito.

Quizás digas: «Espere un momento, doctor Leman, usted quiso decir que tienen miedo al *fracaso*, ¿verdad?».

No, me refiero a que le temen al *éxito*. Están fracasando bastante bien.

Así como John, un estudiante de segundo año en la escuela secundaria, que solía mantenerse con notas de B… por supuesto,

> *Los chicos que viven con expectativas poco reales y perfeccionismo temen al éxito.*

hasta su primer año. Entonces, decidió que ya no podía competir con su brillante hermana mayor que estaba en tercer año, ni saltar alguna vez la barra alta de las expectativas de sus padres. Ahora está haciendo un trabajo que solo obtiene F como nota en casi todos los temas, incluso en aquellos que tanto le gustaban antes y en los que salía tan bien.

A veces las circunstancias de la vida obligan a los chicos a reevaluarse y motivarse. Para mí, ese momento ocurrió cuando tenía diecisiete años y me gradué de la escuela secundaria. Todos mis amigos se dirigían a la universidad, pero a mí ninguna universidad me aceptaría. Esa cruda realidad me hizo dar la vuelta. Comencé a tomar en serio el enrumbarme a algún lugar en la vida.

Cuando un chico carece de motivación, ese comportamiento sirve a un propósito en su vida. Él podría estar recibiendo la atención negativa de mamá o papá, pero al menos está recibiendo cierta atención. Por la falta de motivación, ese chico está diciendo: «No puedo llegar a la medida que tú crees que debo, así que ni siquiera voy a intentarlo».

Por tanto, ¿qué puedes hacer tú como padre?

> *Un retoño tardío nunca florece.*

En primer lugar, da marcha atrás en tus expectativas. Anima a tu hijo en lo que haga bien. Alivia la presión.

En segundo lugar, si tienes un estudiante de octavo grado que tiene doce o trece años y está fallando miserablemente en la escuela, pídele a la escuela que retenga al chico ese año. Deja que repita el octavo grado para que pueda ir mejor preparado a la escuela secundaria.

«Pero, doctor Leman», que está diciendo, «¿qué le va a hacer a su siquis? Eso va a dañarlo enormemente».

¿Puede alguien decirme qué es la siquis?

Vayamos más allá de la sicología barata y percatémonos, como dijera una vez Harry Truman: «La responsabilidad es mía». Puede que tenga que golpear en el escritorio de un administrador para lograr que retenga a un chico en el séptimo u octavo grado. La mayoría de las escuelas públicas se han tragado el anzuelo, la línea y el plomo de la idea de que «el concepto de sí mismo» (lo que un chico piensa de sí) es más importante que lo académico (rendimiento de un chico en la escuela). Después de todo, no queremos aplastar la autoestima del pequeño Buford, ¿verdad? Sin embargo, si el pequeño Buford está reprobando todo en la escuela, ¡no tiene mucha autoestima, para empezar!

Si le das otra oportunidad en el mismo grado, lo estás tratando de una manera respetuosa, diciendo: «Yo sé que estás luchando, así que vamos a darte una repetición».

Puedes notar que estoy usando a un chico para el ejemplo en este escenario. Eso se debe a que, estadística y sicológicamente, es mucho más factible la retención de un chico que la de una niña. Los chicos, por naturaleza, están alrededor de un año detrás de las niñas en madurez.

Pero también pudieras querer ser inventivo. Si estás reteniendo a un chico en séptimo u octavo grado, quizás quieras cambiar a ese adolescente a otra escuela para que la repetición sea un poco más fácil.

Si piensas que retener a tu hijo un año es una decisión difícil, entonces déjame preguntarte: si no tomas este tipo de acción decisiva, ¿qué va a cambiar a tu hijo? ¿Cuándo se va a prender la luz de la motivación?

> *La repetición podría cambiar su vida para bien.*

Los chicos de hoy pueden deslizarse a través de la escuela y graduarse en la parte inferior de los de su clase, o no graduarse y conseguir un diploma de equivalencia general (GED, siglas en inglés). Pueden madurar y crecer, y se les enciende la luz. Luego van a un colegio universitario, obtienen buenas calificaciones, porque están motivados, y pueden transferirlas a la mayoría de las universidades del estado basados en su trabajo en el colegio universitario.

Pero, ¿no preferirías que tu hijo ganara un poco de motivación adecuada ahora?

Es hora de dar una mirada cuidadosa a tus propias expectativas con tu hijo adolescente... y encender un poco la motivación en él. Repetir un año no le hará daño a su siquis. La repetición podría cambiar su vida para bien.

SALVAVIDAS

La responsabilidad es mía.

A mí me resultó

Usted puso el dedo en la llaga cuando habló del perfeccionismo y los padres críticos en su reciente programa de radio. Nunca pensé que yo era perfeccionista o crítico, pero estaba equivocado. No tenía idea de que mi conducta estaba provocando que mi hija reprobara matemáticas. Ella dejó de intentarlo, ¿y quién puede culparla? Yo siempre le preguntaba por qué sacaba notas B cuando sabía que era más inteligente que eso. Entonces ella comenzó a recibir calificaciones malas y peores, así que le quitamos sus privilegios, pero eso no ayudó.

Luego me di cuenta de que yo era el que tenía que cambiar primero. Le dije a mi hija que sabía que las matemáticas eran difíciles para ella, y que sentía haberle hecho el proceso más difícil. Le pregunté qué podía hacer para ayudarla. Esa corta conversación abrió nuestra comunicación. Ayer llegó a casa con una C en un examen de matemáticas. Me di cuenta que estaba nerviosa al mostrármelo. Pero cuando lo vi, le dije: «¡Buen trabajo! Sé que has estado trabajando duro y está valiendo la pena». Ella se sorprendió, pero luego sonrió.

Tiene razón, doctor Leman. El cambio de mi hija tuvo que empezar conmigo. Solo deseo que hubiera sido lo suficientemente inteligente como para entenderlo antes.

Kurt, Tennessee

Muerte

Una de mis primeras memorias —yo tenía cinco años de edad— era el funeral de mi tía Micky. Recuerdo que alguien me dijo que tía Micky solo estaba durmiendo.

Así que pensé: *No lo creo. No me parece que se ve como si estuviera durmiendo. Creo que está muerta.*

Sinceramente, recuerdo haber pensado eso.

Yo no era tonto, ni tampoco lo es tu hijo adolescente. Cuando yo estaba creciendo, la mayoría de los adultos trataban de proteger a los niños de la muerte. Así que el hecho de que mis padres decidieran llevarme a un funeral a los cinco años de edad fue sin duda inusual por cualquiera que haya sido la razón. (Es probable que no tuvieran el dinero para la niñera, ya que las finanzas estaban apretadas en la casa).

Pero en el mundo de hoy, tu adolescente se enfrenta al problema de la muerte mucho más de lo que sabes. Por ejemplo, mi hija Lauren es estudiante de secundaria y algunos de sus compañeros ya han perdido a sus padres. Terri, que va a una escuela secundaria en un barrio marginal, ha perdido cinco de sus compañeros de clase en los últimos tres años por sobredosis de drogas o asesinatos pandilleriles. El mejor amigo de Jared en una escuela preparatoria privada no pudo aguantar más las presiones de la vida y se suicidó. Jenna, de once años de edad, acaba de enterarse que la tercera ronda de quimioterapia de su hermano de catorce años de edad, no resultó y que él morirá. La abuela de Marie se está muriendo de cáncer de seno. Los medios de comunicación están llenos de gente muriendo y de muerte: adolescentes asesinando a otros estudiantes y profesores matando por desaires reales o imaginarios.

¿Cómo lidiar con la muerte? ¿Cómo hablar con tu hijo adolescente acerca de ella?

La muerte puede ser repentina. La primera vez que tu hijo pierde a un familiar o amigo, la realidad de «el fin» puede ser devastadora. El proceso de la muerte también puede ser prolongado debido a una larga enfermedad, por lo que tu hijo se enfrenta a un largo período de pérdida (por ejemplo, su abuelo tiene Alzheimer y está deteriorándose poco a poco).

Para los adolescentes que han visto un montón de dramas mortales y «emocionantes» en el cine, la dura realidad de la muerte en persona es muy diferente y golpea duro. Ellos ven al abuelo transformarse de una persona dinámica, llena de diversión, a ser alguien ausente, en declive. O el amigo que ellos pensaban que tendrían de por vida se fue de la noche a la mañana debido a un accidente automovilístico.

Todo lo que vive muere. Esa es una razón por la que creo en las mascotas para los niños (las de corta duración, como los peces, son un buen comienzo), porque la muerte de una mascota es una lección de vida importante para preparar a tus hijos en cuanto a enfrentar la realidad de la muerte en las relaciones humanas.

> *La primera vez que tu hijo pierde a un familiar o amigo, la realidad de «el fin» puede ser devastadora.*

¿Mi consejo para cuando tu adolescente se enfrenta a la muerte? Mantente sensible. Comparte tus lágrimas. No las escondan de los demás. Dale a tu hija la oportunidad de hablar sobre sus sentimientos. Asegúrate de que tenga la oportunidad de decirle a su padre, hermano o amigo lo que desee antes de que llegue el fin. La muerte es final; no conseguimos una segunda oportunidad para decir lo que es importante. Así que ahora es el momento. Si la persona ya ha muerto, haz que tu hijo le escriba una carta expresando sus sentimientos para ayudarle a procesar su duelo.

Después de todo, la muerte es parte de aprender a vivir, averigua lo que harías diferente si pudieras vivir de nuevo esa relación con esa persona. Entonces, puedes seguir adelante y llevar los principios que has aprendido a unas nuevas relaciones.

SALVAVIDAS

Sé real, sé franco, abraza la emoción.

Música

Cada generación tiene su música. Cuando Elvis apareció por primera vez, el pionero de la televisión Ed Sullivan dejó bien claro que ellos solo iban a hacerle tomas a Elvis del pecho hacia arriba. Él no estaba seguro de que Estados Unidos estaba listo para ver esos movimientos. En 1964, los Beatles eran considerados «escandalosos» por la forma en que llevaban el pelo. Ahora piensa en el contenido de los artistas de hoy como Eminem, 50 Cent, Snoop Dogg y Lil Wayne.

La música ha cambiado con cada generación. No muchos padres en la historia registrada han dicho: «Me encanta la música de mi hijo». Pero el padre inteligente halla algo bueno que decir acerca de esa música; ya sea el ritmo, la voz del cantante o el tema de la misma.

Cuando tú y tu hijo adolescente estén escuchando música en el automóvil, por ejemplo, di: «Cariño, ¿puedes subirle un poco el volumen?». Si la letra es una basura, es probable que tu hijo o hija se sienta avergonzado. Pero no importa cómo sea la lírica, escucharla juntos te da la oportunidad de discutirla con tu hijo.

Hay cierta música —si se puede llamar así— de los raperos que es francamente repugnante, sucia y degradante para la mujer. Tú tienes que trazar la línea en esas cosas. Pero también tienes que darte cuenta de que tu hija puede que no tenga idea de lo que está cantando realmente. Canté a la par con las canciones durante años antes de conectar los puntos de lo que las letras estaban diciendo realmente. Tengo una canción encantadora llamada «Oh, Qué Noche», popularizada por Frankie Valli y las Cuatro Estaciones, en un disco de vinilo de 45 revoluciones por minuto en mi máquina de discos; canté esas letras por muchos años ya como adulto antes de darme cuenta de lo que realmente querían decir: ellas describían la primera noche de un hombre con una prostituta.

> *No muchos padres en la historia registrada han dicho: «Me encanta la música de mi hijo».*

Muchos adolescentes tampoco conectan los puntos con la música que escuchan. Si aumentan el volumen de la radio del auto y cantan a la par alegremente, sin vergüenza por algunas de esas letras, tú tendrás un buen indicio de que tu hijo no tiene ni idea sobre el verdadero significado de la canción. Si se avergüenzan, *voilá*, se ven atrapados en el acto y saben que tú sabes que ellos saben lo que están escuchando. Y estarán menos propensos a escuchar esa canción otra vez... al menos en tu presencia.

Es posible que no te guste el ritmo, etc., de la música de tu hijo adolescente, pero es valioso hablar con él o ella sobre las letras de las canciones y por qué algunas de ellas son aceptables y otras no.

La música es una parte muy importante de nuestras vidas; invade toda nuestra sociedad. Incluso en un restaurante, siempre hay un «hilo musical» de fondo.

Me gustaría vivir lo suficiente como para ver algunos de los adolescentes de hoy bailar en su quincuagésima reunión de la escuela secundaria la música con la que crecieron. Eso sería divertido, ¿no?

Y ahora unas palabras acerca de las lecciones de música. Si las clases de música son *tu* sueño para tu hijo adolescente, no el de él, no vayas allí. Todo lo que te estás buscando es un problema. Toma lecciones para ti en lugar de él.

Algunos chicos tienen una inclinación por la música. Si es así, el fomentar su curiosidad, dejándolos que experimenten un instrumento y lo practiquen, y pagar por clases de música puede animar ese interés natural. Pero, ¿qué ocurre si tu hijo adolescente comienza con un instrumento y, unas semanas más tarde, quiere dejarlo? La regla Leman siempre es la siguiente: Tú puedes escoger una actividad por semestre, pero una vez que la elijas, tienes que estar con ella durante ese semestre.

Pero digamos que tu hija ha tomado clases de música desde que tenía ocho años. Tal vez necesite un descanso durante un año. No sería el fin del mundo tomar un pase y darle un respiro.

Por otro lado, hay un montón de adultos músicos hoy que dicen: «Estoy tan contento porque mamá y papá no me dejaron abandonarlas clases, aun cuando las cosas se pusieron difíciles». Si eso es parte de tu preocupación, entonces, obtén una evaluación franca del talento de tu hijo o hija en el campo musical. Si tiene un don en la música, él o ella deben ser alentados para que lo dejen florecer. Pero, ¿obligaría yo a un chico a seguir con las lecciones? No. Si tu hijo o hija ama la música, él o ella la retomará tras el descanso. Si no es así, también lo sabrás. En conclusión, no vayas a la guerra por la música de tu adolescente, sea que él o ella la esté escuchando o creando.

SALVAVIDAS

Cada generación tiene su música.

A mí me resultó

Su charla sobre los chicos y su música puso las cosas en una perspectiva completamente diferente para mí. Yo crecí en un hogar muy conservador, donde «tú no bebes, no bailas y no vas con las chicas que lo hagan», por lo que he tenido dificultad tratando con la música de mis hijos. Me parecía tan vulgar. Pero el consejo de escuchar la letra en lugar del ritmo fue bueno. Me sorprendió darme cuenta de que muchas de las canciones que mi hijo y mi hija estaban oyendo eran en realidad positivas. Y me dio la oportunidad de discutir las pocas negativas que escuché. Cuando le dije a mi hijo el otro día en el auto: «Oye, súbele el volumen, pues quiero escucharlo también», me miró y sonrió. «No estás nada mal, papá», dijo. Lo digo para demostrar que incluso un perro viejo puede aprender nuevos trucos.

Randall, Kentucky

Novios/Novias

Sí, tu adolescente debe tener amigos, y sus relaciones más importantes son las de su mismo sexo, no el del opuesto. Observa los grupos de hombres y mujeres jóvenes de once a trece años de edad en un juego de baloncesto, y verás las diferencias de comunicación que existen entre damas y caballeros.

Las chicas se mueven con rapidez, como una bandada de codornices, susurrando al mismo tiempo y muchas veces tomadas de las manos. Hablan de sus mejores amigas íntimas de siempre. ¿Los chicos? Son más propensos a caminar calmados, luciendo tan agradables como puedan y, a menudo en una sola línea, ya sea delante o detrás de su compañero. No los encontrarías muertos en unos abrazos fraternalísimos o tomados de la mano con su «mejor amigo». Un «choca esos cinco» o una sesión de lucha libre sería lo más probable.

Si terminas llevando a esos chicos a actividades deportivas o eventos sociales, la tentación es encender la radio o el reproductor de discos compactos para bloquear la charla sin parar, sé lista: siéntate, quédate en silencio, escucha... y aprende. Escucharás algunas cosas que pueden impresionarte, pero que también te darán una idea de los muchachos que estás llevando, que son con los que tu hijo o hija andan.

Algunos te simpatizan. Esos son los que tienen más probabilidades de tener una familia con valores similares a los tuyos, que comparten los intereses de tu hijo o de tu hija y que, en realidad, crecieron con al menos un mínimo de buenos modales (traducción: saben cómo decir «gracias» cuando los dejas en su casa).

Es un hecho comprobado que el exceso de tiempo juntos, de una pareja diversa, puede hacer desaparecer el glamur.

Otros no te caen bien, y con razón. Pero antes de empezar a pontificar tu opinión, te voy a dar un consejo secreto. Sugiérele a tu adolescente lo siguiente: «¿Por qué no invitas a fulano a salir con nosotros [al centro comercial, al cine, a cenar, etc.]?» Es más, sugiéreselo un montón de veces por unas cuantas semanas. Para que los dos pasen el mayor tiempo que puedan juntos.

«Doctor Leman», has de estar diciendo, «¿estás loco? No me gusta ese chico. Es un rebelde, falta de respeto, irreflexivo y tiene un vocabulario grosero. Yo no lo quiero cerca de mi hijo».

Es un hecho comprobado que el exceso de tiempo juntos, de una pareja diversa, puede hacer desaparecer el glamur. Como dice Benjamín Franklin: «El pescado y la empresa empiezan a oler a los tres días». Suficiente con lo dicho.

Después de un tiempo, tu hijo llegará a su propia decisión respecto de ese amigo. La próxima vez que digas: «Ah, ¿quieres llamar a fulano para invitarlo a venir con nosotros?», lo más probable es que recibas un encogimiento de hombros y la respuesta: «No, no esta vez, mamá». Esa es la primera pista de que la relación está comenzando a ir cuesta abajo.

Cuando escuches esas palabras puedes sonreír disimuladamente por un trabajo bien hecho tras bastidores. Lo mejor es que ni siquiera tuviste que hacer ninguna declaración como: «¡No vas a ver más a ese tipo! No es bueno para ti». Ni tuviste que fulminar con la mirada al otro niño ni hacerle sentir no deseado (lo cual hubiera sido desagradable de tu parte). No tuviste que decir ni una palabra. Después de todo, eres una madre lista, por lo que ya sabías que cualquier cosa que hubieras dicho habría hecho que tu hijo adolescente decidiera demostrarte que estabas errada, lo que lo habría puesto firmemente del lado de su amigo.

Además, como madre lista que eres, lo mejor será hacer de tu hogar el centro de la vida de tu hijo adolescente. Invita a sus amigos. Sí, eso podría significar que brinquen por una gran cantidad de pizzas. Es mejor afiliarse a Costco (tienda al por mayor) para conseguir ofertas a granel. Y quizá te cueste una mancha o dos sobre tu valiosa alfombra oriental (mejor aún, ¿por qué no mover la alfombra simplemente a la habitación de huéspedes por unos cuantos años?) y varias cestas llenas de biscocho de chocolate. Pero vale la pena tener esos amigos a tu alrededor porque puedes ver en directo con quién está saliendo tu hijo, de que están hablando y cómo se tratan los amigos entre sí.

Es interesante notar que —volviendo a los tiempos en que yo crecí— nosotros, los adolescentes, salíamos con los chicos del vecindario. Por lo general, las familias no tenían un segundo automóvil, por lo que no podíamos ir a menudo a pasar el rato en cualquier lugar al que no pudiéramos ir caminando. Eso significaba que mis padres conocían a los progenitores de mis amigos, porque todo el mundo vivía cerca.

Los tiempos han cambiado. Tu adolescente no está solo pasando el rato con los pares de su barrio, las escuelas reúnen niños de un radio mucho más amplio. Los padres perspicaces conocen a los progenitores de los chicos con los cuales su hijo adolescente frecuenta.

Está bien, puedo ver tus ojos torcidos. Es probable que estés diciendo: «Doctor Leman, tengo suficientes problemas trabajando más de cuarenta horas a la semana, tratando de pagar las cuentas, manteniendo a mi esposo feliz y lavando montañas de ropa, para que ahora usted ¿quiere que haga qué? ¡No hay suficiente tiempo en la semana!».

Todo el mundo tiene las mismas veinticuatro horas del día. ¿Qué es lo importante para ti? Conocer a los otros niños y sus familias, los cuales están influyendo en tu hijo adolescente, ¿es importante o no? Haz una simple llamada. Solo te tomará cinco minutos y vas a ganar dividendos enormes más adelante. «Hola, soy Jennifer. Nunca he tenido el placer de conocerlos, pero nuestros dos hijos ciertamente disfrutan pasar el tiempo juntos. Me encantaría saber si usted está libre para que nos reunamos en algún momento en un Starbucks por unos minutos, para charlar un rato... ¿Durante el almuerzo el jueves? Claro, sería genial».

> *Los padres perspicaces conocen a los progenitores de los chicos con los cuales su hijo adolescente frecuenta.*

Esa simple llamada y una media hora en Starbucks durante la hora del almuerzo pueden lograr mucho más de lo que piensas. Se abre una línea de comunicación con los padres de los amigos de tu adolescente. Si los padres no se conocen entre sí, el adolescente puede salir a decir: «Hey, estoy donde los Wilson», y el otro puede informar: «Estoy donde los Olson», y los padres de ambos podrían caer en el cuento. Sin embargo, una simple llamada telefónica a los padres que conocí en Starbucks aunque sea una vez, aclarará las cosas en cuanto a exactamente dónde están... o no están los muchachos. Ellos podrían no estar en ninguno de los lugares que crees.

A medida que tu hija adolescente afina sus intereses, comenzará a salir más y más con otros adolescentes que tengan esos mismos intereses. Por ejemplo, Kayla, que toca violín, le gusta la música clásica, monta a caballo, le gusta usar pantalones vaqueros y escribe sus propias historias de fantasía, no es probable que la pase con las aspirantes a Hannah Montana que cantan a todo pulmón la última canción de rock y usan toda su ropa con estampado de leopardo.

Lo importante es que entres en el mundo de tu adolescente. Ten en cuenta que dije que *entres*, no que te *entrometas*. Si a tu hijo le gusta montar a caballo, no le dejes en el lugar solamente. Pasa el rato en el establo de los caballos y conoce a los otros padres. Si a tu adolescente le gustan los conciertos y tú eres el encargado de llevarlo al evento, pídele a uno de los padres de los amigos de tus hijos que vaya con ustedes y se siente en otra sección contigo. Sí, tú puedes soportar una dosis de dos horas de Justin Bieber o Usher. (De todos modos, nadie va a ver los tapones que te pones en los oídos antes del concierto). Después de todo, tus padres quizás aguantaron un poco de tu música. Y lo que ganas es una relación más profunda con el otro padre de familia, así como una ventana a la música de tu adolescente y de su mundo.

Como ves, la vida con tus hijos tiene que ver con las relaciones. Date la oportunidad de conocer a sus amigos y a sus familias.

> No hay nada más grande para tu adolescente que ver que le gustas a sus amistades.

Tengo que reírme. Es un hecho firme como una roca en el hogar Leman que cualquiera que entra por la puerta recibe un regalo antes de que se vaya. La señora Uppington, mi bella esposa, es la dadora de regalos más grande de todos los tiempos. En Navidad, cada uno de los chicos que pasan el rato en nuestra casa recibe un pequeño presente de nosotros los Lemans en un paquete bellamente envuelto. Quiero que quede registrado que yo no tengo absolutamente nada que ver con eso (yo solo llevo las bolsas de compras y espero que mi esposa acabe pronto para poder irme a casa y ver el siguiente juego de pelota o la repetición de algún programa viejo en televisión), pero me alegra que mi esposa lo haga. Nuestros cinco hijos siempre han traído a sus amigos y, los chicos que vinieron, regresaron... una y otra vez. Ellos fueron realmente el regalo que se continuaba dando.

Pero, ¿por qué esos chicos seguían viniendo? ¡Porque gustaban de nosotros! El último elogio fue cuando un muchacho que era conocido por sus pocas palabras dijo: «Usted es a todo dar, doctor Leman».

No hay nada más grande para tu adolescente que ver que le gustas a sus amistades. En el grupo de compañeros de tu adolescente, eso los hace más que populares.

Más importante aun, eso mueve al grupo de compañeros a tu casa, donde puedes (silenciosamente) mantener un ojo de águila en todo lo que está pasando.

No puedes ponerle precio a eso... nunca.

SALVAVIDAS

Todo tiene que ver con las relaciones.

A mí me resultó

Tal vez sea sentido común, pero me encantó su idea de llegar a conocer a los padres de los amigos de mi hija. Como nosotras cuatro somos madres que trabajamos, finalmente logramos, después de casi un mes de enviarnos correos electrónicos unas a otras, apartar un tiempo cuando todas nuestras chicas estuvieran al mismo tiempo en una actividad de la escuela. Luego las cuatro nos dirigimos a un restaurante para tomar un café y comer ensalada.

Tres horas después, todavía estábamos hablando, y casi llegamos tarde a recoger a las chicas en la escuela. Congeniamos enseguida, nosotras las madres; pudimos entender por qué nuestras hijas tenían tanto en común. Mejor aun, ahora nosotras nos reunimos a menudo cuando nuestras chicas lo hacen, y realmente lo disfrutamos. Seguro que no es el resultado que yo esperaba. Pero ahora tengo tres estupendas nuevas amigas... que tienen tres hijas fabulosas. Mi hija sabe cómo elegirlas.

Melanie, Ohio

Piercings [perforaciones en la piel]

Una noche, mi hijo Kevin, de quince años de edad —que me recuerda a muchos adolescentes— soltó una durante la cena, sin previo aviso: «Voy a ponerme un arete».

Bueno, me gustaría que hubieras visto el rostro de la señora Uppington. Quiero decir, se desencajó. Con una expresión de horror, ella me dirigió «esa mirada» (nosotros los maridos sabemos todo acerca de lo que eso significa), y luego señaló su oreja. Todo como si dijera: «Leemie, di algo. ¿Oíste lo que tu hijo acaba de decir? ¡Que quiere ponerse un *arete*!».

Cualquiera creería que Kevin II dijo: «Amo a Satanás».

El chico solo quería un arete. Después de la cena, la dulce señora Uppington en mi cara, recordándome una vez más, como si yo pudiera olvidarlo me dijo: «Kevin Leman, quiero que hables con tu hijo».

Nota lo que dijo: se trata de «*tu* hijo».

Y continúa: «¡Dile que no va a ponerse ningún arete!».

Después de tener tres días a la señora Uppington mordiéndome la oreja (y no de una manera cariñosa), tomé el asunto en mis manos.

Me presenté en la cena con un arete en la oreja. Muy a mi pesar, mientras estaba sentado esperando su respuesta, Kevin II no se dio cuenta de la cosa. Era un adolescente, comiendo como un cerdo en un comedero.

Luego me moví y me puse en una posición mucho mejor para que me viera.

Captó un brillo por el rabillo de sus ojos y me miró. Entrecerrando los ojos, dijo: «Te ves absolutamente ridículo». «¿En serio?», le dije. «A tu mamá le gusta».

Ahora Kevin Leman II tiene más de treinta años. Creo que puedo decir con seguridad que no se va a poner un arete.

Algunos de los que leen este libro tienen *piercings*. Otros tienen tatuajes. Tú pagaste tu buena suma de dinero por ellos y te encantan. Bueno, llámame chapado a la antigua, pero mi consejo a los padres —en lo que respecta a las perforaciones que llamamos *piercings*— es el siguiente: los *piercings* en el cuerpo están bien una vez que tu hijo o hija son mayores de edad y cuando ellos paguen por hacérselos.

Tú puedes estar en desacuerdo —de todo corazón— conmigo sobre este tema, lo cual está bien. Si es así, permíteme decirte esto: cualquier cosa que veas en este libro que no te guste, la puedes tachar. De hecho, puedes encontrarte una o dos páginas con las que estás vehementemente en desacuerdo. Te aconsejo que tritures ese par de páginas. Arráncalas. No hay dos personas de acuerdo en todo, muchas cosas en la vida son cuestión de criterio. Todo lo que estoy diciendo es que si quieres ser un padre listo, habrá momentos en que metas la mano en tu bolsillo trasero para sacar la tarjeta anaranjada.

> Tu hijo o hija no se detendrán a pensar: *Ummm, me pregunto lo que mi potencial jefe va a pensar de mi anillo en la nariz y del aro en el labio cuando solicite algún día el trabajo de contabilidad.*

En este momento estoy llegando a mi bolsillo trasero para sacar la mía y pronunciar mi criterio acerca de los *piercings*.

Si quieres que tu hijo luzca como una criatura perforada o algo por el estilo, y eso te agrada, entonces que así sea. En algunas culturas, es común perforarle el lóbulo de la oreja a un bebé. No tengo problemas con las perforaciones del lóbulo de la oreja, pero cualquier otra cosa perforada es una medida extrema.

Hay que recordar otra cosa. Los adolescentes viven en su propio mundo, no en el mundo de los adultos, y realmente no se preocupan por este último. Ellos se miran unos a otros y dicen: «Eso es genial. ¡Yo quiero uno!». Sin embargo, *tu hijo o hija no se detendrán a pensar*: Ummm, me pregunto lo que mi potencial jefe va a pensar de mi anillo en la nariz y del aro en el labio cuando solicite algún día el trabajo de contabilidad.

El grupo de las hormonas agitadas tiene una cultura diferente, un idioma diferente y una percepción diferente de lo que es la realidad. Este grupo no es experto en cuanto a pensar en el futuro, en la forma en que el *piercing* puede afectar su vida algún día.

Los chicos crecen muy rápido en la sociedad. ¿Por qué más se puede ver a un chico de cuatro años de edad con un corte de pelo a lo mohicano? ¿Qué piensas cuando ves eso? Yo pienso lo siguiente: *¿Qué les pasa a esos padres? ¿De verdad querían ellos ese corte de pelo para su hijo? ¿Es esa la manera de los padres decir: «Hey, quiero asegurarme de que mi hijo es chévere»? ¿O es que el chico dijo, en un momento impulsivo: «Hey, yo quiero un corte mohicano», y los padres fueron lo suficientemente tontos como para estar de acuerdo?* De cualquier manera, esos padres son tan tontos como una roca.

¡Ah, me encanta mi yo crítico!

Tú, la figura paterna y de autoridad, necesitas trazar la línea en algunas cosas. Mi línea es, bueno, si quieres un lóbulo de oreja perforado (nota: un agujero en cada oreja), está bien conmigo. Pero, cuando comienzas a perforar otras partes del cuerpo, o tu oreja, múltiples veces, y hay más metal en ti que un avión ultraligero, y apenas puedes cecear las palabras debido al anillo que te clavaste en la lengua, algo anda mal.

Padres, no hay que olvidar que, para otros, los *piercings* implican una actitud. Es sorprendente la rapidez con que la joyería que llama la atención es eliminada cuando los graduados universitarios comienzan la búsqueda de empleo y reciben sus primeros rechazos basados en su apariencia.

SALVAVIDAS

La apariencia cuenta.

Pijamadas/Pasar la noche

Si conoces a los adolescentes con los que está saliendo tu hijo, y sus padres tienen una saludable relación de confianza con ellos, y ustedes se visitan entre sí con frecuencia, dormir fuera de casa no es una gran cosa. Sin embargo, el exceso de cualquier cosa (por ejemplo, dos pijamadas seguidas) rara vez es bueno y además puede agotar a tu adolescente en crecimiento, que necesita sueño extra. Por supuesto, las pijamadas tienen más sentido en un viernes o un sábado por la noche, cuando los chicos no tienen escuela al día siguiente, ya que durante la *dormida* fuera de casa, ninguno de ellos va a conseguir *dormir*. Sin embargo, pijamadas para ambos sexos nunca son buena idea en los años de adolescencia, ya que estos son los años de las hormonas en los que las cosas que «no deberían ocurrir» pueden suceder.

> *La movida más inteligente en el tablero de ajedrez es siempre la que se hace con previsión y precaución.*

Así que cuando tu hija se te acerque mencionando una fiesta de pijamas, tu primera pregunta debería ser: «¿Dónde?». ¿Se va a llevar a cabo la pijamada en una casa a donde tu hija va con frecuencia, donde se siente cómoda, y donde conoces a los padres y el entorno en el que va a pasar el tiempo y a dormir?

La segunda pregunta debe ser: «¿Con quién?». Si no conoces bien a la amiga o a los padres o hermanos de la amiga, ahora sería un buen momento para hacer un pase... a menos que pasen la noche con la nueva amiga en tu casa, y los otros padres estén dispuestos a que su hija esté allí.

Sin embargo, no solo tomes la palabra de tu hija o la de su amiga, haz la llamada tú misma. Si tu adolescente está en una fiesta de pijamas, sé un padre listo y siempre llama por teléfono a la casa para comprobar que está allí. Esa llamada te hace saber cómo están las cosas en general: ¿Están los padres realmente allí? ¿Va todo según lo previsto? ¿Vinieron otras personas a la fiesta de pijamas que tu hija o hijo no estaban conscientes de que iban a estar allí?

La movida más inteligente en el tablero de ajedrez es siempre la que se hace con previsión y precaución. En el hogar Leman, dormir fuera de casa fueron extras, no algo dado por sentado. Y siempre fueron cuidadosamente revisadas.

SALVAVIDAS

*Debes saber dónde se está
acostando tu adolescente.*

A mí me resultó

Me encantó su asesoramiento en materia de dormir fuera de casa. Decidimos que nuestra hija no lo haría hasta que cumpliera los doce. Entonces lo pensaríamos. Hemos rechazado varias ofertas para dormir fuera de casa porque no conocía a los otros chicos ni las familias muy bien. Y estamos contentos de haberlo hecho. Ahora nuestra hija tiene catorce años, y se ha encontrado un gran grupo de chicas que son de orígenes similares; y los padres nos reunimos un par de veces a la semana también, cuando las chicas se juntan. Después de dos años, nos hemos visitado mutuamente nuestras casas y compartido cosas difíciles, trabajo, problemas y sueños.

Apenas la semana pasada, las chicas tuvieron su fiesta de pijamas por primera vez en nuestra casa, y todas ellas tenían una pelota. Curiosamente, todas llamaron a sus padres para reportarse antes de ir a dormir… incluso sin que yo las molestara para que lo hicieran. Mi hija dice que valió la pena esperar tener su fiesta de pijamas, porque ¡este grupo de niñas es simplemente el mejor!

Amanda, Illinois

Poder. Luchas de poder

Aquí está la garantía: si te involucras en una lucha de poder con tu hijo adolescente, pierdes. Todo el tiempo. Y por una razón específica. Tienes mucho más que perder en una lucha de poder que tu hijo. Cuando estás golpeándolo (en sentido figurado, por supuesto), y tienes una audiencia ya sea de extraños o amigos, sí, ellos podrían estar viendo a tu hijo. Y se dicen uno al otro: «Vaya, ese chico está pasado de la raya. Una verdadera obra de arte». Pero créeme, están sobre todo mirándote a ti, y diciendo: «¿Qué clase de padre dejaría a un chico salirse con la suya al actuar de esa manera?».

Socialmente, tienes mucho más que perder que tu adolescente, que vive la vida momento a momento, de todos modos. (Tú lidias con la vergüenza por más tiempo). Nadie gana en una lucha de poder.

Ya mencioné en este libro lo importante que es que saques tus narices de las cosas de tu adolescente. Deja que siga el curso, luego retírate y mantente impasible. Entra en modo silencioso y espera. No pasará mucho tiempo antes de que esa chica con las hormonas agitadas necesite o quiera algo. Cuando lo haga, dale vitamina N (No). Una vez más, permanece en silencio y espera. Tarde o temprano, ella va a volver a decirte: «Oye, ¿qué está pasando? No me has dejado hacer nada. Todo lo que pido, me dices que no».

> *Nadie gana en una lucha de poder.*

«Te voy a decir la verdad», afirmas con calma. «Estoy impresionada por lo que dijiste esta mañana. No me gustan las palabras que usaste conmigo ni tu actitud. Y tampoco me agradó el aspecto de tu cara».

Entonces das la vuelta y te alejas, porque en ese momento hay otra oportunidad para una gran explosión.

Lo que en verdad quieres es que tu hija adolescente se «conecte con sus sentimientos» y se dé cuenta de que lo que dijo fue doloroso, irresponsable y altamente irrespetuoso. Y te debe una disculpa. Ahora es necesario que te mantengas firme, sin desbocarte. No dejes que la vida continúe para esa adolescente hasta que te ofrezca una disculpa.

Sin embargo, resiste la tentación de decir: «Me debes una disculpa». Piensa en esto por un momento. ¿De verdad quieres que te pida disculpas porque le dijiste que ella te debía una? No lograrás nada si eso sucede. La disculpa es demasiado sencilla.

Sin embargo, si la chica entra en razón y se disculpa por su propia voluntad, al menos tienes la satisfacción de saber que es capaz de pedir perdón y que lo ha hecho con cierto grado de sinceridad.

Ahora vamos a abordar a los chicos por un minuto. Se parecen mucho a sus homólogos, los hombres adultos. Cuando un hombre adulto tiene un desacuerdo con su esposa en cuanto a algo, sostienen relaciones sexuales y el problema se resuelve en la mente del hombre. Sin embargo, para la mujer, el problema sigue. De la misma manera, si un chico le resta importancia al desacuerdo con su madre, una vez que la disculpa se da, la vida está una vez más despejada para navegar. Así que, por supuesto,

> *Resiste la tentación de decir: «Me debes una disculpa».*

va a volver después de las disculpas a pedir un privilegio. Sin embargo, para la mamá, el problema sigue estando en su mente. ¿Qué puede hacer una madre para salvar esta brecha generacional? Lo mismo que hace con su hija. Decir: «No hoy, cariño. Vamos a revisar esa idea mañana».

Es una manera tierna de decir: «Hay límites y pautas en esta familia. Si pasas por encima de la línea, hay consecuencias. Y tú estás sufriendo las consecuencias en este momento».

SALVAVIDAS

Mantente firme, sin desbocarte.

Pornografía

La semana pasada, mamá, encontraste a tu hijo de trece años de edad comiéndose con los ojos un sitio pornográfico. ¿Qué dices en un momento así? ¿Por dónde empezar? ¿Especialmente para una madre que ha llevado una vida más bien modesta, bastante sencilla y se encuentra a su hijo viendo una de las pornografías más desagradables que te puedas imaginar? La mayoría de las mamás cambiarían el nombre de su hijo a Isaac y tratarían de matarlo en el acto. Pero no es buena idea.

La pornografía es uno de los comportamientos más adictivos en los que una persona puede participar. Personalmente, creo que tiene la fuerza de los poderes adictivos de la cocaína o el crack. Las imágenes que tu hijo adolescente ve no se pueden borrar muy fácil de su mente.

Mucha gente define el *porno* de muchas maneras diferentes. Algunas personas piensan que el catálogo de *Victoria's Secret* es pornografía. Sin embargo, la pornografía que estoy hablando son los sitios a los que tus hijos tienen acceso en sus teléfonos y sus computadoras portátiles, que presentan mujeres con ropa indecente (o sin ropa) y en posiciones obscenas, con hombres, otras mujeres o solas.

> *La pornografía es uno de los comportamientos más adictivos en los que una persona puede participar.*

Lamentablemente, la pornografía en Internet no va a desaparecer. Entonces, ¿qué vas a hacer en caso de que encuentres a tu hijo participando en ella?

En primer lugar, sé franco en cuanto a lo decepcionado que estás con él por encontrarlo en ese sitio. «Tengo que decirte la verdad. Realmente pensé que estabas por encima de eso. Ahora veo con claridad que no es cierto, no estás por encima de nada. Y estoy muy decepcionado».

Deja que esas palabras penetren por un minuto, luego continúa. «Me alegra ver que te interesas en el sexo opuesto. Sin embargo, este sexo no es como para lo que Dios lo creó. Esta es una forma perversa de uno de los mayores regalos que Dios nos ha dado».

Observa que he elegido a la mamá para hablar con su hijo, no a papá, porque ¿quién mejor que una mujer para hablar con un chico sobre cómo quieren las mujeres que las traten? No hay una mujer en esta tierra que quiera ser comparada con una de un sitio porno. No hay una mujer en esta tierra que disfrute ser usada o abusada.

Uno de los chicos que es más probable que visite los sitios de pornografía con gran regularidad suele ser el adolescente que se siente inepto en las relaciones con el sexo opuesto. También es el chico que ha comenzado a tener sueños húmedos y no sabe qué hacer con ellos.

Se trata de un joven que está empezando a experimentar el hecho de que ciertas partes de su cuerpo dan más placer que otras. Con toda probabilidad, que está masturbándose con regularidad.

Si tu hijo quiere aprender acerca del sexo, tiene que aprenderlo por ti. Hay un montón de libros disponibles, entre ellos uno de mis favoritos: *Guía fácil para padres cobardes que quieren hablar honestamente de sexo con sus hijos*. (Ya lo he mencionado, pero vale la pena repetirlo aquí).

Para llamar las cosas por su nombre, el pecado sexual es una decisión crucial que tomas y que puede afectar toda tu vida; esta es otra razón por la que llamo estos los años críticos.

Por eso es tan importante que ocurra el diálogo entre la madre y el hijo acerca de lo que es una vida sexual saludable y de cómo las niñas quieren ser vistas y tratadas. Sin embargo, no hay un solo chico en el planeta que quiera oír sobre la vida sexual de los labios de sus padres. Si no crees que eso es verdad, solo tienes que cerrar este libro por un segundo. Marca el lugar con el pulgar. Ahora, piensa en tu madre y tu padre sosteniendo relaciones sexuales. . . .

«Uf, Leman, ¿realmente tenía que escribir eso? Usted acaba de arruinarme el día».

Un día, en uno de mis seminarios, una mujer me miró a los ojos y dijo: «Mi madre no haría algo así».

Yo no podía dejar de pensar: *Entonces, ¿cómo llegaste tú a esta tierra?*

Así que, mamá, cuando descubras el interés de tu hijo por el porno, aprovecha este punto áspero en la vida para que le enseñes lo que es especial acerca del sexo. (Las niñas no son inmunes a la pornografía, pero es menos probable que ocurra con ellas. Sin embargo, cuando ocurra, estás en el banquillo, papá).

Llámame dinosaurio, el dinosaurio Hunka Hunka, «el del amor ardiente», pero esto es lo que creo: el mejor sexo es el que ocurre dentro de los límites seguros del matrimonio, con dos personas que en verdad se aman, se han comprometido uno con el otro y se conocen íntimamente.

SALVAVIDAS

*Las conversaciones difíciles
terminan siendo las mejores.*

A mí me resultó

Nunca pensé que la pornografía llegara a nuestra familia hasta que Jason, mi hijo de catorce años de edad, comenzó a tener acceso a los sitios pornográficos en su iPhone. Su hermana lo encontró en eso y me lo dijo, a pesar de que él le suplicó que no lo hiciera. Me enfermó el hecho de que mi hijo hubiera visto complacido ese tipo de imágenes. Le quité su iPhone y lo hice sentar ante la mesa de la cocina y que escribiera un documento de cinco páginas, usando mi computador para la investigación, sobre lo que el ver pornografía hace a tu mente y corazón.

Cuando llegó el momento de su práctica de teatro, seguí su consejo. No fue a ninguna parte. De hecho, hice que llamara al director y le explicara por qué no iría. Se ganó un regaño por parte del director también, ya que tenía un papel principal en la obra. Pero le dije a Jason que la vida no iba a continuar hasta que el documento no estuviera hecho y nosotros hubiéramos tenido la oportunidad de hablar de ello. (Nunca he visto a mi hijo escribir un artículo tan rápido).

Esa fue una de las mejores discusiones que Jason y yo hemos tenido en su adolescencia, debido a que tuvo que hacer frente a lo que hizo y a cómo le afectará a partir de ahora. Perdió sus privilegios con el computador durante una semana, tuvo que explicarles a sus profesores por qué no podía hacer sus tareas y perdió el uso de su iPhone por completo durante un mes. Durante ese mes tuve a un experto en teléfonos borrando todos los vínculos pornográficos del suyo y eliminando los antecedentes. De esa manera me daré cuenta, en un futuro, si Jason sigue entrando a esos sitios.

Seis meses después, todavía estoy muy atenta porque sé que la pornografía es adictiva. De vez en cuando, le doy un vistazo a los botones que me muestran la historia de su computadora... sin que él lo sepa. Pero me alegro de que lo hayamos atrapado tan pronto como lo hicimos.

Linda, Nueva York

Portazos

Tu hijo tira la puerta. ¿Qué es lo que la mayoría de los padres hace?

Lo toma como algo personal. Se molesta, se enoja y devuelve el golpe. «¡Ven aquí ahora mismo, jovencita!» O, «Si quieres que quite esa puerta, jovencito, yo ciertamente puedo hacerlo. Solamente pruébame».

Pero, ¿resuelven algo los gritos o las reprimendas retributivas? ¿O lo resuelve el amenazarlo con no dejarlo salir de por vida (la versión adolescente del tiempo de receso o reflexión tan temido por el niño)? Lo más que vas a sacar de tus amenazas es quizás un: «Lo siento, mamá», si quiere ir a la casa de su mejor amiga más tarde. Pero entonces, la vida sigue sin consecuencias. Bueno, obviamente existe un problema, o tu hijo no estaría dando portazos.

Una vez más, el adulto aquí eres tú. Cuantas más formas creativas, incluso graciosas, te ingenies para mirar el mismo problema de siempre, estarás mejor. La vida en tu casa no tiene por qué ser de portazos y un partido de constantes gritos. Pero muchos padres lanzan sus manos al aire y dicen: «Me doy por vencido». No hagas tus problemas más grandes que la vida misma.

¿Qué pasaría si en lugar de eso, dices: «Quiero responder a ese portazo, pero no estoy muy seguro de lo que significó? ¿Quiere decir que estás cansado de que te esté diciendo que hagas lo que sabes que tienes que hacer? ¿Me estás diciendo que yo debería irme al diablo? ¿Estás diciendo que estás muy contento de que solo tienes dos años, tres meses, siete días, veintiún horas y treinta y un minutos para pagar en esta prisión antes de irte a vivir por tu cuenta? ¿O estás harto de vivir en una casa de setecientos metros cuadrados que tiene teléfono inalámbrico, tres comidas al día y un televisor de pantalla plana? En cualquier caso, voy a estar abajo esperando por ti».

Eso es lo que el padre calmado y listo expresa. Y quieres decir: «Vamos a tratar esto antes de que la vida continúe. Eso significa que no vamos a ninguna parte esta noche. Vamos a resolver esto porque nuestro hogar y las relaciones familiares son lo más importante. Todo lo demás es secundario».

En tales situaciones, es necesario ejercer la autoridad paterna que viene con el territorio paterno. Pero cuida de establecer la igualdad con tus hijos. Tú no eres mejor que ellos, ni ellos mejores que tú; todos desempeñan funciones diferentes.

Pero los portazos nunca son aceptables ni negociables. Así que, con calma, a cortarlo de raíz.

*Mantén tus narices fuera de
las cosas de tu hijo.*

A mí me resultó

Hace un año, nos hartamos tanto de que nuestro hijo diera portazos que mi marido finalmente quitó la puerta. Pero, eso no resolvió la actitud subyacente. Él seguía tan hosco como siempre. Entonces, lo escuchamos a usted en la radio hablando acerca de «C no se produce hasta que A y B son atendidos», y lo entendimos. La próxima vez que pataleó fuerte por toda la casa, dejamos que lo hiciera. No le gritamos, ni fuimos tras él. Pero la siguiente vez que quiso ir a cierto lugar, le dijimos que no. Cuando nos gritó, no cedimos. (Usted tiene razón, un frente unido realmente da resultados). Esa noche se quedó en casa. Se repitió varias veces, hasta que finalmente entendió el mensaje. Mamá y papá no eran más los débiles, no estábamos dando marcha atrás. Ahora tenemos un chico nuevo que pide de muy buena manera que lo llevemos a alguna parte.

Karlene, Illinois

Presión de grupo

La presión de grupo, al igual que la rivalidad entre hermanos, ha estado presente desde los tiempos de Caín y Abel, y seguirá estando. Es una gran influencia en la vida de cualquier adolescente. Sin embargo, el *grado* en que la presión social influye en tus hijos depende de qué tan seguro se sienta en tu casa. Tu casa es una garantía que les permite a tus hijos adolescentes ser capaces de resistir las tentaciones que se presentan en el grupo de compañeros. Los chicos serán más capaces de resistir la presión de grupo si se crían en hogares en los que:

- los valores se viven en lugar de embutirlos en sus gargantas;
- se hacen responsables de sus acciones y tienen que confesar los errores que cometieron;
- mamá y papá están disponibles para discutir temas de interés, asistir a las actividades en las que sus hijos participan, y hacen una prioridad de la diversión familiar y las cenas familiares.

Tu hijo va a sacudir la cabeza y decir, respecto de los fiesteros de su clase: «Esos chicos son unos idiotas. Están arruinándose la vida».

¿Significa eso que aíslas a tus hijos para protegerlos de lo que hay afuera? No. Nadie quiere ser un faisán en bandeja de cristal, sobre todo el faisán. Tú debes hacer a tus adolescentes conscientes de las presiones y

Tus hijos quieren complacerte.

tentaciones que les rodean: drogas, alcohol, sexo, lenguaje sucio, chismes, etc. Pero si te asocias con ellos, compartiendo sus victorias y sus derrotas, y esperas lo mejor de ellos, te sorprenderás de lo que tus hijos pueden enfrentar, incluso en tiempos difíciles.

Si ellos tuvieran que elegir entre las expectativas de los padres y la presión de grupo, el ganador sin dificultad cada vez sería la expectativa de los padres. Eso se debe a que, en su esencia, tus hijos quieren complacerte. Y no son felices cuando mamá y papá no lo son.

Tienes un impacto mayor en tu adolescente que lo que piensas.

SALVAVIDAS

No vendas tu poder paterno.

Privacidad

Todo el mundo necesita de privacidad. La necesitan los padres, la necesitan los chicos.

Para tu hija adolescente, su habitación es su dominio. Es el castillo dentro del castillo. Algunos padres se van a los extremos para que los chicos sientan que ese es su espacio; hasta les permiten a los chicos que pinten las paredes. Eso es un poco exagerado en mi opinión, pero el punto permanece. La habitación de tu hija es su habitación, lo que significa que tiene que responsabilizarse de su mantenimiento: limpiarla y poner la ropa en las cestas correspondientes, al menos con tanta frecuencia que el departamento de salud no tenga que ser llamado para clausurar la habitación.

Dentro de los límites de la privacidad, tu hijo adolescente va a hacer las tareas escolares, escribir notas y mensajes de correo electrónico, y tener acceso a Internet.

¿Debo fisgonear sus cosas?

Los padres a menudo me preguntan en los seminarios: «¿Es correcto que husmee en la habitación, en la computadora o el diario de mi adolescente para ver qué está pensando?».

Básicamente, mi respuesta es no. Tu adolescente necesita su privacidad.

Sin embargo, si tu hijo de diecisiete años de repente, tiene un montón de dinero en efectivo y compra cosas para las cuales tú sabes no le has dado dinero y no tiene trabajo, tu sospecha de que podría estar traficando drogas podría ser correcta. Además, no puedes dejar de notar que uno de los dibujos a un lado de su cuaderno escolar es una hoja de marihuana. No necesitas un doctorado para descifrar eso.

¿Deberíamos entonces fisgonear?

¡Por supuesto!

«Si me temo que mi hijo adolescente anda en alguna actividad ilegal, ¿debo espiarlo?», preguntas.

Sí, yo lo haría.

«Pero, el hecho de fisgonear, ¿no destruye las relaciones?».

Sí, es probable, pero también lo hace el hecho de que lo arresten, que interrumpa su educación y que cumpla tiempo en la cárcel. ¿De verdad quieres que tu hijo o hija tenga antecedentes penales? Y, ¿quieres gastar los miles de dólares que se necesitan para defender a alguien que fue arrestado por posesión o venta de drogas?

Por lo tanto, confía en tus hijos, dales privacidad y respétala. A veces los chicos solo necesitan un lugar para relajarse, para reflexionar sobre el significado de la vida, enviar textos, hablar por teléfono y para hacer la tarea sin interrupción. Pero hay momentos en que la nariz paterna te dice que algo está mal. En tales ocasiones, necesitas ser como un sabueso: olfatear dónde reside el problema. Y eso, algunas veces significa violar la confianza básica y los límites de la privacidad que tú has creado en tu propia casa.

SALVAVIDAS

Confía en tu instinto.

Rebelión

Para ser rebelde, debes tener a alguien de quién rebelarte. Los adolescentes tienden a rebelarse cuando se encuentran atrapados en ambientes extremos, ya sea demasiado autoritario o muy permisivo.

Las posibilidades de que un chico se vuelva rebelde en un hogar donde reina el equilibrio, donde hay una discusión buena y saludable entre los miembros de la familia, y donde los chicos son escuchados, respetados y mantenidos responsables, es prácticamente nula.

> *¿Te gustaría que te estuvieran diciendo qué hacer todo el tiempo? ¡Probablemente te rebelarías también!*

Lo que estimula la rebelión en la mente de un chico es su medio ambiente. Si un padre está siempre diciéndole lo que debe hacer, ese es el antecedente de su comportamiento rebelde. Después de todo, ¿te gustaría que te estuvieran diciendo qué hacer todo el tiempo? ¡Probablemente te rebelarías también!

Una de mis historias favoritas de todos los tiempos es la del hijo pródigo que aparece en la Biblia. Me encanta porque se parece a las relaciones familiares, y siempre me han gustado las historias con finales felices, aun cuando empiecen un poco ásperas.

La historia comienza con el hermano menor que se hartó de trabajar duro todos los días en los campos de la herencia de su padre. Así que dijo: «¿Sabes qué? Estoy harto de este lugar. Estoy harto de que me digan qué hacer. Soy tan mundano. Estoy tan fuera de aquí. Voy a ir a pedirle a mi Padre ahora mismo mi parte de su patrimonio».

Sorprendentemente, el padre le da a su hijo menor su parte. (¿Se imaginan lo que ese padre estaba pensando cuando se enteró de todas las quejas de su hijo? ¿Cómo tenía el corazón roto?)

El hijo sale para una tierra lejana. Eso significaba que ese hijo pródigo, que era judío, fue a un lugar que era ocupado por los gentiles, no por judíos. En otras palabras, quería llegar lo más lejos de su casa que pudiera. Así de repugnante era su casa para este joven.

Bueno, se fue algo a la ligera, ¿no? Eso es parte de por qué me encanta esta historia, porque refleja mucho de la sociedad actual. Mi padre solía decir: «No hay más tonto que un viejo tonto». Caramba, pienso que en muchos casos debería ser: «No hay tonto como un joven tonto». Los tontos vienen en todas formas y tamaños.

Así que, aquí está ese chico, un sabelotodo, y tiene dinero hasta para quemar. Y va a ir a vivir a lo grande. Anda en fiestas y tiene un gran momento. Estoy asumiendo que llevó una vida de vino, mujeres y música en abundancia.

Pero entonces, su estilo de vida festivo un día llega a un alto, cuando se queda sin fondos. Y se da cuenta de que los que trabajan en la granja de su padre están en mejor situación que él. En ese momento está alimentando cerdos, y tiene tanta hambre que hasta los desperdicios con los que está alimentando a los cerdos se ven bien.

Aquí está el chico haciendo su mejor actuación pero, como dice el refrán, «Todas las cosas buenas llegan a su fin». Y el hijo pródigo había llegado, en verdad, a su fin. Lo dilapidó todo. Por lo que decide: *Voy a ir a casa a pedirle perdón a mi padre.*

Otra cosa que me encanta de esta historia es lo que sucede cuando el padre ve a su hijo desde lejos. ¿Acaso le dijo: «Bueno, no puedo creer lo que veo. Mira lo que ha traído el gato. Tuviste suficiente de la vida citadina, gran muchacho?». No, eso no es lo que declara la historia. Dice que el padre corrió hacia su hijo, lo vio de lejos y corrió hacia él. No solo eso, sino que abrazó a su hijo, llamó para que los sirvientes pusieran un manto sobre él

> *Aquí está el chico haciendo su mejor actuación pero, como dice el refrán, «Todas las cosas buenas llegan a su fin».*

y un anillo en su dedo, y ordenó una fiesta en su honor. Cuando sacó el becerro gordo, celebró el hecho de que su hijo había vuelto a casa.

Cuando uno reflexiona en ello, ¿no es ese el verdadero amor?

Ese padre tenía todo el derecho a decir: «Bueno, sabelotodo, aprendiste tu lección en el mundo real, ¿no?». Fácilmente podría haberle restregado la nariz a su hijo en el polvo.

Pero no lo hizo. Le dio la bienvenida a casa con los brazos abiertos. Luego llega el otro hermano, que ha estado trabajando febrilmente en la granja y en el campo, haciendo lo que debía hacer. Al enterarse de que su padre va a dar una fiesta en honor de su hermano, le da un ataque. «¿Mi padre está dando una fiesta para ese hermano bueno para nada? ¿El que eludió su responsabilidad y me dejó aquí en la estacada? ¡Tienes que estar bromeando! ¿Cómo es que yo nunca he tenido una fiesta?»

Ah, ¿no refleja eso a las familias de hoy también?

Una nota para los estudiosos de la Biblia. No, no soy tonto. Me doy cuenta que la finalidad principal de esta historia no es enseñarnos acerca de las relaciones familiares. Es realmente una descripción de una persona que vuelve a Dios todopoderoso después de apartarse del camino estrecho y entonces recibe el perdón y un lugar en el cielo con Dios mismo.

Sin embargo, antes de dejar esta sección tengo que hablar con los padres que han hecho todo bien... y que aun así terminaron con un hijo pródigo. Un joven que, a pesar de todo lo que se le enseñó en el hogar, propuso en su corazón y su mente rechazar esos valores. Me he topado con esos padres desconsolados en todas las ciudades que he visitado. Son personas dulces que hicieron la vida como debían y, sin embargo, su hijo tenía un cable cruzado en alguna parte. Un chico que decidió, como el hijo pródigo: «Me voy de aquí».

Amigos, esa elección se llama libre albedrío. Dios nos hizo a todos de tal manera que, cuando llegamos a este mundo vinimos con libre albedrío. Sin lucir como un predicador de televisión, creo que eso afirma lo mucho que Dios nos ama realmente: que nos dé el don maravilloso de elegir por nosotros mismos si le aceptamos o le rechazamos.

De la misma manera, tu hija adolescente tiene libre albedrío. Todo depende de ella si decide aceptar lo que le enseñas o rechazar tus valores. Eso no está bajo tu control.

Sin embargo, lo que está bajo tu control es decidir que amas a la hija pródiga, sea que esté cerca o en una tierra lejana. El perdón es una cosa maravillosa... para ustedes dos.

SALVAVIDAS

Ámalos a pesar de lo que hagan.

A mí me resultó

Cuando usted habló de los hijos pródigos en una actividad reciente, no lo podía creer. Era como si me estuviera hablando directamente a mí. Nuestra hija se había fugado de casa cuando tenía dieciséis años y regresó un año más tarde. Pero estaba enfrentando problemas con el hecho de aceptarla de vuelta en nuestra casa después de todo lo que había hecho y el dolor y la profunda pena que nos causó, sobre todo a mi esposa. Yo había escuchado la historia del hijo pródigo docenas de veces, pero esta vez dio en el blanco. En lugar de ser el padre —tan feliz por dar la bienvenida a mi hija que regresó— estaba actuando como si yo fuera el hermano que guardaba rencor. ¡Y, era mi *hija* y yo su *padre*! Después de pedirle a Dios que me perdonara, me dirigí directamente a mi hija y le dije cuánto lo sentía por la forma en que la había tratado.

Eso fue hace un mes. Nada fácil se logra de la noche a la mañana, ya lo sé. Nuestra relación sigue siendo cauta, tenemos un montón de años con una mala relación que necesitamos trabajar; pero estamos empezando a confiar el uno en el otro. Gracias por su hablar claro, dio en el blanco. Yo realmente, en verdad, lo necesitaba.

Evan, Vermont

Rehusarse a ayudar en casa

Si tu hijo se niega a hacer algo en la casa, tampoco debería recibir beneficio por ser un miembro de la familia. Trátalo a pan y agua, digo yo.

Si no está haciendo algo en casa, también hay una buena probabilidad de que no esté haciendo mucho en la escuela. Así que en cuanto a los almuerzos escolares, él no debería ni un centavo. Y tú tampoco deberías prepararle su bolsa de almuerzo. Deja que se prepare rápidamente su propia comida del refrigerador para llevar a la escuela.

Lleva a tu adolescente de regreso a lo básico. Sin recibir mesada, ya que no está cumpliendo su papel como miembro de la familia. Si tiene un televisor en su habitación, quítaselo. Si tiene una computadora portátil, escóndesela. Si le compraste un teléfono celular, o si estás pagando su factura mensual, quítaselos. Si tiene el privilegio de conducir, el automóvil familiar no está a su orden. No tiene nada, excepto la electricidad, el agua fría, agua caliente, cena (si es que llega a tiempo para ella; y si no, se quita de ahí y no queda disponible), y un lugar para recostar su cabeza en la noche. Aun mejor, no discutas con él la eliminación de ninguno de esos elementos de antemano. De repente, desaparecieron.

> *Trátalo a pan y agua, digo yo.*

Si tu hijo tiene algo de cerebro en lo absoluto, no pasará mucho tiempo antes de que se pregunte qué es lo que está pasando.

Ese es el principio del momento para enseñarle. «Desde este asiento, veo que te importa un comino todo lo que ocurre en la casa, y creo que es una falta de respeto para todos nosotros. Así que hasta que decidas contribuir con esta familia, tendrás solo un lugar para dormir, agua para la ducha y alimento para comer con nosotros... si llegas a tiempo. Y no, no vas a manejar el auto de la familia».

Todo se reduce a lo básico. Si es testarudo, tu hijo pensará: *Bueno, vamos a ver cuánto tiempo va a durar esto. Voy a vivir así por un tiempo y a esperar a que mamá y papá se cansen. No hay forma de que yo vaya a sacar la basura ni a hacer algo de eso.*

Hay chicos que se la juegan mucho tiempo porque son tercos o francamente perezosos. Otros lo harán porque se están escondiendo de la vida, del sentimiento de derrota o evaden llegar a ser un enfermo mental. Si sospechas que alguna de esas tres cosas pudiera estar sucediendo con tu hijo o hija, busca ayuda profesional. A veces debes tener una intervención.

Si el chico es testarudo o perezoso, tarde o temprano la motivación se va a ir acumulando para hacer algo más que sentarse alrededor de la casa y hacer su propio almuerzo para la escuela.

Cuando surja la oportunidad, habla con tu hijo o hija. «Si quieres hablar de esto, soy toda oídos. Yo no puedo vivir la vida por ti, pero quiero ayudar». Una vez más, mantén la pelota en la cancha de tu hijo adolescente. No te conviertas en una lata constante o la que empuja desde atrás. Y ciertamente no debes ser la persona que se incline sobre él con una regadera instándolo: «Florece, bebé, florece».

Algún día tu hijo se dará cuenta. *Oye, estar sin hacer nada realmente no me está resultando. Tal vez es mejor que me levante y empiece a hacer algunas cosas por aquí.*

Así que sé paciente y espera (con todo y que te esté matando por dentro). Tu hijo tiene que ver algún tipo de recompensa o beneficio antes de que él o ella esté dispuesto a convertirse en un miembro activo de la familia.

A veces una vida sin márgenes es justo lo que necesitan para ver el punto.

Es un hogar, no un hotel.

Resentimiento

Hay todo tipo de razones por las que un adolescente puede tener resentimiento.

- Él se pasa la mitad del tiempo en la casa de su padre y la otra mitad en casa de su madre.

- Ella tiene tres hermanastros nuevos que no le interesan.

- Sus notas no son muy buenas.

- Ella no parece ajustarse bien a la escuela.
- Él tiene un acné terrible.
- Pocos chicos la llaman por teléfono.
- Lo sacaron del equipo de baloncesto.

Créeme, cuando ves chicos con resentimiento, hay razón para ello. Todo el mundo desarrolla un «tema vital» temprano. Hay adolescentes cuyo mantra vital es: «Soy una víctima. La vida siempre es injusta conmigo. Siempre lo será». Se sienten menospreciados por agravios reales o imaginarios.

> Hay adolescentes cuyo mantra vital es: «Soy una víctima. La vida siempre es injusta conmigo. Siempre lo será».

Si tu hijo fue víctima de abuso, él puede llevar un gran resentimiento sobre sus hombros. Hay una vieja canción que dice: «Siempre perjudicas a la persona que amas», y los resultados sicológicos están haciendo estragos en las familias de todo el país. Cuando tu hijo siente que la vida ha sido injusta y se siente herido por ella, piensa (a menudo inconscientemente): *Tengo el derecho de arremeter contra otras personas.* Y cuando arremete, ¿lo hace contra extraños? Por lo general, no. No tiene tanto acceso a ellos. Arremete contra aquellos a los que tiene mayor acceso: su familia.

La realidad es que algunos chicos han sido dañados por la vida. Frotar este libro en su cabeza como si fuera una lámpara mágica no les dará una solución automática. Tal vez tu hijo no sea muy agradable. Pero como el adulto que eres en la situación, tienes que hacer lo más que puedas para amar a lo que no es fácil de amar. Hay una vieja canción que dice: «Lo que el mundo necesita ahora es amor, dulce amor». El amor es una decisión... y no siempre es una sencilla. Así, en el fragor de la batalla, sé *tú* el primero en decir: «Lo siento. No debí haber dicho eso».

No vas a llegar a ninguna parte con un chico que tiene resentimiento, frotando su nariz en el resentimiento y tomando una postura autoritaria: «Epa, amigo, es mejor que salgas de eso».

En vez de eso, di: «Estoy preocupado por ti», «Pareces preocupado» o «Pareces enfadado». Estos pueden ser iniciadores de diálogo para comenzar a restaurar tu relación con él.

A veces, el solo decirle: «Ay, si yo estuviera en tu lugar, estaría enojado también!», le da paridad. Te coloca en igualdad de condiciones. Tú no quieres aparentar ser mejor que tu hijo adolescente; te estás identificando con él. Además, añade: «Basado en lo que te ha pasado en tan pocos años, me sorprende que hayas llegado tan lejos como lo has hecho. Dime, ¿qué puedo hacer para ayudarte?».

Observa cómo se abren las compuertas de una conversación. Luego, guarda silencio y simplemente escucha hasta que haya derramado sus palabras y haya terminado.

SALVAVIDAS

Establece igualdad.

A mí me resultó

Desde que Dan y yo unimos nuestras familias, hace tres años, ha sido como la Tercera Guerra Mundial alrededor de la casa. Nuestros hijos no se llevan bien. ¡Qué perfecto ejemplo de amar al que no ama! Hemos tenido mucha experiencia con eso. Sin embargo, estábamos hartos de las guerras y las actitudes derivadas del resentimiento.

Después de escucharlo hablar a usted en cuanto a lo que pasan los hijos con el divorcio, decidimos llamar a un consejo de familia. Les dijimos que entendíamos que no estaban contentos con su nueva situación —estar con nuevos hermanos que no querían— y que tenían razón por estar enojados con eso. Pero que todos teníamos una opción: seguir enojados unos con otros o tratar de resolver las cosas. Luego les preguntamos: «¿Qué podemos hacer para ayudar?».

Nuestros hijos se quedaron atónitos y en silencio al principio, luego comenzaron a hablar. Las cosas que dijeron eran difíciles de escuchar: su decepción al ver nuestros matrimonios anteriores destruirse y que papá o mamá ya no eran parte de su vida. Pero por primera vez estábamos hablando y no gritando. Esa noche fue un momento decisivo para nosotros. Ahora tenemos consejo de familia una vez por semana; para dejar salir el aire del globo, como lo sugirió usted, antes de que estalle. La vida no es perfecta, ¡pero está marchando!

Eileen, Nuevo México

Respondón

Cuando tu hijo se vuelve respondón, tu primera reacción instintiva ¿cuál es? Quieres lanzarlo contra el autobús. Pero no tomes represalias. De hecho, me gustaría sugerirte que te calmes, guardes silencio y muestres cierta distancia en tu comportamiento (tu lenguaje corporal, tu tono de voz).

Es inevitable que tu hijo se acerque porque necesita algo.

—Mamá, ¿sabes dónde está mi suéter?

Solo di tranquilamente:

—No.

—¿Puedo ir a la casa de Jack a lanzar algunas pelotas? —pregunta él.

—Este, no, no puedes.

Usa tan pocas palabras como te sea posible. Luego espera el momento de enseñarle, ese en que tu hijo adolescente viene a ti y dice: «Oye, ¿qué te pasa?».

Ahora el reflector está encendido. Es tu momento de brillar. ¿Qué vas a decir?

—¿De verdad quieres saber que pasa conmigo? —le preguntas en un tono tranquilo. El chico asiente con la cabeza.

—Entonces te lo diré. No me agradó la conversación que tuvimos hace dos horas.

Ten en cuenta que eso es todo lo que debes decir. No agotes el tema. Termina la conversación allí. Tú pones la pelota de tenis en la cancha del lado de tu hijo.

Ahora es su decisión, si quiere continuar con la conversación o no. Él pudiera decir:

—¿Cuál es el gran problema?

Si es así, no está listo para escuchar la verdad. Algunos chicos son lentos para aprender. Así que déjalo pasar... por ahora. Necesitas hacer frente a la situación, pero tratar de lidiar con ella como lo harías con un perrito que defecó en la alfombra —y luego frotó su nariz en ella— no va a resultar. Continúa con tu tranquila actitud distante. Tu hijo va a ver tu comportamiento diferente, tu actitud, tu falta de acción. Con el tiempo él volverá y por lo general va a decir:

—Lo siento, mamá, por lo que he dicho.

Acepta esa disculpa. Afirma que lo amas. La vida continúa.

Ahora, sin embargo, es el momento *real* de la enseñanza. No hay duda de que tu hijo te va a pedir un favor.

«No, Jake», le vas a decir, «no vamos a hacer eso».

> *Espera el momento de enseñarle, ese en que tu hijo adolescente viene a ti y dice: «Oye, ¿qué te pasa?».*

Y no le explicas por qué; solo expones los hechos y dejas que él llegue a su conclusión. *Ah, no puedo ir a casa de mi amigo ahora, por lo que hice esta mañana.* Tu hijo lo va a descifrar, créeme.

Pero padre, madre, no puedes permitirte el lujo de retroceder. Si quieres un nuevo adolescente para el viernes, todavía debe haber consecuencias por su comportamiento anterior. No puedes hacer las cosas a la manera de siempre, la que te metió en tu posición actual. Tienes que hacer las cosas de forma distinta. Eso significa que debes tomar una decisión y apegarte a ella.

Dios no te puso en esta tierra para que tu hijo te atropellara. Cuando le lanzas una curva emocional a tu hijo —algo que él no espera que suceda— le enseñas una lección.

SALVAVIDAS

Lánzales una curva emocional.

Responsabilidad

Tengo noticias para ti. Si tu hija no es responsable a los cinco, ocho o diez años de edad, tampoco lo será a los catorce o dieciséis años. Un chico que no se enseña a ser responsable no se hace responsable.

Esta, progenitores, es decididamente su cancha. Si has mirado para el otro lado, elaborado excusas o limpiado y allanado los caminos de la vida de tu hijo y ahora tú y tu adolescente están pagando por ello, es necesario que asumas el reto. El tiempo es corto, especialmente si tu hijo es de quince a diecisiete años de edad.

La vida tiene una manera de mantener a tu hijo adolescente responsable y eso incluye el estado en el que vive tu familia, el Departamento de Vehículos Motorizados, los agentes de la policía, los maestros o profesores de tus hijos, el director de su escuela, su supervisor y cualquier otra persona que tenga autoridad sobre él. Todos van a reaccionar negativamente ante la irresponsabilidad de tu adolescente.

Yo nunca me esfuerzo por hacer sentir a ningún padre o madre culpable, pero si hubo alguna vez un caso para ello, es en esta área. Así que toma una cucharada de culpa; te la mereces si has permitido que tu hijo sea irresponsable.

La responsabilidad es una cosa enorme en la vida. Si tu hija te ha dicho mentiras, te ha apuntado con el dedo, formado rabietas y hecho todo tipo de artimañas para evitar reconocer su responsabilidad en diferentes situaciones, es hora de que las cosas cambien. Si tu adolescente no aprende responsabilidad ahora, ¿cuándo la va a aprender?

Mientras más jóvenes sean tus hijos, más maleables van a ser. Mientras más mayores son, más difícil será tu labor. Pero, padre/madre, tienes que hacerlo. No hay otra alternativa. Tú, tus hijos y el mundo que los rodea pagarán por ello si no lo haces.

SALVAVIDAS

Recoges lo que siembras.

Retirarse

¿Por qué los adolescentes se retiran a refugiarse en sus habitaciones? Todo el mundo necesita privacidad; todo el mundo necesita un descanso y un tiempo a solas. Tú lo necesitas, y lo mismo ocurre con tu hijo o hija. El tiempo de silencio al llegar a casa de la escuela o el trabajo es algo bueno para todos.

Pero hay una diferencia entre el tiempo de silencio y retirarse de la vida.

Cuando los chicos se retiran de la familia, por lo general es el resultado de tener un hogar en donde se les habla constantemente y se les dice qué hacer. Si todo el tiempo te estuvieran ordenando, ¿cómo responderías tú? Probablemente también te retirarías.

Una madre lista trae a su adolescente a la corriente principal de la vida familiar, diciendo cosas como: «Cariño, estoy trancada. Necesito ayuda. No sé qué hacer. Me gustaría tener tu visión de esta situación. ¿Estarías dispuesto a ayudar? Este es mi problema...».

> *Invita a la participación.*

¿Qué es lo que esa madre está diciéndole a su hijo o hija? «Escucha, creo que eres un chico listo y que eres realmente talentoso. Tu contribución para mí y esta familia es importante. No sé qué haríamos sin ti». Si tienes un adolescente que tiende a retirarse, hazle preguntas como: «¿Qué crees que debemos hacer? Estamos planeando un viaje familiar y me pregunto dónde debemos ir. ¿Qué piensas?».

Declaraciones como esa invitan a la participación. Le dan al chico un motivo para participar. Y cuando tu hijo abra la puerta y se involucre, mantén la boca cerrada. No eches por tierra sus ideas. Dales la bienvenida, aunque pienses que son tontas. Decir: «Vaya, eso es interesante. Quiero saber más». O «Sabes, nunca pensé en eso. Buen trabajo». O «Qué idea tan intrigante. Voy a volver otra vez para que me des más ideas al respecto, y ni siquiera cobras por consultoría, ¿verdad?».

Anima a tu hijo o hija a hablar, a que se ubique en la corriente principal de tu vida familiar.

Parte de crecer y ser adolescente es ese tiempo que necesitan para ordenar los pensamientos y las emociones, para soñar despiertos, y para estar a solas. Así que, experimenta con maneras para sacar a tu adolescente de su caparazón sin agotarla.

SALVAVIDAS

Invita a tu adolescente a la fiesta llamada vida.

Rivalidad entre hermanos

Allá por el año 1985, le entregué un manuscrito a mi editor con este título: *Abel se lo merecía.*

—Kevin —me dijo— no puedes tener un título como ese.

—¿Por qué no? —le dije—. Tiene un agradable sabor a familia… y es verdad.

—Bueno, no puedes —dijo el editor.

—Bueno, *está bien* —dije con mi verdadero mal genio de bebé de la familia—, entonces ponle tú el nombre.

Así que, salió con un título muy provocativo: *El libro del orden de nacimiento.*

Felicidades a todos los primogénitos creativos y a los hijos únicos. Pero mi punto permanece. La rivalidad entre hermanos ha estado presente desde que Eva dio a luz a los hermanos Caín y Abel. Los dos eran tan diferentes como la noche y el día, y no le hacían fácil a Eva el tratar de mantener la paz en el hogar. Eran rivales hasta el último amargo momento... cuando uno mató al otro por celos.

La rivalidad entre hermanos se basa en la competencia, eso que huele a: «Soy más grande que tú», «Yo soy mejor que tú», y «Te lo mostraré». Y gana furor cuando un padre está mirando.

Las batallas entre los hermanos van a entrar en erupción. La pregunta no es *si*, sino *cuando*. Y cuando sucede, ¿qué deben hacer los padres?

- No te involucres en los problemas. Pon la pelota en la cancha de los hermanos en disputa.

- Tan pronto como te sea posible, aísla a los luchadores en otra habitación o, en climas calientes, fuera de tu casa.

- Diles: «Quiero que ustedes mismos resuelvan el problema. Estoy harta de oír lo mismo».

- Diles: «Si no lo resuelven, lo voy a hacer yo de una manera que asegure que ninguna de las partes le gusten los resultados».

Tus hijos te involucrarán innecesariamente en sus batallas. La naturaleza de su conducta intencional es traerte y manifestar su versión de los hechos ante ti, Jueza Judy o Juez Wapner (jueces que aparecen en programas de televisión estilo Caso Cerrado).

¡No hagas eso!. No vayas allí, padre, madre. En lugar de eso, llévalos a una habitación en la que pueden encargarse ellos solos de la discusión. A continuación, siéntate y observa los resultados predecibles. Van a estar fuera de allí en un minuto, tratando fuertemente de meterte en la refriega. Envíalos de vuelta a la habitación. Ignora el pisoteo, las voces fuertes y los insultos. Date cuenta de que mucho de ello es para que los escuches, para ver si mamá Osa (especialmente) o papá Oso entran en la refriega. Si no lo haces, es increíble lo mucho más tranquilo que se vuelve todo el entorno. Solo espera y ve.

SALVAVIDAS

No juegues a «juez y jurado».

Sabelotodo

Los sabelotodo son muy desagradables, ¿verdad?

Aun más, preparan la mayor tentación para que puedas participar en la batalla con ellos. Tú sabes que lo que han dicho no es cierto, tampoco es exacto. Y tú, como padre, tienes esa *necesidad* de dejar las cosas claras... Pero, no lo hagas.

La realidad es que los mejores momentos para enseñar, para el señor o la señorita Sabelotodo, se llevarán a cabo de una manera muy natural. Digamos que sabes que la tarea de tu hija de trece años es para entregarla el lunes por la mañana. ¿Le haces pasar un mal rato todo el fin de semana para que la haga? No. Voy a decírtelo otra vez: ¿de quién es la tarea?

> *Deja que las consecuencias naturales sigan su propio curso.*

Viene el domingo por la noche. Ella está sentada con sus hermanos en la sala de estar, viendo una película. Tú sabes que ella no ha hecho nada al respecto. ¿Le recuerdas la tarea? No.

Lo más prudente que debes hacer es enviar un correo electrónico a su profesor en la mañana del lunes:

> Que yo sepa, Anabel no ha hecho un ápice de la tarea que debe entregar esta mañana. Pensé que sería mejor si usted habla con ella.

El padre listo busca la ayuda de una tercera persona, alguien que no viva con ustedes. Entonces es más fácil para que aquellas consecuencias naturales aparezcan solas.

Digamos que tu hijo sale sin chaqueta. Tú has escuchado el pronóstico del tiempo que anuncia lluvia y aguanieve a partir de la tarde. Le dices a tu hijo:

—Cariño, tu chaqueta.

—Ah, mamá —y tuerce sus ojos— no la necesito. No va a hacer tanto frío.

Que así sea.

Después de la escuela, cuando esté cayendo aguanieve, tu hijo tal vez deseará haber tenido una chaqueta. Quizás, solo quizás, el congelarse un poco podría traducirse en escuchar lo que mamá tiene que decir... o al menos estar más sensible a ello.

Sin embargo, si tu hijo tiene problemas de salud, entonces te pone entre la espada y la pared, porque las consecuencias naturales de no llevar una chaqueta podrían tener efectos médicos graves en un chico con asma o muy vulnerable. Entonces, sacas el as paterno y dices: «Yo sé que no te quieres llevar una chaqueta, pero va a caer aguanieve por la tarde, y te vas a llevar una».

Solo recuerda: guarda los ases paternos para cuando lo necesites. Deja que las consecuencias naturales sigan su propio curso. Ellas van a ser mejor maestro que lo que puedas ser tú en esta etapa de la vida de tu hijo o hija.

SALVAVIDAS

*Los sabelotodo no lo saben
todo por mucho tiempo.*

Sexo

Una vez me invitaron a una boda en la que la primera vez que la novia y el novio se besaron fue en el altar. Particularmente, no ando en eso. Si mi futura esposa tiene halitosis crónica, me gustaría saber de ello mucho antes de llegar al altar.

Donde hay gente, siempre habrá opiniones diferentes, y habrá extremos. En nuestro mundo de hoy, todavía existen los matrimonios arreglados. Sin embargo, en el mundo occidental —los Estados Unidos y Canadá— los chicos suelen crecer demasiado rápido y son empujados a hacer sus citas cuando no están emocionalmente preparados para una relación... ni para sus consecuencias. Sé de los padres que piensan que está bien si sus hijos adolescentes tienen relaciones sexuales, siempre y cuando tengan «protección». Sé de otros padres que no permiten a sus hijos salir con pretendientes hasta que estén en la universidad o vivan por su cuenta.

Seamos francos. La forma en que se hacen las citas ha cambiado mucho desde la época en que yo salía con mi futura esposa, Sande, y nuestra idea al respecto era que compartiéramos una hamburguesa de 39 centavos. Todavía recuerdo cuando teníamos que hacer un análisis de sangre antes de casarnos. Mi bella esposa era tan ingenua que le preguntó a la persona que le sacaba su sangre: «¿Por qué es exactamente que tenemos que hacer esto?».

«Ah», respondió el técnico, «porque tenemos que ver si tiene sífilis o gonorrea».

Los ojos de mi futura esposa pestañearon veinte veces con rapidez y conmocionada, luego se las arregló: «Ah, ah, bueno... Yo solo puedo decir que no tengo eso». En enero de 2011, el Instituto Alan Guttmacher informó:

Aunque solo el 13% de los adolescentes ha tenido relaciones sexuales vaginales a los quince años, la actividad sexual es común en la adolescencia tardía. Para su cumpleaños número diecinueve, siete de cada diez adolescentes de ambos sexos han tenido relaciones sexuales. En promedio, los jóvenes tienen relaciones sexuales por primera vez a la edad de diecisiete años, pero no se casan hasta mediados de los veinte. Eso significa que los adultos jóvenes están en mayor riesgo de embarazos no deseados y de infecciones de transmisión sexual por casi una década[8].

NewsStrategist.com reporta que la edad promedio de iniciación sexual es aproximadamente la misma para hombres y mujeres. Pero aquí hay algunas notas interesantes que ellos ofrecen también:

- Las personas que vivían con ambos padres a la edad de catorce años esperaron más tiempo para tener relaciones sexuales por primera vez, que aquellos en otras situaciones familiares.

- Para la mayoría de las mujeres, la iniciación sexual se produce con un hombre ligeramente mayor, mientras que la mayoría de los hombres tienen por primera vez relaciones sexuales con una mujer de su misma edad o menores.

- Entre las adolescentes, mientras más joven era la chica en la primera relación sexual, más probable es que su pareja fuera considerablemente mayor. Once por ciento de las chicas que tenían quince años de edad en la primera relación sexual, y el diez por ciento de las menores de quince años, perdieron su virginidad con hombres que tenían veinte años o más[9].

Bueno, padres de hijas, dudo que quieran que su niña de catorce años se convierta en un receptáculo sexual para algún chico caliente de diecisiete años. Pero, básicamente, eso es lo que está pasando en nuestra sociedad. Y, por supuesto, todos los placeres del sexo incluyen enfermedades venéreas, como la sífilis (que está haciendo su camino de regreso en buen número), la clamidia y el herpes simple.

El mismo lenguaje de los adolescentes de hoy —»¡Ah, él es tan caliente!»— impulsa más la industria del sexo y lo que es socialmente aceptable. Y hoy no son solo los varones los agresores; las mujeres pueden ser igual de agresivas. Tampoco es raro hoy que los adolescentes practiquen sexo oral y se digan a sí mismos que no han tenido relaciones sexuales; sino que acaban conectados unos con otros. ¡Incluso he oído relatos de chicos que practican sexo oral en los autobuses escolares!

Dudo que quieran que su niña de catorce años se convierta en un receptáculo sexual para algún chico caliente de diecisiete años. Pero, básicamente, eso es lo que está pasando en nuestra sociedad.

Evidentemente, padre, madre, todos los parámetros de la sociedad en cuanto al sexo han sido eliminados, y las películas, la música, la televisión y muchas otras imágenes bombardean a nuestros hijos con diversión sensual, empujándolos a crecer demasiado rápido.

Los números hablan en voz alta. Simplemente, ¿qué tan sexualmente activos son los adolescentes de hoy? Tal vez las fuentes más confiables sean los Centros para el Control y Prevención de Enfermedades del Gobierno de los EE.UU. Ellos informan que, en el 2001 (último año para el cual los datos han sido publicados), más de un tercio de los hombres y las mujeres en los grados noveno a doceavo han tenido relaciones sexuales[10].

Los números de los diferentes estudios no siempre coinciden, pero el principio es claro. Tu hijo adolescente se *enfrentará* a la presión de tener relaciones sexuales... y será intensa. Entonces, ¿cómo lo prepararás para cuando ese momento llegue? Si no has hablado con tu hijo o hija sobre el sexo antes de que tenga nueve años de edad, lo más probable es que esa discusión no suceda. O, si ocurre, va a ser tratada de una manera incómoda, embarazosa. Para que tengas un buen material que te ayude a hacerte la idea en torno al tema, lee mi libro *Guía fácil para padres cobardes que quieren hablar honestamente de sexo con sus hijos.* (Bueno, sé que decir esto por tercera vez parece una propaganda descarada, pero es un buen libro y elemental, del cual los padres y los chicos pueden beneficiarse).

Padre, madre, no puedes andar con tu hijo adolescente las veinticuatro del día, en especial después de que pueden conducir sus autos a los dieciséis años. (Ten en cuenta que la actividad sexual entra en vigor a los diecisiete años de edad. La edad de la libertad, más dinero, acceso a un auto y a las zonas remotas del estacionamiento...). Nada va a impedir que tu hijo adolescente vaya al estacionamiento y haga el Watusi, a menos que algo permanente —que haya sido impreso en su mente— diga: *Esto es un error. No es bueno para mí.*

Pero, ¿cómo puedes llevar a tu adolescente a ese punto? ¿Especialmente en un mundo donde el sexo se espera en la primera o segunda cita, incluso en la población adulta? ¿Y cuando los adolescentes que se gradúan de la escuela secundaria vírgenes son ahora la excepción?

Expón a tu hijo o hija a una buena información acerca de por qué es mejor no tener relaciones sexuales con nadie fuera de los límites del matrimonio. Además de los altos riesgos de las enfermedades venéreas, tu adolescente se arriesga a un gran dolor emocional causado por alguien que solo quiere otra muesca en su cinturón. El amor solo es tal cosa si es comprometido, está dentro de los límites del matrimonio y es entre dos personas para toda la vida. Entonces, y solo entonces, es sexo «seguro».

Asegúrate de decirle a tu adolescente lo grande que es el sexo y cuán estimulante. Él necesita conocer la verdad de tu parte, pero también la realidad. Si no lo hace, y escucha de parte de un amigo cuán grande fue su «puntuación» la noche del viernes, él podría pensar: *Mis padres estaban mintiendo.* Pero si le dices a tu hijo o hija: «¡Ah,

> *Nada va a impedir que tu hijo adolescente vaya al estacionamiento y haga el Watusi, a menos que algo permanente —que haya sido impreso en su mente— diga: Esto es un error. No es bueno para mí.*

el sexo es maravilloso! ¡Vale la pena esperar por él!», entonces estás demostrándole que no eres realmente de la Edad Media, y que entiendes las emociones y el deseo de tener relaciones sexuales. Pero que todo se centra en que sea en el momento adecuado, el lugar adecuado y el hombre o la mujer adecuados, en un matrimonio para toda la vida.

Una vez más, se trata de asociarse con tu hijo adolescente, siendo *por* ellos más que *en contra de* ellos. Dale los hechos de forma directa, sin conjeturas, sin vergüenza. Los padres necesitan hablar con sus hijas, las madres deben hablar con sus hijos. ¿Quién mejor que alguien del sexo opuesto que te ama para que te hable de forma directa sobre lo que el sexo opuesto está mirando y pensando?

> *«¿Cuán lejos debemos permitir a nuestros hijos ir en las citas?» Esta es la mejor respuesta rápida: mantén tu ropa puesta en todo momento.*

Siempre he dicho que el mejor órgano sexual que tenemos es nuestra mente y realmente lo creo. A medida que creces en el verdadero amor, en una relación comprometida, es en la mente donde tú te conectas.

Enseña a tu adolescente a usar el cerebro que Dios le dio para pensar en su camino por la vida, de manera que termine parada; no dañada y golpeada por personas cuya misión en la vida es usar y abusar de los demás.

El sexo es sagrado y debe ser tratado como tal. Tratarlo de otra manera es realmente jugar con fuego.

A menudo, cuando estoy en seminarios con padres, me preguntan: «¿Cuán lejos debemos permitir a nuestros hijos ir en las citas?». Esta es la mejor respuesta rápida: mantén tu ropa puesta en todo momento.

Lo que es privado se mantiene privado y no debe ser visto por nadie más a excepción de tu médico.

Esta solución sencilla se encarga de un montón de problemas.

Asegúrate de que tu hijo crea que vale la pena esperar por el sexo. «Marcar puntos» fuera del matrimonio solo conduce a la culpa, la traición, la ruptura de relaciones y a ser una marca más en el cinturón de alguien, en lugar de la estrella a los ojos de tu futuro cónyuge.

SALVAVIDAS

Lo que es privado se mantiene privado.

A mí me resultó

Crecí en un hogar donde simplemente no hablaban de sexo ni de cualquier otra cosa «privada», por lo que me sentía incómoda hablando al respecto. Así que yo era una muy buena candidata para su libro *Guía fácil para padres cobardes que quieren hablar honestamente de sexo con sus hijos.* Cuando mi hijo cumplió once años, una amiga me lo pasó y me dijo: «Tienes que leer esto». Estaba en lo cierto. Como había crecido con la idea de que el sexo es algo privado, requirió toda la osadía que yo tenía para hablar con mi hijo sobre el sexo, lo que las chicas quieren (y no quieren), y por qué vale la pena esperar por el sexo. Pero yo sabía que usted tenía razón; yo no podía pasarle la pelota a mi marido. ¿Quién mejor que una chica para hablar con los chicos sobre las muchachas?

Me tomó dos días recuperarme después de la experiencia, pero mi hijo parecía tomar todo con calma. Yo supe que el mensaje le había llegado cuando le oí hablar con su hermano de nueve años de edad. «Sí, mamá me dio la charla del sexo. Pero dijo un montón de cosas que me sorprendieron demasiado. Como qué es el sexo caliente y por qué vale la pena esperar hasta que te casas». Es evidente que intrigó a su hermano también, porque al día siguiente Alec se acercó y me dijo: «Eh, mamá, yo estaba pensando que quizás sea hora de que tengamos, este, tú sabes, la conversación sobre el sexo…». Ahora esta mamá no es tan cobarde. ¡Vamos a la segunda ronda!

Marlene, Idaho

Solitario

Cuando oyes el término *solitario*, por lo general se dice con una connotación negativa, implicando personas socialmente aisladas. Muchas veces los que cometen crímenes atroces son descritos como solitarios. Sin embargo, una gran cantidad de gente bien adaptada podría ser etiquetada también como tal. Los solitarios tienden a ser los hijos primogénitos y los hijos únicos. Los libros son unos de sus mejores amigos. No tienen ningún problema entreteniéndose a sí mismos, tienden a ser introspectivos y están a menudo incómodos socialmente. Después de todo, ellos eran el primero o el único chico en el hogar, relacionándose con adultos la mayoría del tiempo en lugar de otros chicos.

> *Una gran cantidad de gente bien adaptada podría ser etiquetada también como solitaria.*

No puedo decirte cuántas veces en mi ejercicio como sicólogo han venido padres que me traen a una hija y la describen como una persona solitaria. Se preocupan porque nunca invitaba a otros chicos a su casa, ni salía a pasar un rato con un grupo de compañeros. En cambio, le encantaba leer libros de fantasía y ciencia ficción, y pasaba mucho tiempo escribiendo su propia música.

Hay tres tipos de personas: las que aman a la gente, las que aman los datos y las que aman las cosas. Un elemento común para los solitarios es que tienden a ser personas que aman los datos y las cosas. Ellos no son personas orientadas a las personas. Es más, el estar en grupos grandes tiende a agotarlos.

Así que cuando los padres me traen a una hija que describen como una persona solitaria, yo les pregunto:

—Bueno, ¿qué pasa con los otros chicos en la familia?

—Ah —dicen los padres—, es hija única.

—Caso cerrado —les respondo—. Vayan a casa y no pequen más.

Para el registro, los hijos únicos, aunque pudieran tener algunas características de solitario, lo hacen realmente bien en la vida. Tomemos, por ejemplo, gente como Anthony Hopkins, Robert De Niro,

Brooke Shields, Elvis Presley, Barack Obama (por favor, ahórrenme los correos electrónicos acerca de que Barack Obama tiene una hermana; es una media hermana, nueve años de diferencia con él; por lo tanto, es un hijo único funcional), y los hombres de negocios Carl Icahn y Thomas Boone Pickens, así como los jugadores de fútbol del Salón de la Fama Joe Montana y Roger Staubach. No todo el mundo es social ni desarrolla amistades. Si tu hijo no lo es, deberías estar saltando de arriba a abajo en este momento. Si tu hija tiene algunas cualidades como de solitaria, no será arrastrada a la conducta destructiva que muchos adolescentes desarrollan con el fin de ser aceptados por su grupo de compañeros.

Por otra parte, si tu solitario parece estar deprimido, no está usando nada más que negro, no lo está haciendo bien en la escuela, no se comunica con ninguna persona (incluso contigo), o no hace nada, tienes un problema. Es hora de que hagas una pequeña visita a la oficina de tu siquiatra local.

Echa un vistazo a los solitarios que conoces que son adultos. Son gente tranquila, gente de pocas palabras. Pero a menudo son brillantes. ¿Por qué no dejar que tu hijo conozca a algunos de ellos? Podrías invitarlo a tu casa a cenar alguna vez.

Lo importante es darte cuenta de que todos somos diferentes, y respetar las diferencias más que tratar de embutir a tu hija en un molde de lo que tú crees que debería ser.

SALVAVIDAS

Todos caminamos al ritmo de un tambor diferente.

Suicidio

El suicidio ha venido a ser mucho más común en chicos y adolescentes que antes. Ahora es la cuarta causa de muerte entre chicos de diez a catorce años y la tercera causa de muerte entre los adolescentes de quince a diecinueve. Para los jovencitos de los Estados Unidos menores de quince años:

Alrededor de 1 a 2 de cada 100,000 chicos se suicidan. Para aquellos de quince a diecinueve años, aproximadamente once de cada 100,000 se suicidan...

En un año, 2% a 6% de los chicos tratarán de quitarse la vida... Cerca de 15% a 50% de los chicos que están intentando suicidarse lo han intentado antes. Eso significa que por cada 300 intentos de suicidio, uno es completado.

Si un chico tiene trastorno depresivo mayor, él o ella tiene siete veces más probabilidades de intentar suicidarse. Alrededor del 22% de los chicos deprimidos intentan suicidarse. Visto de otro modo, los chicos y adolescentes que intentan suicidarse tienen ocho veces más probabilidades de tener un trastorno de humor, tres veces más probabilidades de tener un trastorno de ansiedad y seis veces más probabilidades de tener un problema de abuso de sustancias. Una historia familiar de comportamiento suicida y armas que están disponibles también aumentan el riesgo[11].

Un intento de suicidio, o una advertencia de que un adolescente está pensando en suicidarse, es un grito pidiendo ayuda. Es un dispositivo para captar la atención, una llamada que dice: «Las cosas no van bien en mi vida, y no puedo manejar esto solo». A menudo los adolescentes que intentan suicidarse han tenido recientemente una pérdida o una crisis, sufrido acoso, o había un familiar o un compañero de clase que se suicidó. Algunos adolescentes que intentan suicidarse lo hacen de una manera muy pública, para que otros encuentren información al respecto. ¿De verdad quieren morir? A menudo, no. Pero están buscando ayuda de la única manera que saben. Por sus acciones, están gritando: «Por favor, préstenme atención. ¡Ayúdenme!».

La mayoría de los adolescentes entrevistados después de haber intentado suicidarse dicen que lo hicieron porque estaban tratando de escapar de una situación que parecía imposible de tratar o para obtener alivio de malos pensamientos o sentimientos...

Algunas personas que terminan sus vidas o intentan suicidarse podrían estar tratando de escapar de los sentimientos de rechazo, dolor o pérdida. Otros pueden estar enfadados, avergonzados o sentirse culpables de algo. Algunos pueden estar preocupados por decepcionar a sus amigos o familiares. Y otras pueden sentirse no deseadas, amadas, victimizadas o que son una carga para otros[12].

En mi experiencia profesional, los jóvenes que realmente quieren suicidarse —cuyo objetivo es terminar con todo— lo *harán*. Ellos no darán necesariamente un aviso al público, sino que llevarán a cabo sus planes en un lugar tranquilo y privado, sin nadie mirando y sin esperanza de que nadie interfiera con sus planes. Lamentablemente, estos adolescentes que en efecto, se quitan la vida son muy frecuentemente hijos primogénitos e hijos únicos, los perfeccionistas de la vida.

Yo hablo mucho sobre los peligros del perfeccionismo, ya que es un suicidio lento. Si tienes un adolescente perfeccionista, hay un abismo enorme entre su yo ideal y su verdadero yo que causa disonancia en su vida. Nunca puede hacer lo suficiente o ser lo suficiente para satisfacer las expectativas de este «yo ideal». Si la disonancia se hace demasiado grande, el adolescente puede sentir que el abismo nunca puede ser abarcado, y la depresión puede entrar.

Hay muchas razones para los intentos de suicidio, tanto como para los que fallan como para los que tienen éxito. Entonces, ¿qué puedes hacer tú como padre para proteger a tu hijo? Estás consciente de los cambios en tu adolescente —no, no los cambios tradicionales, cargados de hormonas, minuto a minuto— sino los crecientes signos de depresión, enfermedad mental y el retirarse de amigos, familiares y de las actividades que tu hijo antes disfrutaba. Si sospechas que tu hijo o hija adolescente pueden estar pensando en el suicidio, no los dejes estar solos en ningún momento. Toma medidas inmediatas y obtén ayuda profesional de tu médico, que los puede remitir a un sicólogo.

Pero el mejor antídoto de todos es tu participación paterna y la comunicación con tu hijo. Los chicos que intentan suicidarse sienten que no son escuchados, que a nadie le importan y que están desconectados de sus familias y amigos. No importa cuán difícil te sea escuchar lo que tu hijo adolescente quiere decir, mantén las líneas de comunicación abiertas. Mantén la calma. Escucha más de lo que hablas. Tus habilidades de observación aguda pueden ser realmente la diferencia entre la vida y la muerte de tu hijo o hija.

SALVAVIDAS

Sé observador, siempre.

Tareas domésticas

Tengo la solución perfecta para cualquier altercado acerca de las tareas: aligerar las tareas que el niño crece.

«Doctor Leman, ¿qué dijo? ¿Leí bien?», preguntas.

Seguro que sí.

Una vez que tu hija está en sus años de adolescencia y está realizando otras actividades fuera del hogar que toman más de su tiempo, delega a los hijos más pequeños algunas de las tareas que ella ha realizado rutinariamente en la casa. Esta es una gran manera para igualar el juego para tu hija adolescente ya que normalmente cada vez que hay que hacer un trabajo en la casa, los padres gritan por el mayor.

Sin embargo, en la familia, ningún miembro es más importante que otro. Todo el mundo trabaja para lograr hacer las tareas que haya que hacer. En el agitado mundo de hoy, muchas madres y padres trabajan fuera del hogar. Otros son padres o madres solteros que no pueden darse el lujo de un compañero que are los campos paternales, lo cual lo hace aun más difícil y hace caer más responsabilidad sobre los chicos para retribuir a la familia. No conozco una madre que trabaje fuera del hogar que no vaya pensando en su camino a casa: *Muy bien, ¿qué vamos a cenar? ¿Habrá algunas reuniones a las que tenga que ir esta noche? ¿Tendrán los niños alguna actividad?* A medida que conduce en el tráfico, ella revisa una extensa lista mental.

Todo lo que estoy diciendo es que todo el mundo debe llevar su carga. No siempre es responsabilidad de la mamá o el papá preparar la cena, lavar la ropa o recoger la casa, sobre todo si trabajan fuera de casa. Los niños de ocho, nueve, diez y once años de edad sin duda pueden ayudar a preparar la cena, asegurarse de sacar al perro y de alimentarlo, recoger el correo y arreglar la sala.

Esta mañana, mi bella esposa, la señora Uppington, duerme hasta un poco más tarde. Yo entré en la cocina y vi los platos en el fregadero. Soy como una foca amaestrada. Guardé los platos limpios y coloqué los sucios en el lavavajillas para que mi esposa cansada pudiera seguir durmiendo. No esperé que se levantara para hacerlo.

Todos en la familia trabajan; nadie patina por la casa de forma gratuita.

> *Todo el mundo debe llevar su carga.*

Es por eso que no es inteligente pagarles a tus hijos por hacer sus quehaceres en el hogar. Después de todo, mamá, ¿acaso se te paga a ti por hacer la cena? Y a ti, papá, ¿se te paga por lavar la ropa, doblarla y guardarla? En lugar de eso, cada miembro de la familia debería recibir una mesada, porque todos ellos son parte de la familia.

Pero, ¿qué sucede si tu hijo no hace los quehaceres asignados? Ah, ahí es cuando se pone interesante. Si no hace sus tareas, entonces algo va a faltar de su mesada; y ese algo se te paga ya sea a ti o a tu hermana por haber acabado sus tareas por él. No pasará mucho tiempo para que tu hijo capte la idea y se levante del sofá.

Cuando doy seminarios en todo el país, siempre les pido a aquellos que crecieron en granjas que levanten sus manos. «Bueno», les digo, «los que crecieron en granjas ahora son libres de salir de mi seminario, ya que no van a aprender mucho». Eso se debe a que, en la granja, todo el mundo trabaja, todo el mundo retribuye a la familia. Y eso es algo saludable, porque fortalece a la familia.

SALVAVIDAS

Todos en la familia contribuyen.

Teléfono celular

Yo estaba en el coche con mi hija Lauren, que tenía diecisiete años y estaba enviando mensajes de texto como el pájaro loco con trastorno por déficit de atención con hiperactividad (TDAH).

—¿Quiénes son los que envían mensajes de texto, cariño? —le pregunté.

—Zach —dijo (su novio).

—¿Por qué simplemente no agarras el teléfono y hablas con él?

Me torció lindo los ojos.

—Papá, no tengo suficiente dinero para una conversación completa.

Amigos, este es el mundo en que vivimos; nos guste o no, para la gente que no es tecnológica. Trabajando en este libro, le pregunté a Lauren, que ahora tiene dieciocho, cuál debería ser la edad mínima para que los niños tuvieran un teléfono celular. No me sorprendí al escuchar su respuesta: «Trece».

He sido citado diciendo que cuando un adolescente conduce un auto (alrededor de los dieciséis años de edad), necesita un teléfono celular. Los niños de hoy son móviles, a veces están en grupos con supervisión de un adulto y, a veces en grupos que carecen de ella, en los que las sorpresas pueden ocurrir. Me gusta saber que puedo ponerme en contacto con mi hija cuando yo quiera, y ella conmigo.

El teléfono celular no es el monstruo que algunos pintan. Puede ser un amigo, ayudante y salvavidas.

Pero hay un punto más importante aquí: tener un teléfono celular es un privilegio. Tiene un costo. Hay dos escuelas de pensamiento sobre esto (y de nuevo, cada argumento puede tener defectos). Algunos padres insisten en que sus hijos adolescentes paguen parte o todo de lo que participan. Francamente, a menos que tu adolescente tenga un fondo de acciones que esté dando mejores dividendos que el mío, además de riqueza ilimitada escondida en alguna parte, ese escenario es frustrante y poco probable. Una mejor idea es hablar con tu hijo: «Como miembro de esta familia, tienes ciertas ventajas inherentes. Jugamos juntos, oramos juntos y trabajamos juntos. Cuando tú pierdes, perdemos todos, cuando tú ganas, todos ganamos. Nos apoyamos y nos animamos unos a otros. Y debido a que eres parte de nuestra familia, hay ciertas ventajas. Una de ellas es tener un teléfono celular en nuestro plan familiar». Como ves, tu relación tiene todo que ver con el respeto.

> *El teléfono celular no es el monstruo que algunos pintan. Puede ser un amigo, ayudante y salvavidas.*

Lo que he aprendido es que, con un adolescente en casa, asegúrate de que tengas mensajes de texto ilimitados en tu plan de teléfono celular (optamos por un plan familiar, lo cual nos ahorra dinero), porque si no, no vas a creer las facturas que vas a recibir... o los ceros a la derecha.

Ahora tengo un Droid, me encanta ese cachorrito. Recibo mi Facebook allí; leo el periódico allí mismo. Hay tantas cosas que puedo hacer en ese teléfono.

Me gustaría decirte que los teléfonos celulares van a llegar a ser más grandes y mejores, pero con toda probabilidad, van a ser más pequeños y mejores. Sin embargo, una cosa es cierta: llegaron para quedarse.

Y su influencia se está extendiendo a los chicos cada vez más jóvenes. El periódico *USA Today* publicó un artículo titulado: «Los padres se preocupan por los deditos de los niños irritados por el iPhone», el cual habla acerca de Charlotte Stapleton, de tres años, que comenzó a dominar el uso del iPhone de su mamá hace dos años.

«A ella siempre le ha atraído», dijo Ainsley Stapleton, de treinta y tres años, contadora pública... [Ella] dice que su hija siempre le pide a su compañero de juegos de alta tecnología, pero mamá tiene sus límites...

Llámalos *iTots* [niños y bebés en línea o conectados en la red cibernética]. Niños prodigio del siglo XXI. Niños de uno, dos y tres años de edad que saben cómo usar un iPhone o un iPad mejor que tú[13].

Los expertos en sicología infantil y los padres están preocupados por la introducción de los niños, tan temprano, en la tecnología y que eso dé lugar a un comportamiento antisocial y a la incapacidad de conectarse con sus compañeros. «¿Podrían estos pequeños bebés de hoy —que apenas gatean— seguir a sus antecesores de la posguerra, retirados?», dice Craig Wilson, autor del artículo de *USA Today*. «El cinco por ciento de los niños entre seis y nueve años son dueños de sus propios [teléfonos celulares]», relata, «y el número sigue creciendo cada mes. Ahora es solo una parte de la infancia. Para bien o para mal»[14].

Con la tecnología que llegó para quedarse, nosotros los padres tenemos que ser listos, con nuestro propio uso de la tecnología celular y el de nuestros adolescentes. La palabra clave es equilibrio, en todas las cosas.

SALVAVIDAS

Los privilegios son solo eso, privilegios.

Testarudez

Si tu hijo es testarudo, ¿cuál es la naturaleza intencional de ese comportamiento? Muchos chicos son buenos en eso de ser tercos cuando sus padres los están empujando a hacer cosas. Pero, ¿por qué una niña quiere ser obstinada en lugar de darse por vencida y hacérselo más fácil a ella misma? Porque la naturaleza intencional de la testarudez asegura que ella va a llamar la atención de sus padres, aunque sea una atención negativa. Y todos los chicos cobran fuerza en la atención, de un tipo u otro.

Un chico que es terco está, con su comportamiento, diciendo en voz alta: «Yo no voy a ser lo que tú quieres que yo sea. De ninguna manera, de ninguna forma».

Por cada chico que es testarudo, permíteme asegurarte que alguien que vive bajo el

> *Todos los chicos cobran fuerza en la atención, de un tipo u otro.*

mismo techo también es terco. ¿Podrías ser tú esa persona? Cuando ves a un chico terco, poderoso, siempre hay un progenitor poderoso y obstinado tras bastidores. La niña aprendió el comportamiento de alguien, y continúa usándolo porque está obteniendo resultados.

Si tienes una hija terca y poderosa, no llegarás a ninguna parte siendo terco y poderoso igualmente. Nunca vas a ganar, porque tienes mucho que perder y ella no. Así que no te acorrales tú mismo en una esquina. En el fragor de la batalla, muchas cosas vuelan de nuestras bocas que nunca debieron ver la luz del día. En vez de eso, mantén la calma. No pienses en la venganza. Piensa: *¡Ah, una oportunidad!*

Digamos que tu hijo se niega a limpiar el garaje una vez al mes, y esa es una de las formas en que se supone que él ayude en la casa. No digas una palabra. Al contrario, pon a su hermana a hacer el trabajo, y págale con dinero de la mesada de él.

Para la hija que se niega a decirle a alguien que no estará en una actividad, deja que ella tome la llamada telefónica del supervisor perturbado del evento. De hecho, trabaja un poco tras bastidores llamando al supervisor primero, informándole que tu hija se niega a llamar, pero que no estará allí, y le pides que la llame directamente a ella y le pida que se explique. Haz lo mismo con tu hijo, que se suponía iba a conducir de la escuela directo a la oficina del dentista, y en vez de eso decidió salir con su novia. Al llegar la llamada del dentista, dile a la recepcionista: «¿Podría volver a llamar en una hora cuando mi hijo esté en casa, explicarle quién es usted y decirle exactamente lo mucho que le desagradó el que desperdiciara su cita?». Como momento adicional de enseñanza, deduce de la mesada de tu hijo adolescente esa semana la multa del dentista por no presentarse a la cita.

Invoca la ayuda de un tercero de manera discreta, y luego deja que la realidad hable por ti.

Funciona. . . en todo momento.

No te acorrales tú mismo en una esquina.

Torcer los ojos

Los chicos van a torcer los ojos. Pero eso no es el fin del mundo.

Yo lo tomaría con sentido del humor y diría: «Ahhh, detente. ¿Lo harías otra vez? ¿En cámara lenta, no tan rápido? Quiero mostrarle a tu madre. Ya sabes, tú eres mucho más guapa cuando tuerces los ojos que cuando no lo haces. Creo que debes practicarlo más».

En ese momento, se dibujará una sonrisa en el rostro de tu hija.

Torcer los ojos es parte del crecimiento de tu adolescente.

Esperemos que, para el momento en que tengan treinta años, dejen de hacerlo.

No hagas una montaña de un grano de arena.

Yo, yo, yo

La frase «yo, yo, yo» se ajusta a nuestra generación actual. La mayoría de los padres han educado a los chicos pensando que son el centro del universo. Con el menor esfuerzo que hacen, los chicos de hoy son recibidos con frases de entusiasmo como: «Excelente» o «Bravo» y «¡Estoy tan orgullosa de ti!». Bajo el pretexto de la verborrea de que las declaraciones positivas ayudarán a la autoestima de nuestros chicos, nos excedemos y somos profusos en el elogio. Pero muchas veces es falso, vacío y de ningún valor.

Para aquellos de ustedes que son personas de fe, verán que en ninguna parte de la Biblia hay una referencia a la «autoestima» de una persona. Voy a dejar las cosas así.

Por otra parte, tal vez no lo haré. Sé humilde, sé perdonador, sé amable... Bueno, ya captas la idea.

Sin embargo, como sociedad, estamos impulsados por la premisa totalmente falsa del concepto de la autoestima. Piensa con cuidado por un minuto. ¿Es la autoestima positiva la actitud que quieres realmente esforzarte por alcanzar? Hablar de «yo, yo, yo», ¡eso es exactamente lo que consigues!

Si nos fijamos en las enseñanzas de Jesús, no oyes hablar de «yo, yo, yo»; lo que oyes es acerca de los demás. El propio Jesús lavó los pies de la gente para probar ese punto.

En lugar de preocuparte por la autoestima positiva de tu hijo, ¿por qué no buscas maneras en que ustedes, como familia, incluyendo a tus hijos, puedan dar a los demás sin esperar nada a cambio? Si tienes un corazón para la gente, no tienes que buscar mucho para encontrar personas con necesidad. Tus hijos adolescentes deben ser parte de eso. Durante el tiempo de vacaciones verás un montón de personas asumiendo proyectos como familia, pero, ¿qué pasa con el resto del año? Debe ser un proyecto en curso.

Nosotros, los Lemans, patrocinamos a un par de chicos a través de algunos programas en países del tercer mundo. ¿Podemos hacer algo más? ¡Por supuesto! Pero por lo menos los chicos Leman aprendieron temprano en la vida que los demás importan; la vida no es todo acerca de ellos. No iban a la vuelta de cada esquina preguntando: «¿Qué hay aquí para mí?».

Algunas personas que conocen nuestra familia hoy creen que es un milagro que todos seamos dadores. Pero para mí, los resultados son bastante predecibles. Los cinco chicos Leman son dadores —no hay un interesado en el montón— porque en nuestra casa nos hemos enfocado en dar a los demás.

Si tienes un corazón para la gente, no tienes que buscar mucho para encontrar personas con necesidad.

También es interesante que, a diferencia de su padre —el cual es el menor de su familia y le gusta ser el centro de atención—, nuestros cinco hijos en realidad rehúyen de eso. Tienen una actitud muy humilde. Hace un tiempo, yo estaba intrigado, mientras miraba en la página de mi hijo en Facebook, al ver lo que dijo que era su ocupación. ¿El título del trabajo que introdujo? «Ayudante». En realidad, Kevin Leman II es el escritor principal de un programa de televisión ganador del premio Emmy, el más divertido en la televisión durante el día. Y es comiquísimo. Pero es tan relajado como cualquier escritor de comedia puede ser, se lleva bien con todo el mundo, y es conocido por su honradez, integridad y naturaleza dadivosa.

Si crees que es imposible que un adolescente piense más allá de su propia piel, estás equivocado. Sin embargo, para que lo haga, es importante que modeles el dar; y que consideres las ideas de otros dignas de tu tiempo y tu atención.

Como lo hagas, lo ha de hacer tu hijo.

SALVAVIDAS

Hay más bendición en dar que en recibir.

Epílogo

Me encanta el fútbol americano universitario. Tanto es así, que cuando estoy en la ciudad, voy a la práctica de fútbol de la Universidad de Arizona dos a tres veces a la semana. Ir a una práctica significa ver a los jugadores repasar las rutas y los ejercicios. Ciertamente no es lo más emocionante del mundo, por lo que tiene que ser un fanático bastante exagerado para disfrutar de ello. Pero ese soy yo, un loco por el fútbol. Así que hoy, literalmente arrastré a mi dulce esposa conmigo (bueno, ella aceptó ir de mala gana).

Hay una cosa que debes entender acerca de Sande. Ella es una mujer que preferiría ver el canal culinario [Food Channel] o sentarse en su sillón favorito, curioseando recetas en las revistas. De hecho, la casa Leman cuenta con más de 4.000 páginas de recetas, segúun el último recuento, que han sido sacadas de revistas.

Pero esta vez Sande aceptó acompañarme. De camino a casa, debido al tráfico pesado a las cinco de la tarde, tuve que pasar con rapidez por algunas calles laterales para llegar a una carretera principal. Dio la casualidad de que en nuestro rodeo, Sande y yo pasamos por la pequeña casa donde yo vivía con mis padres cuando me mudé a Arizona, tendría diecinueve años de edad.

De repente, un recuerdo de mi madre, que ahora está en el cielo, me invadió de nuevo. Mi mamá, estoy convencido, era una santa. La forma en que trató al hijo que pensaba que nunca iba a salir de la escuela secundaria (ella iba a la escuela más que yo, a hablar con el director y los maestros acerca de mí) era poco menos que increíble. Siempre me amó, creyó en mí (a pesar de todo lo que hice), se comunicaba y tenía buenas expectativas conmigo. Aun cuando era el estudiante de penúltimo y último año de secundaria que hizo salir a los profesores del magisterio, yo podía hablar con mi madre. Tuvimos una gran relación.

> *A mis diecinueve años de edad, anuncié una noche, en la cena: «¡Mamá, estoy comprometido!».*

Ella también tenía la virtud de mantener la calma en medio de mis años críticos. Y esa faceta constante de su carácter fue especialmente importante para un hijo como yo, que estaba lleno de grandes ideas (algunas de las cuales no siempre eran inteligentes).

Así que, con esos antecedentes, volvamos a mi escena retrospectiva ese día cuando pasamos por la vieja casa...

A mis diecinueve años de edad, anuncié una noche, en la cena: «¡Mamá, estoy comprometido!».

Mi madre, Dios la bendiga, no perdió el conocimiento. Simplemente dijo: «Bueno, ¡eso es bueno! ¿Quieres un poco más de judías verdes (ejotes), cariño?».

Yo era un gamberro, un joven de diecinueve años de edad, sin dirección, con un cigarrillo colgando de la boca, y estaba trabajando como conserje en ese tiempo, ganando menos de 49 dólares a la semana. Yo no tenía planes, estaba haciendo un esfuerzo mínimo después de la secundaria. Había estado saliendo con una chica por un corto tiempo, salí a comprar un anillo de 200 dólares en *Montgomery Ward* (tienda por departamento), y me las había arreglado para poner un depósito de veinte dólares por él. Yo estaba comprometido... por una semana o dos.

La forma en que mi madre trató esa pequeña crisis marcó el rumbo que mi vida tomó. Mamá pudo haberme humillado con unas cuantas palabras. (Estoy seguro de que tú podrías pensar en algunas si tu hijo o hija salen con lo que yo salí). Pero, ¿qué hubiera ganado con eso? Quizás me habría casado con la chica solo para probar que podía hacerlo.

Sin embargo, mi madre sabía que solo necesitaba tiempo para entender la vida y la decisión por mí mismo. Por eso siguió creyendo en mí; y que haría lo correcto, en el momento adecuado.

Ahora, cuando reflexiono, me doy cuenta de que habría sido terrible —para la joven y para mí— si nos hubiéramos casado. La buena noticia es que ¡recuperé mis veinte dólares de *Montgomery Ward*!

Padre, madre, la manera en que respondas en estos años críticos marcará la diferencia. Necesitas pensar, hablar y comunicarte de manera diferente. Si lo haces y te enfocas en el corazón de tus adolescentes en lugar de en su apariencia y sus acciones, cautivarás su corazón para toda la vida.

> **Cuatro cosas que nunca quieres olvidar**
>
> • Creer en tu adolescente es importante.
>
> • Lo que *no* dices es tan relevante como lo que *sí* dices.
>
> • Tú cuentas mucho más de lo que crees en el mundo de tu hijo adolescente.
>
> • Lo que tú pones en el equipaje de tus adolescentes los prepara para toda la vida.

Yo debería saberlo. Tengo cinco hijos, y cada uno de ellos es único y especial. Y así es nuestra relación.

Sin embargo, nunca olvidaré el día en que mi querida esposa, Sande, me dijo que el conejo había muerto [así le decíamos a la prueba de embarazo que se usaba en la década de 1920]... por quinta vez. Con toda franqueza, la *satisfacción* no fue la primera emoción que llegó a mi corazón. Era más un «¿QUÉ dices?». (Y sí, me doy cuenta de que tenía algo que ver con los resultados, pero en ese momento, el impacto tomó el control de mi cuerpo de cincuenta años de edad). Tres de nuestros hijos, Holly, Krissy y Kevin II, estaban navegando o ya habían andado con éxito sus años de adolescencia. Nuestra cuarta hija, Hannah, tenía cinco años. Y ahora íbamos a tener un quinto crío, cuando ya estaba empezando a pensar en solicitar mi tarjeta de AARP (Asociación Americana de Personas Jubiladas, por sus siglas en inglés). Yo solo me podía ver con un andador, cojeando por el pasillo en la graduación de ese bebé de la escuela secundaria, y la gente preguntando: «Ah, ¿este año es la graduación de su nieto?». La graduación de ese bebé y la mía de la escuela secundaria tendrán exactamente cincuenta años de diferencia.

> *Nunca olvidaré el día en que mi querida esposa, Sande, me dijo que el conejo había muerto... por quinta vez.*

Pero esa bebé, Lauren, ahora en el último año de la escuela secundaria, es verdaderamente un regalo. No me puedo imaginar el mundo sin ella. Ni nuestra familia sin ella. Hace unos meses, ella estaba en el musical *Brigadoon*, cuando me preguntó: «Papá, ¿qué noche vas a venir a ver la obra?». Yo le dije: «Cada una de las noches» (cinco presentaciones). Luego continué con: «Lauren, estoy muy orgulloso de ti».

¿Su respuesta? Solo sonrió y dijo: «Yo sé que lo estás, papá».

Su segura respuesta me hace sonreír, porque me dice que he hecho algo bien en la crianza de mis hijos. Y lo sé más cuando oigo: «Papá, te amo», cada vez que veo o hablo con uno de mis cinco hijos. Lo sé de nuevo cuando mis cinco hijos hacen un esfuerzo especial para pasar tiempo unos con otros, mantienen las actividades familiares como una prioridad, migran de vuelta al territorio de la familia por la diversión, la relajación y la conversación estimulante; y, en realidad, *gustan* unos de otros (para aquellos de ustedes en las trincheras en este momento, solo dense cuenta de que la rivalidad entre hermanos no siempre será la experiencia agotadora que pudiera ser en este momento).

Sin embargo, con Lauren, escuchar «te amo» me hace un nudo en la garganta. Con toda probabilidad, y solo sacar las cuentas, ya sé que es probable que no esté cerca cuando ella tenga treinta y ocho años

---

Grandes recursos que no puedes dejar de ver

- *Protección del adolescente*, por John Rosemond

  Un plan de gestión útil y factible para guiar y capacitar a los adolescentes hacia una edad adulta responsable.
  www.rosemond.com

- *Padres según el libro*, por John Rosemond

  Una obra fundamental que traza el panorama de la crianza de los hijos. Indispensable, para hijos de cualquier edad.
  www.rosemond.com

- *Cómo amar de verdad a su adolescente,* por D. Ross Campbell

  Un clásico que ayuda a los padres a relacionarse con sus hijos adolescentes, a comunicar el amor incondicional, lidiar con la ira y promover el crecimiento espiritual e intelectual.

- *Navegamos en los rápidos*, por Kevin Leman

  Un práctico y perspicaz libro para progenitores que guían a los hijos a través de las turbulentas aguas de la adolescencia.

- *Ten un nuevo hijo para el viernes,* por Kevin Leman

  Un recurso práctico de la vida real, comprobado, para cambiar la actitud, el comportamiento y el carácter de su hijo menor en cinco días.

- *Cría hijos sensatos sin perder la cabeza*, por Kevin Leman

  Un éxito en ventas de las técnicas comprobadas para el desarrollo de una relación amorosa y sensata en la crianza de los hijos.

- *El libro del orden de nacimiento,* por Kevin Leman

  Un clásico que devela los secretos del orden de nacimiento, el cual influye poderosamente en lo que eres, con quién te casas, el trabajo que elijas y el tipo de padre que vas a llegar a ser.

---

de edad, como mi hija mayor, Holly, ahora. Después de todo, ya tengo sesenta y ocho, y Lauren solo tiene dieciocho.

Pero no tengo ninguna duda de que Sande y yo empacamos su equipaje con lo que ella necesita para tener éxito en la vida, y sabemos que Lauren lo hará bien en verdad.

Mucho de eso tiene que ver con el hecho de que hemos respetado a cada uno de nuestros hijos, nos hemos asociado con ellos, y les hemos permitido ser lo que son; con sus propios y peculiares talentos y dones. No esperábamos que fueran «normales» ni que mantuvieran el ritmo o compitieran con nadie más. Nos limitamos a disfrutarlos por lo que eran y son ahora.

Padre, madre, lo que hagas ahora cuenta. *Tú* cuentas. Cada minuto que pasas con tus adolescentes vale. Lo que pones en su equipaje para la vida valdrá la pena. Así que no llenes sus maletas con la pelusa de las ocupaciones, las actividades y lo que los demás piensan que deberías estar haciendo. Como me dijo un anciano pescador: «No te limites a darle a la gente pescado. Enséñales a pescar».

Esta mañana dejé a Lauren en la escuela secundaria y me dijo: «Adiós, papá, te amo».

«No, cariño», dije en voz baja, «yo soy el que te amo».

Cuando me marché, sabía que ella iba a estar bien; pese a lo que la vida ponga en su camino.

Al igual que el resto de mis hijos.

Y al igual que lo estará el tuyo.

★ LA JUGADA GANADORA ★

Y los ganadores son...
tú y tu adolescente.

Los diez puntos principales en la cuenta regresiva para tener un nuevo adolescente para el viernes

10. Piensa lo mejor, espera lo mejor, habla lo mejor.
9. Establece la igualdad, pero varía los roles.
8. Conserva la pelota en la cancha correcta.
7. Prioriza: el hogar, la escuela y otras cosas, en ese orden.
6. Di la verdad en amor.
5. Sé socio, pero no te entrometas.
4. Deja que la realidad haga el trabajo para que no tengas que hacerlo tú.
3. Levanta el ánimo.
2. Enfócate en la relación y el corazón de tu hijo adolescente.
1. Cerciórate: esto también pasará.

Notas

Lunes: Él era normal. ¿Qué pasó?
1. Stephen R. Covey, «Declaraciones de la misión de negocios», La Comunidad, consultado el 11 de abril de 2011, https://www.stephencovey.com/mission-statements.php.
2. Goodreads, «Citas de Louis Pasteur», consultado en abril 11, 2011, http://www.goodreads.com/author/quotes/692216.Louis_Pasteur.

Martes: Cómo hablar a la generación indiferente o «Me da igual»
1. Sharon Jayson, «Los jóvenes prefieren gloria a sexo, dinero,» *USA Today.com*, 10 de enero de 2011, http://www.usatoday.com/yourlife/parenting-family/teenya/2011-01-08-selfesteem08_ST

Miércoles: La pertenencia importa más de lo que piensas
1. Cynthia Tudor, David Petersen, y Elifson Kirk, «Un examen de la relación entre pares y la influencia de los padres y uso de drogas entre los adolescentes», *Adolescencia*, Invierno 1980, 795.
2. Departamento de Salud y Servicios Humanos de EE.UU., *Salud mental: Un informe del cirujano general*, 1999.
3. Ibid.

Viernes: Clin, clin, dividendos en camino
1. Binyamin Appelbaum, David S. Hilzenrath y Amit R. Paley, «Todo es una gran mentira», *The Washington Post*, 13 de diciembre de 2008, http://www.washingtonpost.com/wp-dyn/content/article/2008/12/12/AR2008121203970.html?hpid=topnews.
2. Proverbios 3:21; 4:5-6; 3:30-31; 3:13-15.
3. Efesios 6:1, 3-4.
4. Jonnelle Marte, «¿Cómo darles a los chicos el regalo de la inversión,» *Arizona Daily Star*, 28 de noviembre de 2010.

5. Terry Cater, comunicado de prensa, 3 de febrero de 2011, tomado de la doctora Louann Brizendine, *El cerebro masculino: las claves científicas de cómo piensan y actúan los hombres y los chicos* (New York: Three Rivers Press, 2010).

Pregúntale al doctor Leman

1. David P. Parker, «Bulimia» E Medicine Health, consultado el 1 de febrero 2011, http://www.emedicinehealth.com/bulimia/article_em.htm.

2. Craig Wilson, Los padres se preocupan por los pequeños dedos de los chicos con ganas del iPhone», *USA Today*, 8 de noviembre de 2010.

3. Ibid.

4. Personal de la Clínica Mayo, «Autolesión/Corte: Definición», de la Clínica Mayo, 3 de agosto de 2010, http://www.mayoclinic.com/health/self-injury/DS00775.

5. Ibid. www.mayoclinic.com/health/self-injury/DS00775/SECTION+ symptoms.

6. Donald J. Franklin, PhD: «¿Qué es un trastorno depresivo?» Psicología de información en línea, 2003, http://www.psychologyinfo.com/depression/description. html.

7. «Datos sobre la salud sexual y reproductiva de los adolescentes norteamericanos», El Instituto Guttmacher, enero de 2011, http://www.guttmacher.org/pubs/FB-ATSRH.html.

8. «Diecisiete es la edad promedio en la primera relación sexual», NewsStrategist.com, http://www.newstrategist.com/productdetails/Sex.SamplePgs.pdf.

9. Centros para el Control y Prevención de Enfermedades, «Tendencias en conductas sexuales de riesgo entre estudiantes de escuela secundaria de los Estados Unidos, 1991-2001», *MMWR Weekly*, septiembre 27, 2002, 856-59, consultado el 12 de abril 2011, http://www.cdc.gov/mmwr/preview/mmwrhtml/mm5138a2.htm.

10. «El suicidio y los chicos,» Lugar sano: Canal de salud mental de Estados Unidos, enero 7, 2009, http://www.healthyplace.com/depression/children/suicide-and-children/menu-id-68/.

11. «El suicidio», La salud de los adolescentes, noviembre de 2010, http://kidshealth.org/teen/your_mind/feeling_sad/suicide.html.

12. Thomas L. Friedman, «Necesitamos estudiantes listos para aprender, no para enviar textos», *Arizona Daily Star*, 27 de noviembre de 2010.

13. « Profesores de colegio de Pa. Informe mensajes de texto son ahora distracción número 1 en clase», *Arizona Daily Star*, 27 de noviembre de 2010.

14. Mike Celizic: «Su adolescente se suicidó por el sexting», TODAYshow.com, 6 de marzo de 2009, http://today.msnbc.msn.com/id/29546030/ns/today-parenting/.

Índice temático de la A a la Z

Acerca del doctor Kevin Leman

Sicólogo de renombre internacional, personalidad de la radio y la televisión y conferencista, el doctor Kevin Leman ha enseñado y entretenido a audiencias en todo el mundo con su ingenio y sicología basados en el sentido común.

Entre los más vendidos de *The New York Times* y autor premiado de *Ten un nuevo hijo para el viernes, Ten un nuevo esposo para el viernes, Ten un nuevo tú para el viernes, Partituras* y *El libro de orden de nacimiento,* ha hecho miles de visitas a domicilio a través de programas de radio y televisión, entre ellos *Fox & Friends, The View, The Morning Show* de Fox, *Today, Oprah, The Early Show* de CBS, *In the Market* con Janet Parshall, *Live with Regis Philbin, American Morning* CNN, y *Enfoque a la Familia.* El doctor Leman también ha fungido como sicólogo contribuyente para familias en *Good Morning America.*

El doctor Leman es fundador y presidente de Parejas de Promesa, una organización diseñada y comprometida a ayudar a las parejas a permanecer felizmente casados. Sus afiliaciones profesionales incluyen la Asociación Americana de Sicología, la Federación Americana de Artistas de Radio y Televisión y la Sociedad Norteamericana de Psicología Adleriana.

En 1993, la Universidad de North Park, Chicago, le otorgó el Premio al Alumno Distinguido y, en 2010, un Doctorado Honoris Causa en Letras Humanas. En 2003, recibió de la Universidad de Arizona el premio más importante que una universidad puede extender a los suyos: el Premio al Mérito de los Egresados.

El doctor Leman recibió su licenciatura en sicología en la Universidad de Arizona, donde más tarde obtuvo su maestría y un doctorado. Originario de Williamsville, Nueva York, él y su esposa, Sande, viven en Tucson, Arizona. Tienen cinco hijos y dos nietos.

Para más información sobre su disponibilidad para conferencias, consultas de negocios, seminarios o el crucero anual de Parejas de Promesa, por favor comuníquese con:

Doctor Kevin Leman
P.O. Box 35370
Tucson, Arizona 85740
Teléfono: (520) 797-3830
Fax: (520) 797-3809
www.drleman.com

Recursos del doctor Kevin Leman

Libros para adultos

Ten un nuevo hijo para el viernes
Ten un nuevo esposo para el viernes
Ten un nuevo tú para el viernes
El libro del orden de nacimiento
Es tu hijo, no un jerbo
Música entre las sábanas
Partituras
Cría hijos sensatos sin perder la cabeza
Nacido para ganar
El sexo comienza en la cocina
Siete cosas que él nunca te dirá. . . pero que necesitas saber
Lo que tus memorias de la niñez dicen de ti
Navegación en los rápidos
¡Qué diferencia hace un papá!
A la manera de un pastor (escrito con William Pentak)
Conviértete en el padre que Dios quiere que seas
Conviértete en una pareja de promesa
*Guía fácil para padres cobardes que quieren hablar honestamente de
    sexo con sus hijos* (escrito con Kathy Flores Bell)
Mamá por primera vez
Padrastros 101
Cómo vivir en una familia ensamblada sin que te pise
La pareja perfecta
Sea su propio siquiatra
Detén el estrés antes que te detenga

Familia uniparental eficaz
Por qué tu mejor es suficientemente bueno
Las mujeres inteligentes saben cuándo decir no

Libros para chicos, con Kevin Leman II

Mi primogénito, no hay nadie como tú
Mi hijo del medio, no hay nadie como tú
Mi hijo menor, no hay nadie como tú
Mi hijo único, no hay nadie como tú
Mi hijo adoptado, no hay nadie como tú
Mi nieto, no hay nadie como tú

DVD/series de video para usar en grupos

Ten un nuevo hijo para el viernes
Cría hijos sensatos sin perder la cabeza
    (Edición para padres, cristiano)
Cría hijos sensatos sin perder la cabeza
    (Edición para maestros de escuela pública, corriente dominante)
Paternidad repleta de valores
Aprovecha el matrimonio al máximo
Navegación en los rápidos
Familia uniparental eficaz
Trae paz y armonía a la familia ensamblada

DVD para usar en el hogar

Conversación franca sobre la crianza de los hijos
Por qué eres como eres
Ten un nuevo esposo para el viernes
Ten un nuevo tú para el viernes

Disponibles en 1-800-770-3830 o www.drleman.com